난중일기

亂中日記

종군기자의 시각으로 쓴
이순신의 7년 전쟁

조진태 지음

일러두기

난중 일기 7년의 기록을 중심으로 이순신의 장계, 편지 그리고 실록을 참고, 당시 병영과 전쟁의 양상을 저널리즘의 시각에서 기사로 작성했다. 기사는 해석학적 재구성을 통해 사실을 토대로 편년체 형식으로 전개된다. 행장, 잡록 등 제 3자의 문헌은 대부분 배제했다.

이순신의 기록을 최우선 취재의 대상으로 삼은 만큼 난중일기가 시작되는 임진년 1월이 기사작성의 출발점이다. 다만 이순신의 압송과 투옥기간 등 기록이 없는 정유년 1~3월 등은 선조실록을 중심으로, 조정으로 시선을 옮겨 기사를 작성했다.

무술년의 경우 일기가 많이 비어 유성룡의 징비록을 일부 참고했으며, 노량해전 전후를 서술하는데 주력했다. 전라좌수영의 취재기자를 전제하고 있어 좌수영의 시각에서만 전란을 바라보는 한계를 지닌다. 또 임진왜란 전체에 대한 사후적 지식을 대입하지 않고 일기 작성 시점에 충실하려고 노력했기 때문에 임진왜란의 전반적인 전황과는 시차가 발생한다.

모든 기사는 관찰보고서인 르포 형식으로 작성되었다. 따라서 역사, 군사적 분석보다는 조선 수군의 해전과 수군 병사 및 백성의 삶을 담는데 주력했다.

난중일기

亂中日記

종군기자의 시각으로 쓴
이순신의 7년 전쟁

조진태 지음

주류성

머리말

난중일기에 대한
기자적 시각의 해석에 부쳐

처음 '난중일기'를 읽었을 때는 이해할 수 없었다. 1년을 단위로 복사한 뒤 하루 종일 손에서 놓지 못하고 백여 번을 넘게 읽었다. 1년의 기록이라고 해봐야 그리 많지도 않은 분량, 포기하다 다시 읽었다. 아주 조금 이해할 수 있었다.

아, 이것은 전란 후 본격적인 저술을 위한 메모장이었구나. 그렇다면 메모의 이면에는 무엇이 담겨 있었을까, 알 수 없었다.

임진년을 거치고 한산도의 외로운 시절을 감당하고 파직과 백의종군, 어머니와 자식을 잃어버린 통제사가 그래도 전란을 다시 떠맡으며 어떤 생각을 했을까. 이런 후세의 궁금증은 노량해전에서 통제사가 전사하면서 바다 깊숙이 가라앉아 풀 수 없게 되었다. 통제사가 후세에게 전하고 싶었던 기억의 유전자가 그날 영원히 사라졌다는 안타까움을 지울 수 없었다.

통제사는 장문의 거침없는 장계를 수도 없이 써내려가고 하루에도 수십 통의 편지를 주고받았다. 그런데 난중일기는 '임진장초'에 비해 너무 짧고 단순했다. 그가 만난 사람들은 기록되어있지만 숱하게 오고 갔을 대화는 남겨 있지 않았다. 차라리 마지막 전투에서 몸을 사렸다면 이 뼈대를 토대로 살과 피가 만들어져 민족의 소중한 교훈과 기억의 유전자가 되었을 것이다. 통제사는 그러지 않았다.

하지만 전란의 와중에서 통제사가 꾸준히 해온 일상적, 군사적 업무는 가감 없이 적혀 있었다. 따라서 피상적인 관찰은 가능하지만 통제사의 사고는 복원할 수 없는 한계, 이 때문에 심층적인 분석이 아닌 관찰자 시점인 르포 형식의 기사를 택했다. 수백 년이 지난 후, 더구나 비전문가의 관찰 기록이라는 사실을 염두에 두기 바란다. 기자는 본래 비전문가이면서 전문가의 주변을 기웃 거린다. 그래서 가볍지만 편견에서 자유롭다.

이 과정에서 이순신과 동시대를 살아온 걸출한 인물들의 도움을 받았다. 유성룡의 징비록을 비롯, 잡록, 행록 등을 저술한 분들도 시대의 아픔을 공유했다. 하지만 너무 많은 미사여구가 군인 이순신의 기록과는 달랐다. 선조실록 또한 참고했지만 군왕을 중심으로 시각과 관점이 맞추어지면서 사실에 대한 기록은 부족해 보완 자료로만 활용했다.

사람에 대한 평가는 시대와 관점에 따라 늘 달라진다. 사람에 대한 사람의 평가가 같을 이유도 없다. 우리가 통제사에 대해 영원히 열광할 이유도 없을 것이다. 그럼에도 감동을 주는 보편성이 존재하기에 지금까지 후손들에게 살아 숨 쉬는 영웅일 것이다.

'난중일기'를 보면서 통제사가 아주 사소하면서도 구체적인 삶속에서 공감을 주고 있다는 느낌을 받았다. 농사와 어업, 소금 굽기 같은 일에 아

주 몰두하고 있다. 전쟁은 그러한 여러 가지 일상의 업무 중에 하나일 뿐
이었다. 애초부터 전쟁만을 위해 태어난 영웅은 아닌 듯 보였다. 또 사람
에 대해 관심을 기울이고 주어진 현실에 충실할 뿐 타고난 영웅의 모습도
아니었다. 그리고 어떤 한 사람을 줄기차게 편애하거나 미워하지도 않는
다. 하루에도 수많은 사람을 만나면서 상대방의 잘잘못에 대한 의견을 감
추지 않았다. 잘하면 기뻐하고, 못하면 화를 낸다. 아마 자신에게도 마찬가
지일 것이다. 그런데 여기에는 일과 삶을 바라보는 통제사만의 잣대가 있
다는 인상을 지울 수 없다.

도원수 권율에 대해 통제사는 여러 가지 평가를 담고 있었다. 존중하면
서도 잘잘못을 정확하게 드러낸다. 통제사의 놀라운 전공은 자신의 원칙
과, 원칙을 실현하기 위해 하루하루를 바로 잡는 부단한 노력의 과정에서
비롯된 것이 아닐까. 통제사는 성웅(聖雄)이라는 거창한 수식어를 원치 않
을 것이다. 하지만 정유년을 거쳐 무술년에 이르면 '이런 지도자도 있구
나.'라는 어쩔 수 없는 공감대에 빠져든다.

일기를 수백 번 읽었지만 이후의 일기로 이전의 일기를 짜깁기 하지 않
으려고 노력했다. 결과를 토대로 과정을 하나의 연속선 위에서 모두 묶어
두려 한다면 해석학적 시도를 스스로 저버리는 처사이다. 그래서 총체적
인 인과론의 시야에서 보지 않고 시간 시간을 살아갈 수밖에 없는 인간의
시각에서 과거를 보려는 최선의 노력을 기울였다. 그리고 일기에 담긴 사
실을 기초로 추론적, 직관적 상상을 통한 복원에 주력했다. 통제사는 인과
적으로, 운명적으로 영웅이 될 수밖에 없는 자질을 타고났다는 식의 함정
을 최대한 경계하며 일기를 읽었다. 마치 로또의 당첨 번호를 이미 알면서
도 사지는 않으려는 노력일 것이다. 그래서 르포 기사라는 형식의 틀에 가

두었지만 군데군데 실패한 서술이 드러난다. 기사는 늘 현상에 국한되는 저널리즘의 한계에 봉착하지만 때로 이러한 경박함이 학문적인 진지성이나 인과론보다 삶의 본질에 다가설 수도 있지는 않을까, 이런 만용으로 글을 써 보았다.

심층적인 해석을 통해 이해를 도와준 참고문헌의 모든 저자들에게 진심어린 감사를 드린다. 또한 통제사에 대한 애정을 지니고 숱한 지식을 찾아내 공공에게 알린 블로거및 네티즌에게도 일일이 밝힐 수는 없지만 더 없는 고마움을 드린다. 또 원고를 수차례 정독하면서 첫 독자의 입장에서 부단히 의문점을 제기한 아내와, 동료 기자들에게 감사한다. 그리고 아무런 연고도 없이 서툰 초고(草稿)를 무작정 전송했지만 흔쾌하게 출간을 약속해준 주류성 출판사가 이후 원고를 수정하고 탈고하는 과정에서 나름 최선을 다할 수 있도록 힘을 실어주는 산파역이 되었다.

2019년 여름

목차

1592년
임진년

1월

임진년 정월, 전라좌수영

연일 보수되는 성벽과 해자

　이른 봄 햇살이 남녘 포구에 감돌고 있지만 여전히 된새바람은 찬 기운을 머금고 있다. 해안가를 따라 마을을 안고 쌓여 있는 성벽과 성문을 경계에 두고 좌수영 맞은 편 완만하게 펼쳐진 포구에는 본영의 판옥선과 거북선이 잔파도에 가볍게 흔들린다. 전라좌수영에는 5관5포가 속해 있다. 5관은 순천부사, 보성군수, 낙안군수, 흥양현감, 광양현감이 다스리며 육군과 함께 관리한다. 5포를 지휘하는 방답진 첨사, 사도진 첨사, 여도진 만호, 녹도진 만호, 발포진 만호는 좌수영이 직접 관리하는 전진기지의 수령들이다. 한시라도 왜구의 침탈에서 마음을 놓을 수 없는 남해의 최전선. 군영에는 전라좌수영기와 붉은 깃털에 둘러싸여 꿈틀대는 대장기의 용머리가 남서쪽을 가리킨다. 이 바람을 타면 반돛을 달고도 한순간에 고흥에 이를 것이다. 포구의 대장선에서는 전장에서 수하 장수들을 긴장시키는 초요기와 독전기 등이 이날만은 아무렇지도 않게 펄럭인다. 전라좌수사 이순신(李舜臣·48세)은 봄 농사가 기지개를 켜는 다음달에는 5포의 병영과, 좌수영이 관리하는 둔전의 순찰에 나설 것이다, 본격적인 파종기에 접어들기 때문이다 임진년 설날, 날씨는 맑고 영내는 평화스럽다. 좌수사는 부지런하면서도 효심 깊은 군인이다. 오전에는 진해루 동편에 자리 잡은 동헌의 내아에서 아우와 조카를 만나 설을 쇠면서 어머니 안부를 묻는다. 안색과 거동은 물론 식사량과 상에 올리는 반찬까지 세세한 질문이 끊이지 않는다. 이어 새해 인사를 받기 위해 좌수영의 서문과 남문을 동시에 바라보고 있는 진해루로 나온다. 동헌의 마당과 영내 곳곳을 잇는 길은 말끔하고 작은 연못과 우물가에는 크고 작은 돌들이 층층이 쌓여 정갈하게 자리 잡고 있다. 진해루의 처마는 서까래 끝에 얹힌 부연(附椽)이 조심스레 하늘로 치받아 제법 날아갈 듯한 곡선의 아름다움을 갖추고 있지만, 서까래의 단색 단청을 고스란히 드러낸 연등천장(椽背天障)이 깊이 있는 무게감으로 누각을 덮고 있다. 웅장하지만 질박한 진해루와, 정비된 군영 곳곳에서 좌수영 사령부의 질서 잡힌 엄격함이 첫 인상으로 다가온다. 오전에 한산하던 진해루는 장수들로 점차 붐비고 한 군관은 병사들의 편지와 선물 꾸러미를 들고 좌수사에게 군례를 올린다. 선물에는 병장기도 포함되어 있다. 군인들다운 새해 선물이다.

좌수사는 말을 아끼는 사람, 자기 수양과 공직자의 공무를 기계처럼 반복한다. 그리고 일과 내내 사람을 만난다. 귀를 기울여 듣고 잘잘못에 대한 선을 분명하게 긋고 있다. 동헌에서 하루 종일 백성들의 송사를 처리하고 중앙의 공문을 받아 다시 관할 고을과 포구에 공문을 써 보내느라 분주하다. 10일에는 방답첨사로 동명(同名)의 이순신(李純信)이 새로 부임해 온 일이 병사들 사이에서 잠시 화제로 떠올랐을 뿐, 군영의 일상은 평소와 다름없다.

좌수사는 함선의 건조와 정비, 성벽의 보수, 군기물의 점검 등 병영 업무와, 백성의 송사를 꾸준히 살피고 일에 소홀한 군관 및 아전을 부단히 질책했다. 적의 침입을 막기 위해 좌우영 성벽을 따라 외곽을 파 내린 뒤 물을 채워 못으로 만든 해자(垓字)는 폭풍우에 취약해서 끊임없이 사람의 손길을 원했다. 11일에도 서문 밖 해자가 지난 폭풍우로 결국 네 발쯤 무너지자 돌을 캐는 선생원에 맞춤한 돌을 캐내라고 즉각 지시한다.

16일 선생원에서 생긴 작은 말썽을 처리한다. 석수 박몽세가 돌 캐는 곳에서 이웃 집 개를 훔친 뒤 몰래 삶아 일을 미루고 술판을 벌인 모양이다. 곤장 80대가 떨어졌다. 곤장 여든대를 제대로 맞고서는 살아날 사람이 없다. 엉덩이가 모두 헤지고 피범벅이 될 것이다. 하지만 곤장의 수는 죄에 대한 경고장의 의미를 담고 있다. 여든 대 만큼의 잘못을 저질렀으니 그만큼 자기를 돌아보라는 질책이다. 내리치는 곤장 수는 단순한 물리적 무게가 아니라 잘못을 수치로 환산한 정신적 압박이기도 했다. 아마 석수 박씨는 내일이나 모레쯤 자리를 툭툭 털고 일어나 일찍부터 돌 캐는 일에 골몰할 것이다.

이날 각 고을의 벼슬아치와 아전들이 인사하는 자리에서 좌수사는 방답진의 함선 수리 현황을 물은 뒤 아직 마치지 못했다는 보고를 듣고 몹시 노기를 띠었다. 방답첨사 부임 전까지 임시 책임자를 맡았던 좌수영 우후 이몽구에게 불똥이 튄다. 수족처럼 부리며 아끼는 참모, 하지만 잘잘못을 가리는데 예외가 없다.

"군관과 아전들이 공무를 가볍게 여겨 일을 바로잡지 않고 제 몸만 살찌우려 들면 장차 나랏일을 어찌할 것이냐."

불호령이 동헌의 대청을 쩌렁쩌렁 울린다. 임시로 동원된 병졸까지 역시 곤장을 친다. 새로 부임한 이순신도 당혹스런 표정이다.

하순경에도 공무는 이어졌다. 병사들의 근무 평가와 진급 등 병영 서류를 작성하고 광양 현감 어영담을 만나 군무를 논의하고 순찰을 나서고 동헌에서 공무를 처리한다. 임금을 직접 배알하지 못하는 지방 신하의 도리 망궐례, 정월 보름 이른 새벽부터 진해루로 나와 궁궐이 있을 북쪽을 향해 극진하게 배례한다.

이달에는 명종 인순왕후 심씨, 둘째 형, 그리고 맏형의 제삿날이 2일, 23일, 24

일에는 공무를 보지 않았다. 나라와 일가의 제삿날이 휴식일인 셈이다. 26일에는 흥양현감 배흥립과 순천부사 권준을 만나 군사전략을 논의한다. 한바탕 작은 소동을 빚었던 선생원에서 돌 17개가 모두 완성되었다는 소식에 함선 4척을 보냈다. 조만간 무너진 성벽과 해자는 제 모습을 찾을 것이고 폭풍우에 다시 무너져도 결국 그러할 것이다.

좌수사는 날씨에 매우 민감했다. 각 포구의 물때와 조류는 말할 것도 없고 비바람과, 풍향의 변화에 대해 매일 기록한다. 하루의 일과를 결정하는 첫 번째 변수를 꼽는다면 아마 날씨가 될 것이다. 사람은 자연을 이길 수 없다는 것을 잘 알고 있는 것인지 자연의 이치에 따라 작전과 전투 계획을 수립하는 실무형 군인이다. 전쟁을 이기게 해달라고 하늘에 제사를 지내기에 앞서 매일 매일의 날씨를 기록하고 파악하는 모습에서 믿음직스러움을 느낀다.

좌수사에게 활쏘기는 여러 가지 의미를 지니고 있다. 우선 창검과 함께 가장 효율적인 개인 무기인 활을 통한 장수와 병사들의 전투력 향상이다. 12일에는 활쏘기 대회를 열어 그 결과를 낱낱이 기록하도록 지시한 뒤 새해 첫 포상을 계획했다. 좌수사다운 신년 설계였다. 다음으로 탁 트인 활터는 장수들의 친목을 다지면서 자연스럽게 전략을 논하는 야전 회의장. 때로 내기를 하면서 즐거움을 더하고 한순 두순 돌려가며 활을 쏘는 틈틈이 자연스럽게 군영과 함선, 병사의 관리, 한양의 최근 소식 등에 대한 소식을 주고받는 사교장이다. 마지막으로 개인적인 수양과 수련의 공간임이 분명하다. 정중동(靜中動)의 무기, 숨을 가라앉힌 고요함속에서 활은 목표를 잡아낸다. 그리고 팽팽히 당겨지는 시위가 풀려나가는 순간 화살은 포물선을 그리며 거세게 날아간다. 고요한 정신의 집중이 비로소 장쾌한 움직임의 방향과 목표를 제대로 잡아준다. 정신의 집중과, 육체의 단련을 동시에 할 수 있는 조선의 무기, 좌수사와 닮아 있다.

임진년 정월의 마지막 날, 좌수영과 포구를 따뜻한 바람이 감싸고 있다. 공무를 마친 뒤 석양 무렵 남해의 포구에서 파도와 벗을 삼아 홀로 활을 쏘는 좌수사의 모습이 고독해 보인다.

2월

지치지 않는 일 중독자

매잡이와 5포에 핀 꽃

남해안의 봄은 빠르다. 그리고 남해안의 최전선에 핀 꽃은 군영의 긴장감과 대조되면서 더욱 처연한 아름다움을 지닌다. 이달의 첫날 가랑비가 내리다 멈추자 숭어 떼가 포구에 들이 닥쳤다. 그물을 쳐서 숭어 떼를 잡아내는 좌수사의 모습이 잠시나마 시름을 놓은 어부다. 병사들과 함께 숭어 2,000여 마리를 잡았다. 군량에 보탬이 될 것이다. 좌수사는 함선에 앉아 숭어를 안주 삼아 이몽구와 술을 나누며 봄빛이 감도는 남해의 포구에서 2월의 첫날을 맞았다. 지난달 곤장을 친 안쓰러움을 한 잔 술에 털어내고 있었다. 2월 중순까지 성벽을 쌓고 해자를 보수할 돌을 실어 나르는 진영의 정비와 함선의 건조, 무기 제조 및 보수는 꾸준히 이어졌다.

3일에는 여섯 식구와 함께 제주에서 도망친 노비가 금오도에 숨었지만 결국 방답 수군에게 붙잡혀 왔다. 남루하고 초췌한 부모, 그리고 잔뜩 겁을 집어 먹은 헐벗은 아이들은 다시 제주로 보내질 수밖에 없다. 제주로 돌아가면 어떤 일을 겪을지 불을 보듯 뻔하다. 아비는 가혹한 형벌을 받고 도망을 해서라도 지키고 싶었던 가족은 뿔뿔이 흩어질 것이다.

다음날 좌수영 뒤편에 자리 잡은 해발 200m 가량의 종고산에서 좌수사는 봉수대 쌓는 작업을 부지런히 점검한다. 좌수영의 진지 구축과 군수 무기 관리 및 개발을 총괄하는 군관 이봉수의 솜씨가 이번에도 좌수사를 만족시킨다. 크고 작은 돌이 마치 애초부터 그렇게 만들어졌다는 듯 빈 틈 없이 서로 맞춰진 뒤 쇠사슬로 꼼꼼하게 매여 있어 장마철 태풍도 너끈히 견딜만해 보인다. 제법 긴 시간을 머물며 구석구석을 점검하고 성실한 실무형 참모에게 화답하는 군더더기 없는 칭찬.

"부지런히 애를 썼음을 알겠다."

아주 짧지만 좌수사의 마음이 이봉수에게 고스란히 전해졌을 것이다. 그리고 저녁 무렵에는 역시 성벽을 둘러싼 해자를 한 번 둘러본다.

활쏘기와 공무, 순찰사와 각종 공문을 주고받는 와중에 매일 매일 확인하며 기다리던 물건이 도착했다. 8일 마침내 거북선에 쓸 돛 베 29필이 도착하자 당장 펼쳐 놓고 올과 결의 상태를 살펴본다. 베올은 고왔고 씨줄과 날줄이 2중, 3중으로 촘촘하고 두껍게 짜여져 바람 한 점의 힘도 놓치지 않고 거북선에 보내줄 것이다. 이 베돛이 장착되면 화포 연습이 시작된다. 좌수사는 내달까지는 거북선의 실전 배치를 마무리할 계획인 듯 했다. 마음이 가벼웠는지 훈련원 봉사였던 변존서와 조이립의 활쏘기 내기를 지켜본다. 한양에서 배운 솜씨 때문인가, 훈련원 출신이 이겼다. 이어 새로 부임한 방답 첨사 이순신이 군영 관리와 함대 보수에 여념이 없다는 소식을 듣고 좌수사는 만족한 눈치다. 지난달의 질책이 효과를 발휘했을지도 모르지만 방답첨사도 미리 일을 찾아 일정을 짜고, 확인하고 점검하는 군인으로 평판이 높다. 부실했던 방답진이 점차 견고해질 것이다.

공무와 함께 이런저런 이야기를 담은 순찰사 편지에서 뇌물을 받고 거짓을 전한 통역관들의 소식이 전해진다. 제 할 일을 못하거나 미루는 자도 미워하는 좌수사에게 아예 사욕을 탐한 이들이 정상으로 보일 리 없다.

"해괴하고 분이 터진다."

탄식하는 소리가 동헌의 대청마루를 울린다.

12일 좌수사는 해운대로 나간다. 백성들의 매잡이를 유심히 살피고 있다. 산기슭에서 몰이꾼들이 북과 징을 들고 봄기운이 오르고 있는 산속을 누비고 있다. 놀란 까투리 한 마리가 솟아오른다. 산 정상에서 매를 잡고 있던 봉받이가 까투리 방향으로 굶주린 보라매를 날려 보낸다. 산 능선을 짧게 돌면서 사냥감을 확인한 보라매가 곧바로 하강, 까투리를 낚아 채 쏜살같이 땅으로 내려친다. 부리가 단번에 심장을 파고들자 까투리는 잠시 푸덕거리다 이내 절명한다. 매가 내장을 다시 찍으려는 순간, 꿩의 위치를 가늠하던 배꾼이 달려와 곧바로 매를 떼어내고 허기를 채우지 못한 매는 눈이 더 날카롭게 번뜩인다. 본격적인 농사철을 앞둔 농민의 놀이판이 흥겹게 펼쳐지고 있다. 좌수사가 석양 무렵까지 매잡이를 유심히 지켜본다.

13일 좌수사는 전라우수사 이억기에게 대나무 화살대 100개와 쇠 50근을 보낸다. 새로 군역에 오른 병사들이 긴장 속에 오가는 병영과, 화살대를 다듬어 깃을 붙이는 군기고 마당, 쇠를 받아 화포를 주조하는 대장간 등 활기 넘치는 좌수영이 오히려 안정감을 주고 있다. 거센 비바람이 불어 새로 쌓은 해자가 무너지자 좌수사는 즉각 보수를 명령하면서 지난 작업 과정에 소홀함이 없었는지 질책한다. 좌수영의 함선과 무기, 성벽과 해자는 이렇게 하루하루 조금씩 정비되고 쌓여가고 있다. 지치지 않는 일중독자, 결국 좌수영의 살아있는 군세(軍勢)는 하루아침에 하늘이 내려 준 것이 아니었다.

좌수사는 19일부터 5포의 순찰에 나섰다. 칭찬과 질책, 그리고 해결책이 부단히 오고갈 것이다. 이날 순천의 선소, 장생포 인근을 둘러보면서 순찰이 시작된다. 바다와 만나는 움푹 팬 만(灣)을 육지로 파고 들어가 석축을 둘러놓은 굴강의 기슭, 새로 건조된 매끈한 거북선과 판옥선이 계선주(繫船柱)에 묶여 흔들린다. 선명(船名)이 부여되고 진수식을 거치면 곧바로 전투에 투입된다. 이어 좌수사는 여천의 백야곶에 도착해 마중 나온 순천부사 권준을 만난다. 함선에 쓰일 목재를 베어내는 벌목장에는 진중의 꽃들이 비온 뒤 활짝 피어나 좌수사의 순찰 길을 잠시 잡아두었다. 권준이 동행시킨 기생의 권주가가 꽃 사이를 맴돌면서 봄날의 짧은 꿈처럼 스러진다. 아름다운 경치와 순찰길의 회포를 뒤로 하고 좌수사는 기어코 이목구비에서 저녁 배를 띄워 여도로 뱃길을 잡는다. 홍양현감 배홍립과 여도권관의 마중을 받고 방비를 검열한 뒤 진지와 무기, 함선의 상태가 어지간히 완비되었다면서 합격점을 준다.

다음날 영주에 이르자, "옛 글에 신선이 사는 영주가 있었다고 하더니 이 영주가 과연 그 땅인가, 좌우의 산과 꽃, 들판의 봄풀이 한 폭의 그림 같다."라며 찬탄한다. 운암과 팔영산의 야트막한 산세가 깊어지며 굽이굽이 숨겨 놓은 은밀한 경치를 풀어낸다. 푸른 하늘과 바다, 붉은 꽃, 남해안 최전선의 순찰 길에도 나그네의 객수(客愁)가 어우러져 있지만 아마 장수들의 방비가 소홀하다면 객수는 한 순간에 날아가고 엄격한 공무만 남을 것이다.

활쏘기와 술잔을 나누는 모습, 그리고 들려오는 웃음소리는 어지간히 방비가 되었다는 의미로 보인다. 이어 아전과 군노 등 하인에게까지 술이 내려와 고흥 술을 맛보았다. 좌수사와 동행하는 구종별배들이 자주 겪는 호사이다. 다음날 녹도에서 순찰이 이어진다. 함선과 무기, 그리고 봉우리 위에 세워놓은 망루 겸 봉수대의 모습에 만족한다. 만호 정운에게 "구석구석 손닿지 않은 곳이 없다."는 칭찬이 건네진다. 역시 좌수사가 믿는 실무형 장수, 좌수사는 떠드는 입보다는 부지런히 움직이는 사람의 손을 더 믿는다. 녹도 만호와 술을 마시며 총통의 시연을 보고 있다.

'쾅, 쾅, 쾅, 쾅'

천·지·현·황 중 가장 강력한 천자총통, 천지를 가르는 소리와 함께 포대가 뒤로 밀리며 연기가 치솟는다. 지자, 현자총통에서도 철환과 대장군전 등이 잇달아 날아간 뒤 500m부터 1km 남짓한 거리에 순차적으로 물기둥이 솟구친다. 포수는 포신을 직사와 곡사로 기울이며 사거리를 조정한다. 이 정도 거리에서 적군을 맞추기도 어렵고 맞추어 봐야 화살 한 대와 마찬가지일 뿐이다. 하지만 그것이 적의 함선이라면 동시에 수백 명의 적군과 병장기, 그리고 전함까지 모두 수장된다. 물기둥이 치솟는 바로 그 자리에서 붉은 깃발이 꽂힌 부표가 넘실넘실 춤을 춘다.

다음날 발포로 가는 길, 봄비가 흠씬 내린다. 맞바람까지 불어 배는 거북이걸음을 하고 일행은 모두 비에 젖었다. 좌수사는 '꽃비'라며 천연히 웃는다. 비는 다음날에도 이어졌다. 하지만 순찰 일정을 미룰 수는 없다. 마북산 아래 사량까지 길을 잡고 다시 배를 띄워 사도까지 노질을 재촉했다.

사도진을 순찰한 좌수사의 표정이 녹도와는 사뭇 다르다. 첨사 김완을 잡아들이고 군관과 아전들에 대한 엄한 문책이 뒤따랐다. 다섯 포구 중 최하위 점수, 손보다 입이 빠른 정치군인이라는 평가에 걸맞게 병영은 어수선했다. 하지만 순찰사 이광은 "사도첨사를 포상해달라."는 장계를 이미 조정에 올린 상태였다. 천리 밖 궁궐에서는 보지도 않고, 하지도 않은 일에 대한 모호한 칭찬을 잔뜩 늘어놓을 것이 분명하다. 늙은 사간원의 대간부터 사헌부를 거쳐 젊은 성균관 유생까지 모두 마찬가지, 늘 결론을 먼저 정해놓고 이를 채우는 공허한 말의 잔치들. 첨사를 가장 가까이에서 보필하던 벼슬아치를 해직하는 것으로 사태는 일단락되었다. 곧바로 출항하려던 좌수사는 맞바람이 심하게 불어 노를 젓는 격군들이 힘겨워하자 하루를 머물렀다.

다음날 일찍부터 일정을 재촉한 좌수사는 개이도를 거쳐 방답진의 배로 옮겨 타고 새로 부임한 이순신의 진영에서 무기고를 점검했다. 숫자는 채워져 있으나 막상 실전에서 쓰기는 어렵다. 다행히 함선은 제 기능을 다하고 있다. 새로 부임한 첨사의 어깨가 무거울 것이다. 순찰 마지막 날인 27일 방답진의 성문과 성벽, 해자를 비롯해 지형을 시찰한다. 바깥바다와 연결되어 사면에서 적에게 공격을 받을 수 있는 좌수영 본영의 문턱, 성과 해자 또한 엉성해서 왜구가 기습하면 성 전체가 쉽사리 노출될 우려가 높았다. 저녁나절에 배를 몰아 경도에 이르니 본영이 지척이다. 마중 나온 군관들과 술을 마시는 좌수사의 표정이 복잡하다.

　본영에서 고흥을 돌아 방답진으로 이어진 5포의 순찰은 이렇게 매듭 되었다. 다음날 공무를 본 뒤 흐린 날임에도 화살을 쏜다. 순찰사의 공문에 무엇이 언짢은 표정이다. 순천 부사 권준을 육군의 중위장에 편입시켰다는 순찰사 이광의 전갈 때문이다. 순천은 육군과 수군이 동시에 관리하는 지역이지만 여전히 육군의 입김이 더 강하게 작용했다. 수군은 그동안 좌수영 함진 훈련의 중추를 맡았던 중위장 순천부사를 육군에게 빼앗기고 말았다.

　어느덧 2월의 짧고 화려한 봄날이 거센 바닷바람 속에서 마지막을 맞고 있다.

3월

거북선

천,지,현,황 - 조선의 화포를 품다

　3월의 첫날은 흐렸다. 좌수사는 머나먼 궁궐을 향해 배례한 뒤 병사들을 점검하고 공무를 보고 있다. 2일은 중종 장경왕후 윤씨의 제삿날, 휴일이다. 이달 들어 좌수사는 성과 성벽, 해자를 보수하기 위해 승군들에게 돌을 캐고 운반하도록 지시한다.

　3월 삼짇날은 새 농사를 시작하며 마음을 다지는 농민의 휴식일, 봄날의 첫 명절이다. 농민들은 먹고 마시며 풀 밟기를 하면서 노래를 흥얼거리고 여름 내내 싸워야하는 잡초에 선전포고를 한다. 그리고 닭싸움을 붙이면서 다가올 농사의 고단함에 대한 의지를 다진다. 여인들은 일 년에 단 하루 여인네들만의 소풍이 허락되고 시어머니와 남편에서 벗어나 자신들만의 속내를 털어놓는 화전놀이를 즐긴다. 자식 자랑에서 점차 남편의 미련스러움, 결국에는 시집살이의 한탄을 늘어놓으면서 산더미같이 다가올 농사일의 시름을 잠시 미뤄둔다. 풍족할 수 없는 삶이지만 조선 땅은 조선 여인들이 삶을 이어가는 온전한 조선의 터전이다. 그런데 임진년 삼짇날에는 비가 퍼부어 답청조차 못하였다.

명절 기분이 아직 가시지 않은 다음날, 좌수사는 평소 자식처럼 아끼던 승군들을 엄하게 질책한다. 마지못해 돌을 캐던 승군들, 그 돌로 성벽을 보수하기란 터무니가 없다. 좌수사가 곤장을 쳤다. 승군들은 어떤 생각을 하고 있을 것인가.

'이 태평성대에…'

'무너진 한 치의 성이 무엇이 중요할까…'

태반이 부모 없이 세상을 떠돌다 제 한 몸 의탁할 곳을 찾아 절에 들어 온 조선의 고아이자 천민들.

눈가에 서러운 눈물이 잡힌다.

무엇 때문에 전란 없이 평화스런 시절에 백성들을 이처럼 다그치는 것인지, 의구심이 든다. 몇몇 왜구가 전라좌수영까지 침범할리는 만무하다.

5일에는 공무를 마치고 활을 쏜 뒤 내아에 이르자 좌의정 유성룡의 편지와 선물이 도착해 있다. 나랏일 걱정이 가득한 편지에는 만금보다 귀한 병법서가 동봉되었다. 오랜 세월을 같이했어도 늘 삼가며 존중하는 사람, 벗. 한 장 한 장 아끼어 읽는다. 다음날 창과 칼, 활과 화살 등 군기물에 대한 검열이 시작된다. 이 시간에 차라리 군비를 아껴 한양의 권신에게 선물과 진상품을 보내는 편이 좌수사의 승차(陞差)에 유리할 것이다. 깨지고 헐어버린 투구 및 녹슨 칼과 창, 시위가 늘어난 활이 좌수사의 눈에 띈다. 활과 화살을 만드는 궁장, 무기를 파악하는 감고, 그리고 이들을 관리하는 아전이 줄줄이 곤장을 맞는다.

"한심하다."

좌수사의 입에서 가혹한 평가가 내려졌다. 활시위는 다시 팽팽하게 당겨지고 검과 창날은 곧 옛 모습을 찾을 것이다. 좌수사의 생일인 8일, 임진년에는 비가 내렸다.

3월 중순에도 봄비가 제법 세차다. 좌수사는 공무와 활쏘기, 순천부의 출장에 분주하다. 틈틈이 병영의 군관들에게도 활을 쏘게 한다. 병사는 물론 장수들도 엄격한 관리의 대상이다. 20일에는 인근 지역의 수색 기일을 지키지 못한 순천 부사 권준이 심한 질책을 받았다. 아마 육군의 중위장을 겸하면서 수군 작전에 잠시 소홀했을 것이다. 또 사도 첨사 김완은 본영의 집결 명령을 어기고 있었다. 내외 나로도와 대평, 소평도 등 사도 일대에 대한 대대적인 수색 때문에 기한을 맞추지 못했다는 그럴 듯한 공문을 전해왔다. 게으르고 나태한 무장이었다. 정녕 그 지역을 한번이라도 가본 것인지 의구심이 든다. 좌수사가 배를 지그시 쓰다듬는다. 지병이 다시 도진 듯 다음날 오전까지 누워있다.

오후에 업무를 시작한 좌수사는 성 밖에 메워진 해자를 파내는 일에 신경을 쓰고 있다. 또 판옥선을 수리할 널빤지가 오지 않는 이유를 재촉하면서도 발포 권관을 바꾸자는 순찰사 이광의 편지에는 완곡하게 반대 의사를 전한다.

"아직 갈지 말고 그대로 유임하여 방비에 종사케 하자."는 것.

권관이 새로 온다고 해서 별반 새로울 것이 없다. 사람을 바꾸기보다는 좌수사의 방식대로 사람을 고치는 편이 빠르다. 사도 첨사 김완이 아직 살아남은 이유일 것이다.

24일은 세종 소현왕후 심씨의 제삿날, 공무는 쉬지만 우후 이몽구의 수색 보고를 받고 군관 송희립이 가져온 순찰사의 공문을 읽는다. 그런데 한 구절에 눈길이 멈추고 안광(眼光)이 날카롭다.

"'풍랑에 배가 깨어져서 조선과 한 동안 연락을 하지 못했다.'는 대마도주 소요시토시(宗義智)의 거짓말이 심상치 않다."는 부분이었다.

좌수사는 바다의 날씨를 하루도 거르지 않고 기록해 왔다. 최근에 풍랑은 없었다. 끊임없이 드나들던 대마도의 무역선인 세견선이 최근에는 발길을 뚝 끊었다. 대마도의 침묵 속에 음산한 기운이 감돌고 있다.

"음흉한 거짓과 간사함을 생각하기조차 힘겹다."

좌수사가 알 수 없는 위기감을 감지하고 있었다. 거북선에 대한 좌수사의 조급증, 부단한 군영의 정비, 백성에 대한 채근은 이 때문일까, 그렇지만 임진년 봄날은 여전히 평화스럽다.

3월 하순 농사철이 무르익어 가면서 좌수영에는 소를 빌리고 종자를 얻기 위한 백성들이 늘어가고 있다. 좌수사는 공무를 본 뒤 활을 쏘고, 현령을 만나고, 무너진 성벽을 채워 넣고, 포구에 쇠사슬을 매달고, 나무기둥을 세워 등대를 대신하는 일에 도무지 지치지 않는다. 그리고 거북선으로 화포를 옮긴다. 우후 이몽구와 군관 송희립에게는 남해의 둔전 상황을 파악하라고 지시한다.

마침내 거북선에 화포가 장착되었다. 27일 거북선에 실린 화포가 남해 바다를 향해 불을 뿜었다. 거북선의 첫 인상은 공포감이다. 판옥선과 달리 칼날이 심어진 철갑이 갑판을 두르고 있어 사람이 조종하는 배인지, 스스로 움직이는 괴물인지, 신비감이 깃들어 있다. 오른쪽과 왼쪽 그리고 전방에서 울리는 화포와 선체를 온통 뒤덮은 화포 연기는 입에서 쏟아내는 유황연기와 더불어 승천하지 못한 용의 몸부림이 아닐까하는 환상을 자아낸다. 병사들의 환호성이 좌수영의 해안을 덮었지만 좌수사는 여전히 침묵한다. 갑판이 덮인 탓에 포수의 시야가 좁아 즉각적인 사거리 전환이 어렵다. 이는 활과 편전을 다루는 사수(射手)도 마찬가지, 정밀하게 훈련된 포수와 사수가 탑승해야한다. 하지만 전라좌수영에서 실전을 치른 병사는 극소수에 불과하다. 부표를 맞추는 일과 움직이는 함선을 보며 사거리를 조정하는 실전 감각은 말처럼 쉬운 일이 아니다. 전쟁터에서는 찰나의 시각에도 생명이 오간다. 여전히 거북선은 무겁고 함선의 무게 중심은 높다. 대형 총통을 탑재하기에는 무리가 따른다. 아무리 갑판의 무게를 줄여도 한계가 있다. 선회와 항진의 속도를 위해서는 격군이 노련한가 격군장의 예리한 판단이 절대적이다. 결국 훈련이 더 필요하다. 포수와 사수, 격군과 격군장, 그리고 이들을 지휘하는 장수가 거북선과 한 몸이 되어야한다. 나의 고통 없이 적에게 공포스런 무기를 쓰기란 어렵다. 좌수사의 침묵에는 이런 고민이 묻어있다.

3월 29일 날은 맑고 봄기운은 짙어간다. 세조 정희왕후 윤씨의 제사다. 어머니에게 보낸 나장이 편안함을 알렸다. 모처럼 휴일을 맞은 좌수사의 표정이 일순간에 환해진다.

4월

임진왜란의 발발

무인지경(無人之境)인 조선의 땅

이달 중순까지 좌수영의 일과는 평소와 다름없다. 초순에 좌수사의 병색이 깊어 걱정하는 소리가 진중에서 잠시 들려왔지만 5일부터는 건재한 모습이다. 공무를 보고 공문을 주고받으며 하루를 보낸 뒤 다시 활터를 찾아 군관들의 활쏘기를 독려한다. 8일에는 어머니에게 보내는 선물을 꾸리던 좌수사의 아우가 땅거미 속에서 좌수영의 문을 나선다. 다음날에는 광양현감이 인근 지역의 수색 일정을 논의하기 위해 진해루를 찾았다. 10일, 동헌에서 공무를 마치자 활 50발을 연달아 쏘면서 온전한 회복을 알린다.

11일 베로 만든 돛이 거북선에 달리고 12일에는 거북선이 바닷물을 가르며 지자, 현자총통을 쏘아댄다. 거북선의 무게 때문에 천자총통보다 무게가 다소 가벼운 지자총통을 적 함선에 대한 포격용으로 그리고 근접전에 대비해 현자, 황자총통을 사용할 태세이다. 현자, 황자 총통은 후면에 근접하는 적군에게 한번에 20-30개의 철환을 산탄처럼 날려 보낸다. 포성과 함성 소리가 포구에서 한동안 그치지 않았다. 선회도 매끄러웠으며 선체의 복원력도 기대 이상, 근심과 달리 순조롭고 성공적인 처녀 항해였다.

　임진년 13일과 14일에 날씨는 맑았다. 좌수사는 공무를 본 뒤 역시 활을 쏘며 일과를 정리한다. 50발이 넘는 화살이 과녁 한복판에서 통증 소리를 자아냈다.

　15일은 성종 공혜왕후 한씨의 제사, 좌수사가 공무를 보지 않았다. 그리고 이날 좌수영이 발칵 뒤집힌다. 경상우수사 원균과 경상좌수사 박홍, 영남 관찰사 김수의 공문이 빗발치듯 좌수영에 날아들고 좌수사의 공문이 순찰사 이광, 전라우수사 진영을 향해 다시 급파된다. 어수선한 분위기 속에서 사태의 심각성이 드러났다. "왜선 90여척이 13일 부산앞 절영도에 정박했다."는 것. 진중에 동요가 일었다. 왜군이 전면적인 침탈을 해 온 것인지, 이전의 왜란처럼 국지적인 노략질의 일환인지를 두고 말들이 오갔다. 대부분의 병사들은 전면적인 전쟁이 되리라고는 예상하지 않았다. 그동안의 경험에 비추어 이번에는 다소 규모가 있는 노략질이라는 추측이 우세했다. 그리고 무엇보다 병사들에게 왜국에 대한 정보는 없었으며 '왜놈', '왜적', '왜구'라는 해적 떼의 인상이 더 강하게 자리 잡고 있었다. '왜군'이라는 조직적 군대에 대한 관념은 없었던 것. 다만 대마도에서 나온 무역선은 아닌 듯 보인다. 세견선이라고 보기에는 규모가 너무 커져 있었다. 이어 왜선 350척이 부산포 건너편에 정박했다는 급보가 이어지면서 상황은 급변한다. 전면전의 조짐이다.

　다음날인 16일 급박한 전황이 도착했다. 경상우수사 원균이 "부산의 거진이 함락되었다."고 전해 온 것. 사태의 심각성을 확인한 좌수사는 한양과 삼도에 공문을 보냈다. 다음날인 17일에는 사태가 좀 더 분명하게 드러났다. 경상우병사 김성일이 "왜적이 부산을 함락시킨 뒤 그대로 머물면서 물러가지 않는다."고 알려왔다. 좌수영에 번을 서는 병사들의 횃불이 넘실대고 진중은 전시상태에 돌입한다. 18일에는 비로소 구체적인 전황이 경상우수영에서 전라좌수영에 날아들었다. "동래가 함락되고 함대를 모두 버린 경상좌수사 박홍은 육지로 상륙했으나 동래성에 합류하지 않고 회군했다."는 설명이다. 그렇다면 이미 경상좌수영은 궤멸되었으며 육지에서는 왜군이 10여km 남짓 내륙으로 병력을 이동해 북상했다는 의미이다. 임금이 있는 한양을 기준으로 경상좌우, 전라좌우, 충청수영이 부챗살처럼 펼쳐진다. 경상 좌수영이 무너졌다면 바다에서는 경상 우수영이 적과 마주한 최전선이 된다. 다음에는 전라좌수영이 교전 장소가 된다는 뜻이다. 그리고 좌수영이 무너지면 전라우수영과 충청수영이 한양으로 이어지는 바닷길을 막는 마지막 저항선, 하지만 충청 수영의 군세는 형편없는 수준이다. 이번 왜군의 침략은 조선과 왜국의 전쟁, 즉 나라간 전면전이라는 성격이 서서히 드러나고 있다. 즉각 병력 동원령이 전파된다. 왜구가 아니라 왜군이었다. 좌수사는 지휘관이 비어있는 발포의 임시 권관으로 나대용을 정해 파견한다.

19일 오전부터 병영이 소란스럽다. 해자와 성벽을 보수하는 군관이 일찍부터 군역을 시작하고 이날 인근에서 급하게 동원된 700여명의 병사가 군제에 편입된다. 20일에는 좌수영에 파병 요청이 도달한다. 경상우도순찰사 김수가 "너무 많은 적을 감당할 수 없고, 그 기세가 사나워 마치 사람이 없는 땅을 내달리는 무인지경(無人之境)의 형세이니 함선을 보내 달라."고 요청해 온 것이다.

전쟁은 터졌는데 전투가 없는 무인지경, 그 공백을 백성의 피로 메우는 전쟁 아닌 학살이 벌어지고 있다는 의미이다. 전쟁은 이제 깨어나고 싶은 무서운 꿈처럼 하루 사이에 비현실적인 현실로 다가왔다. 좌수사는 부단히도 함선을 고치고 성벽을 쌓고 무기를 정비하면서, 오늘을 예감했던 것인가. 이날 좌부승지 민준이 "경상우수군과 협의, 현지의 상황에 맞는 전략을 수립해 전투에 임하라."는 뜻을 전해오면서 좌수사는 각 마을과 5포에 전시 비상태세 군령을 내린다. 좌수사는 구체적인 전황을 접하면서 통분하고 한탄했지만 우왕좌왕 일을 서두르지 않는다.

여전히 군사와 장비를 점검하고, 경상우수사 원균에게는 공문을 띄워 경상도의 물길 사정과 적선의 수효및 정박지 등 구체적인 전투 정보를 얻는데 주력한다.

21일에는 혹시나 있을 적의 본영 급습에 대비, 병사들을 성곽에 배치했다. 그리고 오후에 달려온 순천부사 권준과 작전회의를 숙의한 뒤 다음날에도 전투 준비에 여념이 없다. 23일, 5관 5포에 소집령이 내려갔다. 소집일은 29일, 장소는 본영 앞바다. 전라우수영에도 합류를 요청한다. 적선이 500여척 이상이라는 보고에 따라 5포의 함선만으로는 감당할 수 없다는 판단에서 비롯된 조치일 것이다. 본영은 경상도로 출전하는 통과수로가 되는 만큼 집결지로 선택되었다. 그렇지만 좌수사는 보성이나 녹도 등 원거리 포구의 경우 명령이 하달되어 함선을 움직이는 데만도 며칠이 걸리는 만큼 이달 내 출전할 눈치는 아니다. 적의 상황을 파악하고 군의 편제를 완성, 전투태세에 돌입하는 시간도 필요하기 때문이다. 무엇보다 왜선의 정박 지역과 화력 등에 대한 정보가 절실해 보인다. 그러면서도 여전히 함선을 건조할 목재를 실어 나르고 해자 보수를 감독한다.

29일 각 포의 함선이 하나둘 본영 앞에 모습을 드러내기 시작했다. 장수들이 속속 좌수영에 도착할 때마다 병영에 긴박감이 더해진다. 그리고 이날 전세가 조금 더 뚜렷해졌다. 경상우수사 원균이 거제 남단 오아포의 경상 우수영에서 철수했다는 소식을 전한다. 한산도나 당포로 서둘러 퇴각했을 것이다. 우수영 함선은 왜군에게 나포될 것을 염려해 1~2척을 제외하고 모두 불태우거나 침몰시켰으며 경상도 각 마을과 포구의 봉화불도 끊어졌다는 것. 경상수군이 사실상 수군 기능을 상실했다. 이제 전라좌수영이 최전방이다. 원균은 "전라좌수군의 군사와 함선을 남김없이 뽑아내어 당포 앞바다로 급히 나오라."고 재촉한다. '언제 어떻게,' 라는 구체적인 전략 없이 무조건 좌수군 함대를 움직이라는 일방적인 통보, 좌수사는 그러나 속속 도착하는 함선들의 전투 편제 구상에만 전념한다. 좌수영 함대가 서서히 제 위치를 잡아가며 효율적인 전투 수행을 위한 집단군으로 변모한다.

이날 남해현령 기효근과 첨사가 군량과 무기를 송두리째 방치한 채 도주했다는 보고가 들어왔다. 섬 마을 전체가 비었다는 것이다. 남해와 좌수영은 지척간 거리, 좌수사는 급박한 상황에서도 군량과 무기 창고가 적에게 넘어가는 사태를 우려하며 군관 송한련에게 속히 남해에 건너가 창고와 무기고를 모두 불태우라는 명령을 내린다. 도망친 아군 장수의 뒷수습에 나서는 좌수사의 표정이 무겁다. 구체적이고 정확한 정보가 필요했다. 좌수영 장수들의 본영 합류 일정과 경상우수영 함대의 퇴각수로를 확인하는 연락선이 급파되고, 육지의 전황을 살피는 척후병이 연달아 수군진을 나선다. 아무리 마음이 바빠도 한 발, 한 발 내딛으며 문제를 발견하고 해결한 뒤 다시 보완점을 찾아내면서 다가올 전쟁을 설계하는 모습이다.

출전이 가시화되면서 진중이 동요한다. 한 순간에 흩어져 행방조차 알 수 없는 경상좌우수군의 수사와 현령, 첨사들은 좌수군 병사들에게 씻기 힘든 패배감을 심어 놓았다. 그동안 전라수군은 경상수군을 지원하는 예비 병력에 불과했다. 왜군의 군세와 잔인성에 대한 확인되지 않은 소문은 걷잡을 수 없는 정도로 수군 진영 곳곳에 퍼져나간다. 실제로도 뚜렷하게 기우는 객관적인 전력, 500여척의 왜선과 다 합해도 고작 30여척에도 못 미치는 좌수군의 함선은 현실이었다. 핵심 전력이었던 경상수군이 손 한번 제대로 쓰지 못하고 무너졌다. 연합을 요청한 전라우수사 이억기에게서는 아무런 기별도 없다. 더구나 왜병이 조령을 넘어 한양에 육박하면서 조정이 위태롭다는 소문마저 파다하다. 아군의 함선은 한순간에 수장되고 병사들은 모두 도륙될 것이라는 공포감이 진중을 짓누른다. 견딜 수 없는 죽음의 공포, 평상시에는 농사를 짓고 고기를 잡던 농부와 어부가 태반인 조선수군이었다. 훈련된 조직적 군대, 몸을 관통하는 위력을 지닌 조총으로 무장한 왜병들 앞에 내어놓은 목숨이 될 것이다. 이어 가장을 잃은 아내와 자식들의 모습이 눈앞에 어른거린다. 감당할 수 없는 공포가 공포를 더하면서 탈영병이 생기고 공포는 마치 전염병처럼 진중 구석구석으로 번져나간다.

좌수사는 이 문제를 단호하게 해결한다. 우선은 공포를 공포로 덮는 극약처방이다. 탈영병을 체포하는 포망장을 파견해 탈영병 두 명의 목을 베어 진중에 효수했다. 참수(斬首)가 죽음으로 죄를 씻는 벌이라면 효수(梟首)는 죽은 뒤에도 잘못을 빌어야하는 가혹한 형벌이다. 타인의 죽음을 본 병사들이 비로소 자신의 죽음을 직시하는 용기를 조금씩 회복해 간다. 그 다음은 무엇이 공포를 잠재울 수 있을까, 공포는 전쟁 내내 불쑥불쑥 고개를 내밀 것이다. 전란이 터진 4월의 마지막 날 좌수사는 한양에 전날 쓴 장계를 보낸 뒤 첫 출전을 앞두고 장수들과의 전략 수립에 분주하다.

5월

옥포에서 건진 네 살배기 소녀

사천의 포구가 적의 피로 물들다

흐린 날씨에 마파람이 몰아치는 초여름의 첫날 좌수영 진해루에 제장들이 모여들면서 병사들은 지휘부의 움직임에 촉각을 곤두세웠다. 방답첨사 이순신, 홍양현감 배흥립, 녹도만호 정운 등은 한 치의 흔들림도 없는 강건한 모습이었다. 2일에는 좌수사 명령에 따라 남해에 소개 작전을 펼치러 파견되었던 군관 송한련이 돌아왔다. 남해 현령 기효근과 미조항 첨사 김승룡, 상주포 만호 등이 왜군의 상륙 소식에 모두 달아나 버렸고 곡식과 군기물도 흩어져 남은 것이 없었다는 보고가 이어진다. 수령이 사라진 텅 빈 관아에서 백성들이 목숨을 담보로 곡식과 병장기를 훔쳐 굶주림을 잠시 면했을 것이다.

진해루에서 장수들은 강한 결의를 주고받았다. 낙안군수 신호만이 다소 어두운 표정으로 좌수영을 오간다. 전쟁의 공포는 비단 병사들에게만 국한된 것은 아니었다. 출전을 하루 앞둔 3일에는 병사 한명이 탈영을 했으나 집에서 붙잡혀 효수된다. 병사들에게 함께 훈련 받던 동료의 처형은 생사의 구분을 마비시킨다. 죽음과 친숙해지면서 자신의 죽음에 대한 공포를 조금씩 잊거나, 견디어 가는 것이다.

전쟁터의 모든 병사들이 죽음을 초월하는 용기를 가질 수는 없다. 다만 죽음을 도피하지 않고 직시해야하는 군인의 본분을 자각하는 것만으로도 충분하다. 그리고 광양현감 어영담이 합류한다. 수군의 물길을 잡아 줄 것이다. 녹도만호 정운은 이날 "전라우수군을 더 이상 기다릴 수 없다."고 강하게 건의했고 좌수사는 마침내 출전을 지시한다.

4일, 날은 맑았다. 깜깜한 새벽부터 좌수영과 포구에 횃불이 켜지고 백성들이 몰려들면서 부산스럽다.

중위장 방답첨사 이순신,

좌부장 낙안군수 신호,

전부장 홍양현감 배흥립,

중부장 광양현감 어영담,

중부장 훈련 봉사 나대용,

우부장 보성군수 김득광,

후부장 녹도만호 정운,

우척후장 사도첨사 김완.

평소 훈련 과정에서 중위장을 맡았던 순천 부사 권준이 육군에 편입되어 전주로 나가면서 함진의 편성이 새로 짜여 진다. 한동안 부지런히 물자가 배에 오르고 함선에 병사가 탑승하면서 제 위치를 잡는, 이미 훈련을 통해 숙달된 출정 준비가 지속된다. 그러나 이번에는 실전이다. 붉게 먼동이 트면서 배는 마침내 출항한다. 생사를 스스로 가늠할 수 없는 죽음의 전쟁터로 향한다. 판옥선 24척, 협선 15척, 민간어선 46척 등 모두 85척의 좌수영 선단이 본영을 미끄러지듯 빠져 나온다.

민간어선은 군세를 보태 병사들의 사기를 높이면서 병참 지원 및 부상자 치료 등 해상의 후방 업무를 맡았다. 포구에는 아낙네들만이 죽음의 문턱을 넘어서는 함선을 보며 장승처럼 서 있고 철없는 아이들은 무리지어 조개를 캐는데 여념이 없다.

함대는 미조항을 거쳐 저물녘에 소비포에 도착, 하룻밤 진을 쳤다. 5일 새벽 소비포를 뒤로 하고 경상우수군과 합류하기로 한 당포 앞바다에 도착했다. 하지만 바다는 아직 텅 비어 있다. 좌수사의 전령을 태운 경쾌선이 한산도로 급파된다. 길지 않은 시간이 흐른 뒤 경상우수사 원균의 대장선이 홀로 모습을 드러낸다. 초라한 군세, 하지만 이번 전쟁에서 실전을 치른 유일한 조선 수군이기도 하다. 좌수사는 적선의 수와 정박지, 접전 과정에서 왜선이 화포를 탑재했는지 상세한 전투양상에 대한 정보를 얻는데 주력한다. 이어 도주했던 남해현령 기효근 등이 탄 판옥선 한 척, 소비포권관 이영남의 협선, 영등포만호 우치적, 지세포만호 한백록의 판옥선 두 척이 나타나 병사들의 허전한 마음을 다소나마 채워줬다. 좌수사는 전라좌수군과 경상우수군의 주요 장수를 불러 교전 전략을 거듭 숙의한다. 몇 척의 배가 불어난 연합함대는 거제도 남단을 돌아 송미포 앞바다에서 진을 친다. 이제 언제, 어디에서 왜선이 나타나도 이상할 것이 없는 최전선, 척후선이 사방에 깔리면서 긴장을 더한다.

7일 새벽 왜선이 정박해 있다는 척후에 따라 가덕으로 항로를 잡고 옥포 앞바다에 이르는 순간, 우척후장 사도첨사 김완의 배에서 신기전이 솟아오른다. 왜선과의 첫 교전, 긴장과 흥분이 병사들을 스쳐간 뒤 어쩔 수 없는 공포가 파도처럼 밀려온다. 함선과 병사들이 모두 출렁거린다. 대장선에서 서서히 오르는 명령기가 바람에 날리며 뚜렷이 보인다.

"함부로 가볍게 움직이지 말라, 태산같이 신중 하라."

함대는 결진을 유지하면서 옥포선창을 서서히 에워싸고 있었다. 왜선 50여척이 한 눈에 들어온다. 왜대선은 온갖 화려한 문양의 비단 휘장에 둘러싸여 있고 붉고 흰 깃발들이 대나무 장대에 매여 휘장 주위에서 펄럭인다. 바닷바람에 날리는 형형색색의 깃발들은 보는 이의 눈을 어지럽힌다. 왜선 또한 피할 수 없는 전장의 공포를 떨쳐내려 몸부림치고 있었다.

왜구들이 상륙한 옥포는 온통 연기로 자욱했다. 연기의 장막 속에 가려진 산과 들은 백성들의 피에 젖고 살로 채워졌을 것이다. 왜군은 허둥거리면서도 재빠르게 승선했다. 뿔나팔의 각성(角聲) 소리가 꼬리를 물면서 포구에 음산하게 번진다. 조선 함대의 기습적인 출현에 놀란 눈치가 역력하다. 하지만 성급하게 중앙으로 나오지 않고 포구 주변을 맴돌며 함진을 갖춘다. 전열이 완성되자 그 중 여섯 척이 선봉을 맡아 조선 함대의 중앙을 향해 돌진하면서 나머지 선단이 일시에 따라붙는다. 층루가 있는 중앙의 대장선을 중심으로 포진한 주변의 전투선들이 유독 사나운 기세로 달려든다. 동서로 갈라져 둥근 원처럼 포구를 감싸 안은 조선 함대는 한동안 침묵하며 왜선의 접근을 기다린다. 이어 대장선의 총통에서 이번 전란의 첫 포성이 울리며, 날아오른 장군전이 개전을 알린다. 대장선에 독전기가 올랐다. 24척의 판옥선이 동시에 불을 뿜고 옥포 앞바다에 조선 하늘의 모든 우레가 한 순간에 몰아치는 착각을 일으킨다. 수백발의 철환과 대장전이 잠시 하늘을 덮은 뒤 솟구치는 물기둥 사이사이에서 둔탁한 파괴음이 울리기 시작한다. 돌격하던 왜선이 암초에 걸린 듯 잇따라 좌초한다. 왜선의 함진과, 갑판에 도열한 왜병들의 질서가 한꺼번에 무너진다. 대장전에 하갑판이 뚫린 왜대선부터 차례차례 초여름의 바다로 가라앉았다.

왜선에는 화포가 없다는 사실이 마침내 실전에서 확인되었다. 사거리가 짧은 조총은 총통 앞에 날개가 꺾인다. 부서지고 깨져나간 왜대선은 통제력을 잃었다. 전투병이 가득 탄 왜선 26척이 방향과 속도를 잃고 기울거나 침몰하면서 함포가 없는 왜군들은 함대함 전투를 포기한다. 무너지는 배를 살리기 위해 배안의 물건을 바다에 집어 던지다, 그마저 여의치 않으면 바다에 뛰어들어 뭍으로 기어올라 도망친다. 포구로 좁혀 들어간 함선들은 이제 기능을 상실한 왜선의 잔해에 불붙은 장작과 짚단을 던지고 신기전을 쏘아 불을 지르면서 헤아릴 수 없는 화살과 편전을 바다에서 허우적거리는 왜병에게 쏟아 붓는다. 불꽃과 연기, 적병의 고함소리가 옥포 바닷가를 가득 채우고 살아난 패잔병들은 산으로 올라 아예 숲속으로 숨어든다. 이날 조선 수군은 왜 수군을 상대로 새로운 해상 전투 방식의 개시를 알렸다. 적선에 배를 붙여 전투병이 뛰어드는 도선(渡船)으로 승부를 내던 전통적인 해전이 아니었다. 판옥선의 총통은 근접거리를 허용하지 않았고, 왜병의 강력한 전투력은 침몰하는 배에 갇혀 무용지물이 되었다. 함대함 포격전을 상상조차 못했던 왜선에게 조선수군은 바다 속에서 난데없이 불쑥 솟아오른 저승사자였던 셈이다. 왜군의 조총은 단 한명의 수군 병사에게도 다다르지 못한다. 깨어진 왜선에서 네댓 살배기 조선 소녀가 허우적대고 있다. 좌부기전통장 순천대장 유섭이 빠르게 배를 몰아 마침내 소녀를 건져 올린다. 함성이 터진다. 부모가 어찌 되었을지 알 수 없는 나이어린 조선의 포로 소녀, 바닷물에 젖어 파랗게 질려있다. 병사들의 분노가 독기로 치달으면서 화살이 적진을 사정없이 파고든다. 이렇게 병사들은 죽음과 서서히 익숙해지고 있었다.

좌수사는 병사의 상륙을 명령하지 않았다. 험준한 산세, 더구나 왜군은 굴속으로 숨어들어 기습할 수 있고 자칫 수군이 빠져나간 함대가 다른 왜선에 포위된다면 속수무책이기 때문이다. 늦은 오후 함대는 옥포를 뒤로하고 거제 북단 영등포 앞바다로 물러가 정박했다. 병사들이 나무를 하고 물을 길으면서 야영준비에 긴장을 늦추는 순간 척후장의 급박한 보고가 도착한다.

'왜대선 5척 발견'

병사를 거두어 좌수사는 적선을 추격했다. 수군의 표정과 행동에 자신감이 묻어난다. 판옥선의 기세에 눌린 왜선은 아예 해상전투를 포기했다. 합포에 배를 대고 육지로 도주한다. 옥포에서 패퇴한 잔류선이 분명했다. 함포의 위력을 이미 경험한 것이다. 이들 배는 모조리 깨어져 불길에 휩싸인다. 조선함대는 협수로에서 배를 물려 남포에 정박한 뒤 비로소 두 차례에 걸친 첫 전투를 치른 기나긴 하루를 마감했다. 네 살배기 소녀도 민간어선에 옮겨져 따뜻한 밥을 먹을 수 있었다.

8일 이른 아침 함선은 고리량을 향해 나아가면서 수색 작전을 펼쳤다. 저도를 지나자 적진포에서 왜선 13척이 걸려든다. 마을의 민가는 이미 쑥대밭이 되었을 것이다. 총통이 다시 불을 뿜었고 포구는 연기와 불로 뒤덮인다. 출항할 엄두조차 내지 못한 왜선은 그 자리에서 깨어지고 불타버렸다.

아이를 업은 젊은 남자가 녹음이 깔린 산마루에서 조선 함대 쪽으로 허겁지겁 내려오고 있다. 사도 첨사 김완이 경쾌선을 띄워 대장선으로 태우고 왔다. 어제 밤에 상륙한 왜적들이 민가의 소를 약탈해 포구에서 잔치를 벌인 뒤 그중 절반은 오늘 아침 고성으로 향하고 나머지 병력이 배를 지키고 있었다는 것. 적진포 사람 이신동, 그는 함선을 타고 왜적을 피하라는 좌수사의 제안을 거절한다.

"왜적이 들이닥치면서 경황 중에 노모와 처자가 모두 뿔뿔이 헤어져 생사를 모릅니다. 여기서 죽더라도 가족을 찾는 것이 도리입니다."

아이를 들쳐 업고 다시 엉금엉금 산마루를 오르는 조선의 백성, 이제 병사들에게 전란의 고통은 현실로 다가온다. 그리고 왜 죽음을 곁에 두고서라도 싸워야하는지 실감한다. 각 포구의 산과 언덕에는 피난민들이 줄을 잇고, 조선 수군이 지나가면 흐느껴 우는 소리가 선상을 휘감았다.

좌수사는 장수들과 천성, 가덕 등의 해역으로 진격할지 여부를 숙의했다. 또 부산의 적선에 대한 이야기도 오갔다. 하지만 "지나치게 항로가 좁고 적정에 대한 정보가 부족한 상태에서 전라우수사도 합류하지 않아 군세가 너무 기운다."는 의견이 중론이었다. 이때 도사 최철견의 첩보가 당도했다. 임금 선조가 관서지방까지 내 몰렸다는 것. 병사와 장수들이 일순간에 충격을 받았다. 전열의 정비가 필요하다고 판단한 좌수사는 뱃머리를 본영으로 돌렸다.

좌수사는 장수들의 의견을 차분하게 경청했다. 좀처럼 중간에 말을 끊지 않는다. 또 장수들간 거친 논쟁조차도 내버려둔다. 논쟁과정에서 장수들의 성향이 잘 드러났다. 격론이 오가면서 자신의 의견이 지닌 허와 실, 계책의 양면성을 스스로 파악할 수 있었던 듯 자신의 의견만을 끝까지 고집하지는 않았다. 그리고 좌수사가 마지막 결정을 내렸다. 단호하다. 장수들이 이의를 제기하지 않았다. 곧 좌수사의 결정을 실천에 옮길 수 있는 바람 및 물때에 대한 정보를 토대로 구체적인 실행 방법을 논의했다.

9일 정오 좌수영 함대는 본영에 도착한다. 첫 전투의 긴장과 흥분은 이제 전투의 뒷이야기 속에서 서서히 녹아내리고 있었다. 네 살배기 '옥포 소녀'는 아무런 영문도 모른 채 엄마만 찾으며 병영에서 자지러진다. 병사들은 갈라 터진 손으로 눈시울을 닦는다. 보성군수 김득광은 14살짜리 소녀를 구출했다. 소녀는 "고향은 기장인데, 난리가 터져 운봉산에 숨어 있다가 오빠와 함께 포로가 되었다."고 입을 열었다. 그녀는 "오빠의 생사는 모르고 적선의 선창에 갇혀 거제로 실려 왔으며, 철환에 적선이 깨지고 편전이 비 오듯 쏟아지자 배 바닥은 피로 흥건해졌고, 왜놈들이 배를 버리고 도망치는 와중에 정신없이 물속에 뛰어들었다."면서 "살려 달라는 조선말에 놀란 수군이 건져 주었다."고 구출 과정을 제법 조리 있게 설명했다. 두 소녀는 "각별히 보호해 달라."는 좌수사의 간곡한 부탁과 함께 보성관아로 옮겨졌다.

"왜적이 미친 곳에서 어버이나 자식을 잃지 않은 백성이 있을까"

좌수사의 고통스런 장탄식이 흘러 나왔다. 그는 곧 붓을 들어 함대의 이동과정에서 목격한 숱한 피난민의 실태를 세세히 적어 순찰사에게 공문을 띄웠다. "끝까지 찾아내어 구호해 달라."는 당부를 거듭거듭 적고 있다.

3차례 교전을 벌인 1차 출정에서 좌수사는 40여척의 적선을 깨뜨리고 불살랐지만 바다에 떠다니는 왜군 시체를 건져 목을 베는 일에는 관심을 기울이지 않았다. 죽은 왜적의 상한 고기를 얻어 무엇에 쓸 것인가, 이로써 좌수사의 첫 번째 전투 지침이 분명하게 드러났다. 적선을 부수어 적군을 통째로 수장시킨다는 것.

전사자가 한 명도 없는 전투 결과는 적병과 아군에 대한 병사들의 생각을 한순간에 뒤집어 버렸다. 이제 죽음은 조선 수군에게 한 걸음 물러나 왜군을 향하고 있다는 믿음이 싹트기 시작했다. 부상자는 2명 발생했다. 순천 대장선에서 활을 쏘는 이선지가 왼쪽 팔에 화살을 맞는 등 사수 2명이 다친 것이다. 그런데 순천 대장선이 반파시켜 이미 사로잡은 왜선을 경상우수군이 가로채려는 과정에서 아군이 날린 화살에 입은 상처였다. 수군의 주장이 정해지지 않은 상태에서 빚어진 지휘 체계의 혼선, 연합 함대의 통일적인 지휘권을 둘러싼 갈등이 표면에 드러난 것이다. 좌수사는 이 문제에 대해 우수영에 분명한 사과를 요구했다. 또 거제 현령 김준민이 관할 지역에서 수차례 교전이 벌어졌는데도 전장에 보이지 않은 사실을 언급했다. 장수들의 책임을 분명히 하고 군기를 다잡아야했기 때문일 것이다. 두 번째 전투 원칙도 엿보인다. 전장에 선 장수와 병졸의 공과를 객관적으로 평가한다는 지침이었다.

왜군과 왜선에서 빼앗은 수많은 전리품이 병사들의 사기를 높이는데 한 몫을 한다. 왜구에게 늘 빼앗기기만 하던 백성들, 철 투구와 금관, 금깃, 금삽, 깃털, 장식 옷 등 사치스러운 전쟁 물품을 신기한 듯 돌려 보았다. 뿔과 수염이 달린 가면과 투구는 귀신이나 짐승의 형상을 하고 있었다. 또 총, 칼, 활, 화살, 쇠못, 함대의 견인 고리 등 왜적의 전투 장비도 생생하게 파악된다. 날이 선 왜군의 장검은 섬뜩할 정도로 길었다. 이와 함께 쌀 300섬과 함선을 가득 채운 의복 목면 등은 조선 수군에도 절실한 군수 물자, 좌수사는 세세히 기록한 뒤 병사의 수와 가늠해 본다. 가난한 격군과 사수들은 이 쌀과 솜을 나누어 받고 하루쯤은 헐벗은 아내와 아이들에게 가장의 역할을 해 낼 것이다. 적의 수급은 함에 넣어 전투에 공을 세운 군관에게 주어 이들의 이름으로 조정에 올려 보냈다. 이로써 세 번째 전투원칙도 확인할 수 있었다. 전장의 전리품은 장수의 전유물이 아니고 병사를 비롯한 모든 이와 함께 나눈다는 사실이다. 좌수사는 적의 개인 무기와 전투력이 월등한데 비해 포수가 없는 적의 해상 전투력은 취약하다는 사실을 실전에서 확인했다. 따라서 조선수군의 척후가 허술해 수많은 왜선이 부산진에 상륙하기 직전, 즉 왜선의 방어 능력이 사각지대에 놓이는 시간을 놓쳐버린 사실에 몹시 아쉬워했다. 이에 비해 육지에서 월등한 전투력을 보유한 왜군의 상륙을 허무하게 허용하고 오로지 성을 방비하는데 주력했던 조선군의 기본 전략이 지닌 허점에 대해서도 지적한다. 철저한 척후와 빠른 기동을 통해 해상에서 봉쇄한다는 좌수군의 기본 전략이 정립되고 있었다.

다음날인 10일, 좌수사는 이 모든 사실을 낱낱이 기록한 장계 '옥포파왜병장'을 선조가 있는 조선의 북방으로 지체 없이 보낸다.

5월 중순까지 좌수영의 일상은 여전하다. 새로운 함선이 끊임없이 만들어지고, 성벽과 함선을 보수하고, 화약을 갈무리하고, 화포와 병장기를 점검하고, 거북선이 포함된 함대의 진법 훈련이 잦아진다. 대장선을 중심으로 30여척의 함대가 한 몸처럼 움직이며 함대간 거리를 유지, 그물 같은 함포망을 이루어 낸다. 척후선은 끊임없이 본영을 오가며 인근 해역을 뒤지고 있다. 여전한 일상이지만 병사들은 이제 이러한 노역과 훈련이 무엇을 의미하는지 자각하고 있다.

무더위가 서서히 기승을 부리는 26일 거제에 왜선의 출몰이 빈번해진다. 이들이 휩쓸고 가면 마을은 여지없이 유령의 묘지가 되어 버린다. 좌수사는 우수사 이억기에게도 협력하여 적을 소탕하자는 공문을 다시 띄워 보낸다. 6월 3일 본영 앞바다에서 결진하자는 것. 다음날 원균의 급박한 공문이 날아온다. 사천 곤양마저 위태로워 남해의 노량으로 본진을 후퇴했다는 전언이었다. 해양 전선이 서쪽으로 한 발 더 밀려난 것이다. 거제에 이어 남해와 노량이 넘어가면 경상 우수영은 소멸하고 좌수영 본진과 흥양이 최전선에 놓인다. 좌수사는 조방장 정걸에게 흥양에 머물면서 혹시 모를 사태에 대비하라는 지시를 내린다.

전황이 하루가 다르게 위태로운 상황에서 전라우수사의 답신은 여전히 오지 않았다. 결국 좌수사는 29일 새벽 노량으로 함대를 발진한다. 좌수영의 함대는 24척, 여기에 경상우수사 원균이 이끄는 함선 4척이 합류한다. 2차 출정길에는 순천부사 권준이 합류해서 중위장을 맡았다. 거북선에 돌격장이 승선하면서 긴장과 기대감이 더해진다.

연합 함대가 수로를 통과해서 거슬러 올라가자 곤양에서 나와 사천을 향하던 왜선 1척이 급하게 도주한다. 방답첨사 이순신이 곧바로 추격, 산기슭으로 도주하며 해안에 버린 배를 그 자리에서 불태운다. 이어 한 눈에 들어오는 사천의 선창, 왜선 12척이 열을 지어 정박해 있다. 대선 7척, 중선 5척이었다. 왜군은 해상 포격전의 대가를 이미 혹독하게 치른 탓인지 조선 수군의 유인작전에도 배를 띄우지 않고 산과 언덕, 그리고 해안에 정박한 전투선에 각각 병사를 배치해 견고한 방어선을 구축해 놓았다. 왜군이 파헤친 조선 땅이 시뻘건 속살을 드러내고 있었다. 왜군은 능선에 뱀처럼 똬리를 틀고 붉고 흰 깃발을 어지럽게 꽂아 놓은 채 부산하게 움직였다. 능선의 가운데에는 뱀의 대가리처럼 우뚝 솟은 장막에 수시로 왜군들이 드나들고 있어 왜군 사령부임이 한 눈에 파악된다. 왜군의 대응이 1차 출정과는 사뭇 다르다. 정박한 왜선은 전투태세를 갖추고 있지만 성급히 출항하지 않았다. 포구에 물이 빠지면서 조선 함대는 점차 밀려났고 화살은 적진에 미치지 못했다. 좌수사가 함포 사격을 금한 채 400m 가량 배를 물리자 능선의 왜군이 함성을 지르며 내려와 해안가로 진을 옮긴다. 일부 왜병은 왜선에 올라 조총을 쏘아대며 기세를 올린다. 조선 함대는 간간히 화살만 날릴 뿐 한동안 포구를 겉돌았다. 다시 밀물, 왜병이 가득 진을 친 포구와 왜선을 향해 거북선과 판옥선이 거세게 달려들며 비로소 포성이 울린다. 한 번에 백여 발이 넘는 천자총통의 대형 철환이 무방비로 노출된 왜군진과 왜선에 무더기로 쏟아진다. 해안은 순식간에 아비규환의 지옥으로 변했다. 최전방의 거북선이 반파된 왜선과 좌충우돌하면서 갑판의 왜병들이 바다로 떨어지고 화살과 편전이 흩어진 왜병들을 파고든다.

　조총의 철환만이 거북선 철판에서 날카로운 굉음을 울리다 육중한 금속 충돌음이 들렸다. 병사들은 제 눈을 의심할 수밖에 없었다. 왜병들 틈에서 드문드문 조선옷 차림의 병사가 낯선 이방인(異邦人)처럼 섞여 총포를 겨눈다. 아마 총통을 잘 다루는 조선 포로 병사들 중에서 색출했을 것이다. 사발만한 철환이 간혹 바다와 판옥선을 두드린다. 왜선에 총포가 탑재되기 시작한 것. 대장선이 철환이 빗발치는 포구를 향해 돌진한다. 대장선의 분노는 순식간에 전파되었다. 조선인이 탄 배는 집중 포화 속에서 깨어진다. 판옥선이 다가서며 좌초하는 배에 실려 공포에 질린 왜병의 모습이 선명하게 확대되자 지체 없이 온몸에 화살과 편전이 꽂힌다. 조총 소리는 잦아들었지만, 해안가의 저항은 멈추지 않았고 대장선을 따라 붙던 중부장 나대용이 철환에 맞고 주저앉았다. 이어 좌수사의 왼쪽 어깨에 깊숙이 박힌 조총의 철환, 전쟁터에 난무하는 무기는 사람을 가리지 않는다. 누구든 죽을 수 있다. 때로 한 치의 거리가 생과 사를 결정짓는다. 홍철릭에 배어드는 좌수사의 피, 분노한 병사들이 다시 한 걸음 죽음에 다가선다.

조선 수군의 기세는 사나웠다. 파괴된 왜선의 틈을 파고들어 해안에 화살을 퍼붓는다. 결국 살아남은 왜병들이 해안을 버리고 높은 언덕으로 패주하면서 전투가 막을 내렸다. 텅 빈 해안가에 고립된 왜선은 모조리 조선 수군의 먹잇감이 되었다. 차분히 꼼꼼하게 불사른다. 사도첨사 김완이 경쾌선을 띄운다. 해변에서 포로로 붙잡혔던 조선 소녀를 구해내고 사로잡힌 왜병의 목을 거친 포효소리와 함께 그 자리에서 베어낸다. 조선 수군들의 함성이 포구를 가득 메웠다. 게으른 무장 사도첨사 김완, 그러나 그는 전쟁터에서 용맹한 장수였다. 늘 병사들보다 앞장서서 왜선에 뛰어들었고 경쾌선을 타고 육지에 먼저 상륙했다. 좌수사는 김완의 감춰진 모습을 이미 간파하고 있었을 것이다. 총상을 입은 채로 칼을 들어 화답한다. 높은 언덕에 숨은 왜병들은 발을 동동 구르면서도 무기력한 공포감을 감추지 못한다.

좌수사는 날이 저물자 소선 몇 척은 그대로 둔 채 사천을 빠져 나왔다. 숲으로 숨어든 잔적들을 끌어내 바다 속 재물로 삼기 위한 미끼일 수도 있다. 더 깊은 속내는 패전한 잔류병이 마을에서 살상을 벌이지 않고 온전히 나가주기를 바라면서 다소 숨통을 트여주는 것인지도 모른다. 좌수사는 모자랑포로 함선을 몰아 한 밤중에 진을 쳤다. 좌수사의 부상은 병사들에게 전선에서 나누는 죽음이 공평하다는 사실을 실감케 했다. 이제 죽음의 공포는 누구나 함께 나누어 갖는 전선의 끈끈한 동료애가 될 것이다.

6월

당포해전, 생환한 울산 여종 억대

당항포에 수장된 나무묘법연화경(南無妙法蓮華經)

동진한 조선 함대는 1일에는 사량도와 하도의 중간에서 진을 치고 밤을 맞았다. 병사들이 말을 아낀다. 불안스런 기색이 완연하지만 두려움은 아니다. 그 불안이 어디에서 비롯되었는지 모두 알고 있다. 총상을 치료중인 좌수사 군막의 움직임에 온통 촉각이 몰려있다. 저 군막에서 통곡소리가 터져 나온다면 죽음의 그림자가 조선 수군을 덮을 것이다.

이 무렵부터 자연스럽게 좌수사와 원균의 역할이 분리되었다. 휘하의 함선이 옹색한 경상우수사는 작전 지휘권은 포기한 듯하다. 다만 화살이나 철환에 맞아 바다에 떠다니는 왜구의 시체를 건져 목을 베는 일에 골몰하고 있다. 또는 불에 타다만 반파된 왜선을 뒤져 역시 목을 수집했다. 전장에서는 결코 사소한 일은 아니다. 조정의 포상에서 수급만큼 확실한 증거가 어디 있으랴. 당시 조정은 사노비가 왜군의 머리 3개 이상을 베어 바치면 과거에 급제한 것으로 간주하고 홍패를 나누어 줄 만큼 수급에 목말라 했다. 좌수사는 기꺼이 이러한 업무 분담을 수용한다.

다시 동쪽으로. 2일 오전 당포항에 정박한 왜선 20여척이 포착된다. 숨 돌릴 틈 없는, 그러나 치열한 해역 수복 작전이 한발 한발 진행되고 있다. 가운데 10m가 훌쩍 넘는 거대한 누각이 세워진 왜대선이 조선수군의 시선을 집중시킨다. 황(黃) 자가 쓰인 막이 누각의 양면에 드리워져 있고 붉은색 차양 밑에는 황금색 투구와 수놓은 갑옷으로 무장한 왜장이 대담하게 서 있다. 옥포에서 깨뜨린 아타케부네, 안택선(安宅船)보다 누각이 다소 높고 장식은 비할 데 없이 화려하다. 주위에는 전투선인 세끼부네(關船)가 다섯 척 단위로 포진하면서 대장선의 지휘에 따라 빠른 기동으로 전투를 수행하는 함진, 옥포와 마찬가지였다.

화려한 휘장과 그 주위에서 휘날리는 누런 깃발들은 천자총통의 포수에게도 눈길을 끄는 선명한 과녁일 수밖에 없다. 거북선의 화포에서 날아간 장군전이 먼저 왜선의 층루를 세차게 뒤흔든다. 이를 시작으로 인근 판옥선의 총통이 온통 왜대선을 향해 불을 뿜는다. 포구를 벗어나기도 전에 구멍이 숭숭 뚫린 왜선은 중심을 아예 잃고 항진을 멈추지만 왜장은 기울어가는 난간을 부여잡고, 허둥거리는 왜병들에게 분노와 공포가 뒤섞인 고함을 질러댄다. 중위장 권준의 장루에서 날아간 화살이 가슴에 꽂히면서 비로소 고함이 멈추고 왜장이 층루에서 굴러 떨어진다. 이번에는 조선 함대에서 일제히 함성이 터진다. 이어 판옥선 한 척이 전속력으로 돌진해 구멍 난 왜선의 옆구리를 사납게 들이 박는다. 조선 수군의 집중 표적이 된 화려한 왜대선은 개전과 동시에 참혹한 몰골로 변했다. 왜장들은 이제 아타케부네에 승선하기를 꺼릴 것이다. 깨진 배로 앞 다투어 도선하는 장수, 사도첨사 김완과 군관 진무성이다. 김완이 왜장의 목을 베어 칼끝에 찍어 올리자 조선 여인과 어린 소녀가 부서진 선실에서 기어 나와 김완의 발밑에 숨는다. 여인은 무더위 속에서 온 몸을 부들부들 떨고 있다. 조선 수군은 서서히 무자비한 기계와 같은 전투를 수행하고 있었다. 적함을 그물망에 가두는 함진이 대장선을 중심으로 순식간에 짜여 지고, 거북선의 총통 소리가 천지에 울리면서 철환은 하늘을 가르며 적선에 떨어진다. 이것을 신호삼아 판옥선의 총통이 일제히 불을 뿜는다. 일단 왜선이 수평과 방향을 잃고 기울거나 선회하기 시작하면 갑판의 왜병들은 약속한 듯이 더 이상 전투력을 발휘하지 못한다. 가라앉는 배에서 조차 총질을 해대는 용감한 왜병은 그리 많지 않았다. 그렇다고 조선함대로 뛰어들 수 있는 거리도 함상의 높이도 용납되지 않는다. 이어 펼쳐지는 근접전투, 거북선은 적선 사이를 휘젓고 다니며 좌충우돌했고 상판이 개방된 판옥선에서 날아간 화살과 편전이 왜선을 벌집으로 만든다. 적선이 무력화될 즈음에는 불세례가 이어지거나 난파한 배를 끌어당기는 요구금이 날아간다. 끌려온 왜선에서 조선 수군은 확인 사살을 하고, 바다에 뛰어든 왜병의 목과 등에는 장대에 묶인 낫과 창, 갈고리가 연못의 물고기를 잡아내 듯 사냥감에 쏟아진다. 바다는 금세 피로 물든다. 평생 알지 못하던 두 사람이 죽고 죽이며 찰나의 인연을 맺는 것이다.

왜장의 머리가 장대에 꽂히면서 당포 해전은 서서히 막을 내렸다. 이 배에서 도요토미 히데요시가 수하 장수에게 믿음의 징표로 준 금부채가 발견되어 좌수사에게 전해졌다. 도요토미의 서명이 뚜렷한 금부채가 옻칠한 상자에 담겨 있었다. 그리고 선박에 갇혀 살며 왜장의 몸시중을 든 울산의 여비(女婢) 억대와, 거제 출신 소녀가 조선 수군의 품으로 돌아왔다.

억대는 "왜장은 사치스런 이부자리와 베개를 사용했고 명령을 위반한 부하의 목을 쉽사리 잘랐으며 철환에도 겁을 내지 않았으나, 살이 가슴에 꽂히자 정신을 잃고 충루에서 떨어졌다."며 "왜장에게 억지로 시집을 갔다."고 울먹였다. 조선의 한 여인과 소녀가 살아남았지만 조선 땅에서도 갈 곳을 잃었을 것이다.

전투가 마무리 될 쯤 왜대선 20여척이 부산 방향에서 항로를 잡고 들어오다가 당포의 무참한 모습을 보자마자 뱃머리를 돌려 개도 방향으로 도주한다. 이날 밤

함대는 창신도에 정박했다.

3일 오전에는 개도 인근을 수색했지만 왜선은 더 이상 보이지 않았다. 거제 인근으로 도주했다는 판단이 우세했고 조선 수군에게 하루의 휴식이 주어졌다. 그리고 4일 정오, 전라우수사 이억기가 마침내 25척의 함대를 이끌고 합류했다. 거듭된 승전에 좌수사의 회복, 그리고 오랜 기다림이 성사되면서 조선 수군은 그동안 전투의 피로를 모두 잊었다. 비로소 연합다운 연합을 이룬 좌수영의 수군들이 목이 터져라 함성을 외쳐댄다. 연합 수군은 착포량에서 협수로의 길목을 틀어막고 하룻밤을 지새운 5일 아침, 견내량을 통과해 당항포에 도착한다. 이제 거제 해역은 조선 수군의 사정권 아래 놓인 것이다. 그리고 왜군의 본진, 부산포도 조선 수군의 작전 수역에 포함되게 되었다. 당항포 남쪽의 진해성 밖 들판에는 함안 군수 유숭인의 보병과 기병 1,000여명이 진을 치고 있었다. 함선에서 연달아 쏘아 올린 신기전이 하늘에서 터지자 육군이 깃발을 일제히 흔들며 화답한다.

고성으로 이어지는 당항포 수로의 입구는 좁았다. 척후선이 진입, 왜선의 유인을 시작했다. 왜선이 움직일 기미를 보이지 않자 신기전을 쏘아 본진의 진입을 청한다. 수로 입구에 4척이 매복하고, 뱀처럼 늘어선 장사진(長蛇陣)을 이룬 함대가 꼬리에 꼬리를 물고 왜선의 둥지로 향한다. 입구와 달리 길게 이어진 양쪽 산기슭 끝에 자리 잡은 포구는 넉넉했다. 해안 깊숙이 강과 맞닿은 곳에 왜대선 9척, 중선 4척, 소선 13척이 정박해 있다.

푸른 지붕에 단청이 입혀진 3층 누각을 세운 왜대선 한 척이 하얀 연꽃무늬를 수놓은 휘장을 좌우에 휘날리고 있다. 누각 전면에는 푸른 차양이 지붕아래 덧달리고 누각 안 제단(祭壇)에는 검은 장막이 드리워져 마치 바다 가운데 절간이 세워진 풍경이다. 갑판에 꽂힌 깃발에 선명하게 쓰인 나무묘법연화경(南無妙法蓮華經), 만물의 공생을 염원하며 살생을 저지르고, 생사의 고통만은 위로 받고 싶은 위선이 전쟁터에서 펄럭인다. 장사진의 돌격선이 포구를 반쯤 감싸는 순간까지 정막이 흐른다.

조총 소리가 골짜기에 메아리치면서 왜군이 먼저 정적을 깨트린다. 조총은 총통을 이길 수 없다는 사실을 경험한 조선 수군은 동요하지 않는다. 출항하지 못하는 대왜선이 이를 증명하고 있다. 함대가 선회하면서 순차적으로 총통을 쏟아낸다. 왜군과 조선 함대가 포구와 골짜기 일대에서 서로 총포를 주고받으며 바다와 천지가 진동한다. 승기를 잡아갈 무렵 난데없이 좌수사의 대장선에서 전투 중 작전 회의를 알리는 초요기가 올라간다. 대장선이 서서히 넓은 바다로 후퇴하자 사격을 멈춘 돌격선이 일제히 뒤를 따르고 수로가 트였다. 조선 함대는 대장선의 명령을 충실하게 따른다.

법화경(法華經)을 승리의 부적처럼 믿고 있었을 것이다. 누각이 실린 왜대선이 주변 선단의 호위를 받으면서 용감하게 바다 한 가운데로 나오며 유인작전에 걸린다. 대장선의 초요기가 어느 틈에 독전기로 바뀌었다. 이제 조선 수군의 전투 공식이 적용된다. 총통의 집중 포화, 거북선의 돌진과 충격, 판옥선의 불화살, 편전과 확인 사살, 마침내 왜장이 화살을 맞고 누각에서 굴러 떨어진다. 왜선이 바다에 나오면서 승패는 더욱 분명해 졌다. 4척만이 도주하고 나머지는 불타거나 수장되었다. 이번 전투에서 뭍으로 기어올라 살아난 왜병은 소수에 불과했다.

뭍에서 끌어내 바다에 송두리째 수장시키는 조선 수군의 전술을 분명히 알게 된 왜군은 점차 새로운 대응책 마련에 골몰할 것이다. 그리고 앞으로 조선 수군이 풀어야하는 과제로 남았다. 좌수사는 역시 왜선 한척은 온전히 남겨두고 퇴각했다. 수군은 그 의미를 잘 이해하고 있었다.

6일 새벽 당항포 입구의 협수로에서 마침내 미끼를 문 왜적이 걸려들었다. 입구에 매복한 방답 첨사 이순신 함선의 총포망에 들어온 것이다. 단 한척의 배였지만

100여명의 왜군과 20대 중반의 젊은 왜장이 타고 있었다. 화포를 쏘아 일순간에 적함을 제압하고 요구금을 던져 배를 판옥선 쪽으로 끌어 당겼지만 왜장은 두려운 기색이 없다. 건장한 용모와 화려한 복식으로 보아 그 또한 법화경을 믿는 살생의 주역일지도 모른다. 우리에 갇힌 짐승처럼 광기에 사로잡혀 주변을 둘러싼 8명의 장수와 수십 명의 왜병을 독려한다. 화살이 꽂히고 편전이 관통해도 굳건히 버티던 젊은 왜장은, 사수의 집중 표적이 되어 10대의 화살을 맞고서야 바다에 떨어진 뒤 갈고리에 끌어올려져 판옥선의 선상에서 목이 잘린다. 100여명의 왜군 시신이 왜선의 갑판과 주변 바다를 가득 메웠다. 이날 포획한 왜선에서는 부대원 3,040명의 명단과 조선 침략을 앞두고 피로 쓴 맹세문, 총, 칼, 표범가죽, 가죽 말안장 등의 전리품이 쏟아졌다. 좌수사는 이 모든 전리품과 싸움의 결과에 대해 첨사 이순신이 따로 조정에 장계를 올리라고 명령했다. 그물은 좌수사가 놓았지만 그물에 갇힌 고기는 그물을 걷는 자의 몫이라는 것이다. 전날의 당항포 해전 승리에 취하지 않는 좌수사, 그 명령을 밤새워 이행하는 첨사, 동명이인인 두 사람은 수군의 자신감을 한껏 고조시켰다. 짙은 구름이 바다와 붙어 비가 내리던 이날, 선단은 당항포에서 휴식 한 뒤 마루장에서 전투의 고단함을 씻었다.

7일 오전 증도 앞바다, 함대는 이제 거제의 내해를 모두 장악했다. 탐망에 나섰던 병사들이 왜군의 목 2개를 베어왔다. 병사들의 자신감이 높아지고 있었다. 그런데 본래 3명의 왜적을 잡았는데 돌아오는 길에 경상 우수사 소속 군관에게 머리 하나를 강제로 빼앗겼다는 사실이 알려졌다. 좌수사는 술을 내어 그들을 다독인다.

정오에는 영등포 앞바다에서 왜대선 5척과 중선 2척이 포착됐다. 2km정도의 거리를 두고 추격전이 시작되었다. 왜선이 곧 따라 잡히기 시작했다. 속도가 빠르지 않은 것으로 미루어 수송 선단인 듯 율포 바깥바다에 이르러 거리가 좁혀지자 왜병들은 서둘러 배안에 실은 짐들을 바다 속에 던져 넣었다. 적지 않은 규모의 선단임에도 이들은 전의를 상실한 상태였다. 조총의 저항도 거세지 않아 조선 수군은 배를 포획하기로 결정, 요구금을 던져 왜선을 잡아 에워싸고 화살과 편전으로 왜군을 제압한 뒤 도선해서 왜군의 목을 모두 베었다. 이 틈에 도주해서 해변에 상륙하려던 왜선마저 불타면서 단 1척의 왜선도 포위망을 벗어나지 못하고 전멸하는 성과를 거둔다. 빈 배는 모두 불태워졌다. 우후 이몽구, 첨사 김완, 만호 정운, 광양현감 어영담, 첨사 구사직 등이 이날의 주인공, 이제 조선 수군은 왜군의 주특기였던 근접전에도 자신감을 얻고 있었다.

9일과 10일 이틀간은 거제와 가덕 일대에 대한 수색 작전이 실시되었으나 남해 바다는 텅 텅 비어 있었다. 가덕을 돌아서면 부산은 지척이다. 북상한 왜군이 자신의 후방을 고스란히 적에게 노출하고 있는 형국이 된 것이다. 바다의 주인은 조선 수군이라는 사실이 증명되었다. 거듭된 전투와 연이은 항해 속에서 병사들은 지쳤지만 사기는 충천해 있다. 부산진으로 들어가는가, 수군들은 이제 두려움보다는 흥분과 긴장에 휩싸인다. 곧바로 동진해서 적 최후의 해상기지를 쳐서 왜군을 몰아낼 수 있다는 생각만으로 설렌다. 이제 죽음은 저들의 몫이라는 신념이 커간다. 하지만 좌수사는 가덕에 대한 수색을 마지막으로 2차 출정을 종료하고 본영으로 귀환했다. 미조항에서 경상, 전라 우수군과 헤어지고 전라 좌수군이 귀항하는 날, 날씨는 맑았다. 지금 이 순간에도 남해안 일대 왜군의 패잔병들은 육지를 통해 속속 부산으로 집결, 생각지도 못한 패전을 거울삼아 새로운 대응책을 수립할 것이다.

이달 중순 전공자에 대한 포상을 비롯해 2차 해전의 뒤처리와 새로운 해전의 준비로 군영은 분주했다. 좌수사는 생환한 조선인 포로들에게 지극한 정성을 쏟았다. 이들은 포로로 잡힌 내내 왜군의 부역자가 될 수밖에 없었을 것이다, 하지만 좌수사는 '조선인 포로를 되찾는 일은 왜군 한명의 목을 베는 것과 마찬가지'라는 군령을 내리고 이들을 향한 병사들의 비방이나 학대를 사전에 차단했다. 왜선에서 빼앗은 쌀과 포목도 나누어 주었다. 또 주거지를 잃은 어부나 그 가족들에게는 본영에서 가까운 장생포의 비옥한 땅에 터를 잡아 주었다. 장생포는 거북선과 판옥선을 만드는 선소가 위치한 요충지, 본영과 장도에 둘러싸인 후방의 안전지대로 보급기지 역할을 겸한다. 소문은 꼬리를 물면서 둔전은 착실하게 노동력을 채워 갈 수 있었다.

나이 어린 생환포로에 대한 좌수사의 관심은 각별했다. 이미 부모 형제를 잃은 사실상 고아의 처지. 이중 13살, 14살 소년 둘은 조선수군들에게는 관심거리이면서도 은근한 자부심의 대상이 된다. 부모 형제를 잃고 떠돌다 왜군에 잡힌 뒤 선창에 갇혀 노역을 하며 언제 끊어질지 모르는 목숨을 이어왔지만, 조선 수군의 등장과 함께 생명을 구하는 기적의 순간을 맞았다. 병사들은 이들의 이야기를 마치 제 일처럼 전하면서 이번 전투가 지닌 의미를 되새긴다. 부모를 잃고 시신에 둘러싸여 동래성에서 갈 곳을 몰라 혼자 울었다는 아이와, 천성 인근의 들판에서 보리 이삭을 주워 먹다 왜병 손에 잡혔다는 아이는, 수군 병영에서 비로소 마음 편히 밥을 먹는다. 좌수사는 돌 볼 수 있는 거처를 마련하고 "난이 끝나면 부모를 찾아 돌려보내라."고 장수들에게 수차례 당부한다.

2차 출전에서 깨뜨리거나 불태운 왜선의 수는 모두 72척. 좌수사는 전공을 평가할 때 왜군의 머리수를 중시하지 않았다. 사실 치열한 전투 중에 머리를 베고 있다면 장수와 병사의 본분을 다한 것이 될 수 없다. 이미 죽은 왜군을 다시 죽이는 것이 아니라 살아있는 왜군을 죽이는 것이 전투의 목표이기 때문이다. 그래서 어부들이 해안에 떠밀려온 왜군의 시체에서 목을 베어 바치자 머리 수집에 한창 열중하고 있는 원균의 병영에 보냈을 정도다. 대신 좌수사는 전공의 평가에서 전투

현장을 중시했다. 전투 현장에서 직접 보고 들은 내용을 정리해서 1,2,3등으로 등급을 나누어 장계를 올렸다. 그리고 전리품 중에서 당장 필요한 옷이나 쌀, 포목 등은 병사들에게 나누어 주고, 왜장의 금부처 등 주요 물품만 조정에 보냈다.

조정에 올리는 '당포파왜병장'에서 좌수사는 사상자를 먼저 거론한다. 병사 김말산, 사수 사노비 배귀실, 격군 사노비 막대, 관아 종 기이 등 그 명단에는 신분의 귀천이 없다. 조총과 칼, 활 등 전사한 경위도 포함되어 있다. 이어 어부 남산수, 노비 고붕세 등 부상자 이름이 빼곡하게 장계를 채운다. 좌수사는 전사한 병사의 시신을 고향에 보내 장례를 돕고 가족들의 생계방안을 마련한다. 또 부상자들을 치료하고 약품을 주는 일은 가장 엄중한 군령이었다. 조선 수군들은 이름 없이 사라지는 전쟁의 소모품이 아니었던 것이다.

장계의 말미에 전공자의 명단이 오른다. 출생과 신분의 고하를 가리지 않는다.

7월

한산 해전, 학이 날다

역사에 기록되는 19명의 조선 수군

 이달 들어 가덕, 거제 등지에 왜선이 10척 또는 30척 단위로 출몰한다는 공문이 잇따랐다. 또 육지에서는 금산까지 왜병이 진출했다는 소식에 좌수사의 표정이 무겁다. 지난달 초 부산까지 밀려났던 왜군이 다시 바닷길을 통해 서진을 준비하는 조짐이 곳곳에서 감지된다. 좌수영과 전라, 경상 우수영의 연락도 점차 빈번해진다.

 6일 전라우수영의 함선이 본영에 모습을 드러내고, 좌수군과 연합한 함대는 본영을 서서히 빠져 나갔다. 함대는 이날 곤양과 남해의 경계인 노량에 도착, 경상우수군의 함대 7척을 더한다. 연합 선단은 동진(東進)을 계속해 저물 무렵 창신도에 정박한다. 7일은 샛바람이 세차게 불었다. 힘겹게 다시 동진, 미륵도의 당포에서 병사들은 물을 긷고 땔감을 구하며 야영 준비를 한다. 이 때 미륵도의 목동이 허겁지겁 내려와 적정에 대한 정보를 알린다.

 '크고 작은 왜선 70여척이 오늘 오후 영등포 앞 바다에서 나왔고, 정박지는 견내량 인근.'

견내량, 거제와 경상도 육지 사이에 이어진 3km 남짓한 바닷길로 그 폭은 200 ~400m 정도인 좁은 수로, 협수로가 끝나는 남쪽에는 한산도가 사방을 내다보며 화점(花點)을 찍고 있다.

　　좌수사는 우수사, 그리고 장수들과 그동안 논의한 작전을 거듭 확인하는 눈치다. 병사들은 좁디좁은 견내량을 떠올린다. 이번에도 육지에서 버티고 바다로 나오지 않으면 힘겨운 싸움이 될 것이다. 다만 그동안 승리에 대한 믿음으로 다가올 전투의 압박감을 다소 해소해 본다.

　　8일 아침 함대는 역시 견내량으로 출항한다. 그런데 6척의 판옥선만이 견내량으로 향하고 나머지 함대는 한산도의 넓은 바다로 우회한다. 견내량 입구를 살피던 왜 척후선이 빠르게 돌아선다. 추격하던 판옥선이 견내량 입구에 깊숙이 들어서자 전쟁 이후 최대 규모의 왜선이 포진해 있다. 왜대선 36척, 중선 24척, 소선 13척. 70여척이 넘는 대형 선단, 이미 전투태세를 갖추고 있다. 판옥선 6척은 멈칫하며 급하게 배를 돌려 한산도 앞바다로 후퇴한다. 자신감을 얻은 듯 왜병이 가득 탄 왜선 70여척도 놀라운 속도로 추격을 시작한다. 활시위처럼 팽팽하던 판옥선과의 거리가 서서히 당겨지고 있다. 왜선은 무질서하게, 그러나 맹렬하게 덤벼들고 있다. 왜선과의 사거리가 확보되면서 한산도 넓은 바다에 집결한 조선 함대들은 서서히 산개하며 질서정연한 진영을 짜내고 있다. 수도 없이 연습한 학익진, 지휘 장수들은 눈빛만으로도 격군장과 호흡을 맞춰 함대간 거리와 포망을 완성하는 숙련공이 되었다. 격군은 격군장의 북소리 리듬을 온 몸으로 받아들여 학의 비상을 준비한다. 마침내 조선 함대는 학의 날개를 폈고 적선은 둥지를 노리는 독사처럼 세차게 달려든다. 유인하던 판옥선이 학의 날개끝을 완성하면서 학이 날고 팽팽하던 활시위가 풀린다. 모든 총통이 약속한 듯 일제히 불을 뿜는다. 포성이 한산 바다 일대를 흔들었다. 여기에 뒤덮인 학은 마치 구름을 나는 듯하다. 장군전과 카

대전이 먼저 왜선의 옆구리를 갈랐다. 앞서 오던 왜대선 3척이 한순간에 깨지면서 균형을 잃고 제자리에서 뱅뱅 돌기 시작한다. 금빛 갑옷을 입은 왜장과 화려한 3층 망루가 동시에 사라졌다. 저 배들은 이제 전투선이 아니라 먹잇감에 불과하다. 이어 터지는 지자, 현자총통의 소리, 차례차례 불구덩이를 향하는 부나방처럼 왜선들은 스러져 갔다. 천자총통에 뚫린 지휘선은 붉은 속을 내어 보이며 푸른 바닷물을 마셔대고 있다. 후미에 쫓아오던 왜대선 1척과, 중선 7척, 소선 6척은 상황을 알아 차렸다. 주춤 추격속도를 늦추더니 급히 뱃머리를 돌려 도주한다. 아쉽지만 나머지 59척이 걸려든 사냥감이다. 전면적인 해상전을 각오한 왜선은 갑판에 무장한 왜병을 가득 채운 상태였다. 살진 사냥감, 전투는 하루 내내 이어졌다. 하지만 시간이 흐르면서 전투라기보다 일방적인 도륙에 가까운 양상이다. 기능을 상실한 왜선들은 달려드는 거북선과 판옥선에 부딪히며 마지막 숨이 끊어진 채 침몰하기 시작한다. 내려 보이는 적선의 갑판에 화살, 불화살, 불붙인 짚단을 비 오듯 쏟아낸다. 한 치의 틈도 없는 화살의 비, 그 틈을 비집고 솟아오르는 불꽃이 한여름의 더위를 잊게 한다. 시간이 흐르면서 왜선들은 한산도 바다에서 눕혀진, 혹은 머리와 꼬리만 남은 생선처럼 앙상해져 간다. 한산 일대의 바다는 산자들과 죽은 자들이 뒤섞여 지옥을 이루고 있었다. 움직임이 보이면 낫과 갈고리, 화살이 날아간다. 헤엄치는 왜병에게는 동료가 사냥당하는 그 순간만이 생명을 건질 수 있는 유일한 기회, 조총과 무거운 철갑을 벗어던지고 핏빛으로 변한 바다에서 미친 듯이 헤엄을 친 400여명만이 한산도 기슭에 기어오를 수 있었다. 조선 소년 3명이 깨어진 왜선에서 고개를 내밀고 "살려 달라."고 외치자, 인접한 조선 함대가 전율하듯 일제히 활쏘기를 멈춘다. 그리고 나는 듯이 달려간다. 이들 세 명만이 오늘 유일하게 산 채로 조선 함대에 오를 수 있었다. 날이 어두워지면서 전투는 마무리되었다. 함대는 어제까지 적선이 주둔했던 견내량 입구에 정박해서 이곳의 본래 주인이 누구인지를 분명하게 알렸다.

　9일은 소강상태가 내내 지속된다. 안골포에 왜선 40여척이 정박했다는 첩보가 입수되었으나 시간이 늦고 역풍마저 불었다. 함대는 동진을 해서 거제 북단을 돌면 가덕을 바라보는 칠천도에 정박했고 출전은 다음날 새벽으로 결정됐다. 10일 전라우수군의 군대가 이번에는 매복부대로 편성됐다. 가덕 인근에 잠복한 뒤 선발대가 왜선을 유인해 나오면 공격에 합류하기로 한 것. 전라좌수군이 미끼를 대신하는 선봉을 맡았다. 좁고 얕은 협수로를 지나 안골 포구에 이르자 왜대선 21척, 중선 15척, 소선 6척 등 42척이 정박해 있고, 왜대선 2척에는 각각 3층과 2층의 망루가 지어져 있다. 상여의 만장처럼 드리운 백색 휘장과 요란한 3색, 5색 깃발이 역시 왜선을 감싸고 있다. 첫 포성이 울리며 왜선의 출항을 유도했지만 정박한 왜선은 움직일 줄을 몰랐다. 이미 한산도 앞바다에서 60여척이 수장된 사실을 알고 있는 것이다. 뭍에 구축한 토굴 속 진지와, 정박한 왜선의 갑판, 그리고 포구의 성벽에서 조총으로만 항전할 뿐이다. 조선 함대는 좁은 포구를 교대로 돌아가면서 총통과 장전, 편전을 연이어 쏟아 부었고 깨어진 배는 사상자를 토해내고 다시 왜병을 집어 삼킨다. 왜군은 부상자들을 소선에 옮기고 병력을 교체해서 소극적인 응사를 할 뿐이다. 삶이 멈추는 인내의 시간, 3층과 2층의 누각이 세워진 대선은 무너져 내려 포구에 주저앉았고 나머지 대선과 중선도 조선함대의 순환 포격에 살아남지 못했다. 소선 몇 척만이 남겨진 상태에서 마침내 죽음의 시간은 끝이 났다. 안골포 산골에는 수 없는 조선인 피난민이 살고 있을 것이다. 좌수사는 이번에도 몇몇 왜선은 남겨둔 채 포구에서 1km쯤 배를 물려 정박했다.

　다음날 새벽 함대가 다시 안골포에 이르자 포구는 텅 비어 있다. 소선 몇 척이 남은 왜병의 생명줄이 된 것이다. 더불어 조선 피난민에 대한 무의미한 학살도 막아주었을 것이다. 포구 곳곳에는 왜병들이 쌓아올린 시체더미들이 반쯤 불타 채,

재와 뼈, 타다만 손발을 음산하게 드러내고 있다. 동료의 시신을 제대로 화장할 시간조차 없었던 것. 성벽에는 핏물이 가시지 않았다. 포구를 샅샅이 수색한 사도 첨사 김완이 아쉬운 표정으로 좌수사에게 보고한다.

함대는 이제 가덕을 지나 부산진에 바짝 접근해 갔다. 낙동강 인근 포구에 대한 수색을 펼쳤다. 저녁 늦게 척후에 나선 척후선의 정보가 전달된다. 양산과 김해의 깊숙한 강에 왜선 수백여척이 있었으나 안골포 해전을 치른 뒤 모두 빠져나가고 이제 100여척만이 남아 있다는 요지였다. 부산 본영으로 황급히 집결했을 것이다.

12일 오전 함대가 귀환하면서 한산도를 시야에 넣자 나흘 전 뭍에 기어오른 왜병들이 해변에 널려 있다. 식수 부족과 굶주림으로 한눈에 보아도 빈사 상태였다. 좌수사는 이들에 대한 소탕을 경상우수군에 맡겼다. 전투라기보다 충실하게 수급만 거두면 될 정도로 기진맥진해 있었다. 한산도는 경상우수군의 관할 지역, 원균이 기꺼이 임무를 떠맡는다. 전라 좌수군은 13일 전라우수군과 작별하고 본영에 귀항했다. 이제 다음 출전의 목표는 명확해졌다.

본영에 도착한 이후 좌수사는 병사들에게 휴식을 주었지만 정작 자신은 더욱 분주하게 움직인다. 장수들을 만나 전투와 작전의 공과를 논의하고 병사들을 불러 노고를 치하하면서 전공을 기록한다. 또 포로와 피난민들에게 적정에 대한 정보를 수집하는 일 등 뒤처리가 기계적인 규칙성을 가지고 되풀이된다. 1, 2차 출전 때와 철저할 만큼 동일하게 진행되면서 좌수군, 나아가 연합 함대의 전투 지침이 확고하게 뿌리내리고 있다. 평가의 기준이 무엇이고, 얼마나 공정한지에 따라 향후 전투의 성격도 결정될 수밖에 없다는 사실을 좌수사는 염두에 두고 있을 것이다.

좌수사는 우선 포로가 되었다가 풀려난 조선인들에게 적의 정보를 알아내고 이들의 안식처를 제공해 주는 일에 주력한다. 한산 해역에서 구출된 한양성의 한 노비는 "용인에서 조선군과 왜적이 맞붙어 싸웠는데 조선군이 대부분 살육 당했다.”면서 “이 때 승리한 왜군에게 붙잡혀 김해 강까지 내려와 왜선에서 노를 저었다.”고 말했다. 그렇다면 상대 장수가 누구인지 뚜렷해진다. 남해의 기존 왜군이 아니라 새롭게 육지에서 증강된 와키자카 야스하루의 정예부대, 용인 전투에서 조선군을 궤멸시킨 뒤 남하한 왜군이었다. 또 왜장들이 손을 들어 서쪽을 가리키며 ‘전라도’라는 말을 자주하면서 칼을 뽑아 물건을 내리쳤다고 분위기를 전해 아직 점령하지 못한 전라도 땅에 대한 왜군의 증오를 짐작케 했다.

이후 상세한 전황을 정리해서 기록하고 빼앗은 전리품 중 당장 필요한 포목, 쌀 등을 병사에게 나누어 주며 전상자와 부상자를 파악해 장례를 돕고 가족을 지원하는 일, 부상자의 부상정도를 파악해 치료하는 뒷수습이 이어진다. 이번 전투에서 전사한 병사는 모두 19명, 군졸을 비롯해 개인과 관청, 절의 노비까지 모두 좌수사를 통해 역사에 기록될 것이다.

수군 김봉수,

별군 김두산,

격군 강필인,

격군 임필근,

격군 장천본,

갑사 배중지,

갑사 박응귀,

수군 강막동,

격군 최응손,

격군 노비 필동,

거북선 병사 노비 김말손,

거북선 병사 노비 정춘,

격군 노비 상좌,

격군 사찰 노비 귀세,

격군 사찰 노비 말련,

수군 박무년,

수군 이기동,

수군 김헌,

수군 노비 맹수.

거친 이름을 가졌을수록 박대 받는 삶을 살아왔을 것이다. 그러나 이 모든 이들은 조선 땅에서 조선을 지키다 죽어간 조선의 기구한 백성들이자 영원한 수군이다. 왜군은 한산도 해전에서만 60여척이 침몰하면서 1만여 명에 이르는 사상자를 낸 것으로 추정되었다.

이어 전공자 포상에서 역시 수급의 개수는 고려의 대상이 되지 않는다. 수급으로 전공을 평가하는 것이 표면상 공정해보이지만 자칫 전투를 변질 시킬 수 있는 위험요소이기 때문이다. 전장에서 보여준 전투 과정이 최우선 평가기준이 되었다. 그리고 좌수사는 순천부에 있는 군량 500섬과 흥양의 군량 400섬을 혹시 모를 사태에 대비, 본영과 방답, 여도, 사도, 발포, 녹도 등에 나누어 놓도록 지시한다. 싸우고, 정리한 뒤, 다시 대비하고, 이를 모두 기록하는 공무가 이달 하순 내내 이어졌다.

8월

잃어버린 한가위

왜 수군의 본진을 향하여

한 여름의 더위가 한 풀 꺾인 1일 좌수영에 정박한 전라 좌, 우수영의 함대가 새로운 전투를 예감하게 한다. 모두 합하면 판옥선 74척, 협선 92척, 포구가 빼곡하다. 그렇지만 장생포 선소 등 각지에서 여전히 배를 만든다. 왜선은 도대체 얼마나 많은 것인지, 그 규모에 대한 윤곽조차 쉽사리 떠오르지 않는다.

8월 한가위가 지난 뒤에도 함대는 좀처럼 출전할 기미는 보이지 않았다. 사라진 백성의 명절, 수군들에게 떡과 술이 돌려졌을 뿐 한가위의 흥겨움은 전란의 공포와 다시 시작될 전투의 먹구름에 묻혀 버렸다. 전라우수사가 가끔 좌수영을 비운다. 이날만은 출전하지 않을 것이다. 하지만 우수사가 좌수영을 찾으면 출전에 대한 중압감이 수군진영을 누른다.

백성들은 좌수영 앞에 정박한 조선 수군들이 든든하면서도 두렵다. 저 배를 타고 아버지와 남편, 그리고 아들이 전장에 나갈 것이다. 20여 일을 넘게 정박한 연합 함대는 24일 오후 마침내 본영을 떠난다. 비어 버린 본영의 앞바다, 무사히 돌아올 수 있기를 절실하게 기원하지만 이번에는 사나운 왜군이 둥지를 틀고 있는 부산포가 격전지이다. 포구의 아낙들은 좌수영 앞에서는 조개도 캘 수 없었을 것이다. 주체할 수 없는 두려움과 눈물 때문에.

출항한 함선은 노량을 거쳐 새벽 무렵 모자랑포에 정박했다. 바다 안개가 사방을 뒤덮어 함선을 지휘하는 장수들의 목소리가 날카롭다. 안개가 걷히면서 삼천포 앞바다를 지나 당포 인근 해역에서 우수사 원균의 함대와 합류했다. 오후에는 당포에 정박했다. 다음날 함대는 견내량을 거쳐 각호사 앞에서 정박했다. 여전히 바다는 척후선의 보고대로 텅 비어 있다. 27일 함대가 칠천도, 제포, 원포의 서쪽 바다를 지나면서 한 밤중에 하늬바람이 불어 왔다. 좌수사는 원포에 진을 치고 선상에서 깊은 상념에 젖어 있다. 28일의 일기는 맑았다. 좌수사도 "맑다."라는 짧은 일기 한 줄을 선상에서 기록하고 함대의 동진을 격려한다. 이어 육군과 어부의 정보가 도착한다. 낙동강에 머물던 왜군이 조선 함대를 보자 서둘러 사라졌다는 것. 사로 잡힌 어부는 왜선이 일시에 사라지면서 도주할 수 있었다. 적진의 불안과 동요가 감지된다.

좌수사는 가덕도의 수색을 명령한다. 첨사 이순신과 현감 어영담이 적의 척후선 4척의 움직임을 보고할 뿐이다. 부산을 제외한 남해 바다는 조선 수군의 영역이다. 29일 조선 함대는 낙동강 하류에 도착한다. 양산에서 나오던 왜대선 4척과 소선 2척이 조선 함대를 발견하자 서둘러 인근 기슭에 배를 버리고 도주한다. 경상우수군이 이 배들을 모두 불살랐다. 강을 거슬러 올라가는 작전은 불필요하면서도 무모한 일, 함대는 정해진 목표물로 향한다.

다시 동진(東進), 이제 왜 수군의 본거지 부산진이 눈앞에 다가왔다.

9월

부산포 해전, 조선인이 주고받는 화살과 편전

남해를 지키는 만호 정운의 혼령

조선함대는 1일 새벽에 출항한다. 몰운대를 지날 무렵 샛바람이 불고 파도는 거칠어졌다. 항진 속도는 늦었다. 화준구미에 이르자 왜대선 5척이 정박해 있다. 첫 희생물, 화포가 날아갔지만 저항이 없었다. 왜군이 배를 비우고 모두 산과 언덕으로 도주한 것. 깨어진 배는 불살라진다. 이어 다대포 앞에 정박한 왜대선 8척과 서평포의 왜대선 9척도 순식간에 물속에 가라앉는다. 여전히 저항은 없다. 임진란이 터지면서 왜군이 처음 상륙했다고 알려진 절영도, 왜대선 2척만이 덩그러니 정박해 있을 뿐이다. 왜군은 보이지 않았다. 포성에 이어 날아간 회색빛의 철환이 하갑판에서 거친 파괴음을 울린다. 화약을 매단 불화살이 잇따라 갑판에 꽂히면서 바다위에서 거센 장작불이 피어오른 뒤 왜선이 수면 아래로 자취를 감춘다. 함대는 섬의 끝에서 끝까지 수색을 했지만 저항의 기미는 아직 보이지 않는다. 간간히 울리는 조선 수군의 포성소리가 적막 속에서 이따금 긴장을 높여간다. 절영도를 돌아서면 왜의 본거지 부산, 수도 없는 치열한 전투를 거치면서 동진해 온 조선함대 최후의 목적지, 곧 척후선의 보고가 올라온다. 500여척이 동쪽 산기슭에 줄지어 정박해 있다는 것. 그리고 초량목에 전초부대로 보이는 왜대선 4척이 있다고 알린다. 대장선에서 지체없이 독전기가 오른다. 왜대선 4척을 향해 선봉을 맡은 거북선과 전위함대가 밀어닥치고 총통 소리를 시작으로 화살과 불화살, 편전이 날아갔다. 순식간에 반파된 함선에서 왜병들이 쏟아져 나온다. 모두 뭍으로 헤엄쳐 도망가기 바쁘다. 대장선에서 첫 승전기가 솟아오른다. 병사들의 함성이 초량목에 울려 퍼지고 본격적인 전투를 예비한다. 거북선과 판옥선이 거대한 바다뱀처럼 일렬로 이어져 서서히 부산포를 에워싼다.

조선 수군 앞에 펼쳐진 왜수군 본진의 군세는 상상을 넘어서 있었다. 왜군은 부산성 동쪽 산에서 2km 정도 떨어진 언덕 아래에 대, 중, 소선 470척을 가지런히 정박해 놓고 있었다. 부산포구 앞바다를 왜선이 뒤덮고 있는 형세였다. 하지만 해상 전투는 이미 포기하고 있었다. 산과 언덕에는 서로 다른 깃발로 질서 정연하게 구분된 6개 부대가 포진한 채, 최전방에 화포를 배치했다. 산기슭에는 계단이 달린 회색 칠을 해 놓은 왜국풍의 주택 수백여 채가 마치 절간처럼 줄지어 세워져 이곳이 조선 땅인지, 왜국인지를 분간하기 어려웠다. 그만큼 많은 조선의 백성들이 삶의 터전을 빼앗기고 목숨을 잃었을 것이다.

조선수군이 먼지 함포사격을 가하면서 부산포 앞바다의 침묵이 깨진다. 왜군이 응수하면서 육지와 바다가 포성으로 뒤덮인다. 높은 언덕에 설치된 화포는 사거리가 늘면서 조선함대에 모과만한 철환과 사발덩이 같은 수마석을 떨어뜨렸다. 함대가 처음으로 적의 화포 앞에 고스란히 노출된 것이다. 하지만 그 위력은 총통에 미치지 못해 판옥선을 깨뜨리거나 관통하지는 못하는 수준, 조선함대가 맞대응을 하면서 대장군전과 철환은 포구의 왜선을 향해 날아들었다. 왜선 100여척이 무차별 포화 속에 기울거나 불타면서 정박한 왜선의 질서가 무너져 내린다.

함대는 포위망을 좁혀가면서 깨어진 왜선과 언덕의 진지를 향해 불화살과 화살을 숨 가쁘게 쏟아낸다. 이번에는 왜군의 조총 철환이 함대로 쏟아진다. 왜 진영에서 화살과 편전도 부단히 조선 함대로 날아들었다. 이 방향에는 예외 없이 서 있는 조선인 복장의 사수, 포로가 되어 왜군 진영에서 조선 함선을 향해 활을 겨눌 수밖에 없는 처지일 것이다. 서로의 화살이 목표물을 빗나가도 조선인 사수들은 마음의 상처만은 고스란히 주고받을 수밖에 없다. 우부장 만호 정운이 녹도 함대를 이끌고 포구의 기슭까지 달려들었고 왜군의 조총과 총포, 화살이 녹도군의 대장선에 소나기처럼 집중된다. 조선 수군의 함대에서도 숙련된 사수들이 동시에 발사한 곡사된 화살이 포물선을 그리며 왜군진영을 그물처럼 내리 덮는다. 치열한 교전, 좌수사가 지휘하는 대장선에 철환이 날아들며 격군 절 노비 장개세가 고꾸라진다. 사수 어부 금동이 어깨를 부여잡고 제자리에 주저앉는다. 철환에 희생된 사도선 군관과 방답선 노비 주위가 피로 물들면서 사수들의 분노가 거세진다. 왜군은 화살에 맞은 사상자를 토굴로 옮기고 곧 그 자리를 다른 병사로 채워 넣는다. 육지에서 날아오는 대형 철환의 포격이 최전방의 녹도 대장선에 집중된다. 그리고 회색빛 철환이 석양을 가르며 사령탑인 장루를 깨뜨리고 한동안 연기에 덮인다. 연기가 걷힌 뒤 활을 쏘며 독전하던 만호 정운의 모습이 사라졌다. 이어지는 다급한 고함 소리, 녹도군의 다른 함선들이 함포와 화살을 미친 듯 포구에 퍼붓는다.

교전은 날이 저물 때까지 계속되었다. 조선함대는 왜군과 왜선을 제물로 삼았고 왜군은 조선함대에 벌집 같은 상처를 입히고 있었다. 왜군은 이날 내내 조선 수군의 상륙을, 조선 수군은 왜선의 출항을 서로 염원했을 것이다. 하지만 어느 쪽의 바람도 실현되지는 않았다. 해상 전투가 서서히 교착 상태에 빠질 조짐을 보이고 있다. 마침내 대장선에서 퇴각기가 오른다. 격군들이 빠르게 제자리를 잡으면서 후미의 함선부터 부산포 앞바다를 서서히 빠져 나간다. 깨어진 왜선의 수는

100여척, 조선 함대도 상처를 입고 선소에서 수리를 받아야 할 배가 적지 않았지만 한 척도 침몰하지 않았다. 적의 화포가 아직 함대를 무너뜨릴 만큼의 파괴력을 갖추지 못한 것이다. 적의 전사자는 알 수 없었다. 모든 병사가 사력을 다해 분전한 만큼 그 결과에 그리 연연할 이유도 없다. 사수의 손가락에는 핏물이 돌고 포수는 검은 재를 뒤집어쓰고 있었다. 조선 수군은 이날 만호 정운을 비롯해 모두 6명의 병사를 잃었다. 부상자는 25명. 함대는 저녁 무렵 가덕도에 도착, 밤을 지새운 뒤 2일 본영에 귀환한다.

귀환한 좌수사의 전후 처리는 지난 출정과 한 치도 다르지 않았다. 전사자와 부상자, 그리고 각 장수와 병졸의 공과를 세세하게 파악하고 처리하며 기록했다. 우선 녹도 만호 정운에 대해서는 손죽도 왜변 당시 21세의 나이로 전사한 전 녹도만호 이대원을 기리는 사당에 초혼토록 함으로써 함께 혼령을 모시고 제사를 지내도록 지시했다. 향년 50세, 지천명(知天命)의 나이, 무장으로 살아가야하는 하늘의 소임을 다하고 죽어서도 남해 바다를 지키는 수호신이 되었다. 좌수사는 장계에서 "늠름한 기운과 맑은 혼령이 쓸쓸하게 없어져서 뒷세상에 알려지지 못할까 애통하다."는 조문을 포함시켜 전투의 선봉에 서왔던 정운의 공로를 역사에 기록한다. 정운을 대신할 임시 지휘관을 파견하는 일도 잊지 않는다.

이와 함께 당항포 해전에서 왜장을 죽인 방답 첨사 이순신에 대한 조정의 포상이 내려오지 않은 사실에 대해서는 시정을 요구했다. 또 자발적으로 수군 전투에 참여한 의병들에 대한 격려도 빼놓지 않는다. 객관적 사실을 파악하고, 이에 따라 공과를 평가하면서 공평성이 꾸준히 실현되고 있었다. 좌수사는 한산섬 전투에서 섬에 갇힌 왜군의 패잔병 400여명이 도주한 경위도 파악한다. 경상우수사 원균이 적선이 몰려온다는 거짓보고에 속아서 포위를 풀고 그대로 귀환해 버렸던 것. 왜병들은 한산도에서 나무를 베어 뗏목을 만들고 거제로 도주한 사실이 확인되었다. 좌수사는 장계에서 "솥 안에 든 고기가 마침내 빠져 나갔다."며 과실을 분명하게 지적한다. 생포한 왜병이나 생환한 포로를 상대로 정보를 파악하는 일도 주요한 업무였다. 왜병 오도동은 "장수들이 본국에서 처자를 데려오면서 일부 병사들이 향수병에 걸려 전의를 잃고 탈영했다."면서 "숲속에 숨어 있다 본토로 돌아가려는 중에 잡혔다."고 토로했다. 좌수사는 신문을 반복하며 진술이 일치하는지 신중하게 판단한다. 이 판단이 왜군의 생사를 가른다.

12일 좌수사는 정 2품 자헌대부의 품계를 받았으나 수군의 지휘권은 여전히 좌수영에 국한되었다. 또 좌수영은 조정에서 실질적인 군수물자도 전혀 지원받지 못했다. 오히려 좌수사는 피난길에 오른 선조와, 궁궐을 떠나 설치된 임시 집무실인 행재소에 대한 지원으로 부단히 고심해야했다. 행재소에서 쓸 종이를 비롯해 활을 만드는 전죽(箭竹), 군량 등을 각 지역에 할당하고 다시 추렴해서 꾸준히 배에 실어 올려 보냈다. 25일에도 군량 등 각종 물품이 북으로 향하는 배에 실렸다. 규정된 군량이외에도 여분의 곡식 100섬과 기타 잡다한 물건, 전리품이 진상 물품 목록에 빼곡하게 적혀 있다.

좌수사는 이어 섬 곳곳에서 기르고 있는 말들의 현황을 파악해서 육군에게 적절하게 분배하는 일정을 하나하나 점검한다. 그리고 남해의 섬 곳곳에 무질서하게 퍼져 있는 군마의 사육을 체계적으로 통합하는 방안을 지시한다. 내년 봄 농사철을 앞두고 피난민에게 제공할 둔전을 확보하기 위한 조치였다.

10월

편지

벗과 나라를 향한 마음

30일 전란 통에도 추위는 예외 없이 성큼 찾아 왔다. 백성들은 이제 피폐하고 굶주린 땅에서 추위와도 맞서 살아남기 위한 삶을 살아가야 할 것이다.

그리고 이날 시름에 젖어 있던 좌수사는 의주에서 온 편지 한통에 몹시 반가워 한다.

전란이 일어난 뒤 의병을 일으킨 선비 백천(白川) 강응황(姜應璜)의 것.

좌수사 또한 붓을 들어 벗에게 마음을 전한다. 편지에 뚜렷한 글자 '정(情)'과 '정성(精誠)', 친구를 대하는 좌수사의 마음이 엿보인다. '왜적(倭賊)'과 '근심 우(憂)'는 좌수사의 현재 심정일 것이다. 그렇지만 절망과 좌절은 좌수사의 몫이 아니었다. 의병을 일으켜 분전하고 있는 최균(崔均)과 최강(崔堈)을 통해 두 사람은 서로 위로를 주고받고 있다. 결국 왜적을 모두 물리치는 통쾌한 미래의 순간이 오리라는 확신이 담겨있다. 그리고 신하로서 지닌 사명감이 편지를 매듭 한다. "임금의 수레를 도성에 돌아오게 하는 것", 이를 위해 해야 할 것이 무엇인지 좌수사는 잘 알고 있다. 편지는 "군무에 바빠 간단하게 줄인다."고 매듭 된다.

12월

도탄에 빠진 백성

마침내, 이별할 가족조차 없다

　부모는 자식과 헤어지고, 자식은 부부간에 헤어지고, 결국 그 자식의 늙은 부모마저 끌려가면서 어린 손녀는 비로소 더 이상 헤어지는 아픔을 겪지 않아도 된다. 외톨이가 되었기 때문이다.

　전란이 터지면서 온 국토가 유린되고 있다. 아직 점령되지 않은 곳은 전라도 뿐, 그렇지만 전라도 지역은 징병, 노역, 징수로 몸살을 앓고 있었다. 평소에도 넉넉지 않던 백성의 살림살이는 추수철마저 놓치고 겨울이 닥치면서 도탄에 빠져 들었다. 그나마 온전한 전라도의 울타리마저 내일을 기약할 수 없이 위태롭게 하루하루 버티는 지경, 여기에 온 국토가 기댄다. 좌수영 백성들은 생사가 갈라놓은 가족의 이별, 죽음의 공포, 궁핍한 삶에 시달리고 좌수사는 이를 잘 알고 있음에도 이들을 끊임없이 채근해야 한다.

　좌수영에는 이미 '지난 6월 용인전투로 6만의 군마와 수많은 군량을 한 순간에 잃었다.'는 비보가 전해졌다. 여기에 패퇴한 전라 병사 휘하의 4만 명이 굶주림과 추위로 죽거나 흩어졌다는 소식이 더해진다. 그럼에도 불구하고 육군의 병력은 계속 충원되어야하는 상황이 수군의 병력 보충에도 막대한 차질을 빚는다. 중앙에서 끊임없이 내려오는 징병관들이 머릿수를 채우기 위해 수군의 훈련된 병사와 병장기까지 차출해 가고 있었던 것이다. 각 진포의 병력이 줄어들어 휘하 장수들은 전전긍긍할 수밖에 없다. 젊은 병사는 중앙으로 빼앗겨 늙고 쇠약한 군인만 남고 있는 수군 진영, 병력은 '밑 빠진 독의 물'처럼 연일 줄어든다. 그래도 선소에서는 함선의 건조를 중단할 수 없다. 한 척의 판옥선에 필요한 최소한의 승선 인원은 130명 수준, 포수는 물론 훈련된 사수와 격군이 필수적이다. 애초부터 정규군은 최소한으로 편성되고 유사시 병력을 현지에서 동원하는 나약한 조선의 병역제도 속에서 이중 삼중으로 인력이 빠져간다. 더구나 병기와 군량을 실어 나르는 군 수송의 임무까지 고스란히 백성의 몫이었다. 절들의 노비(寺奴)들도 이미 의승병에 나가면서 젊은 중은 찾아 볼 수 없는 실정이었다.

일부 벼슬아치는 백성의 재물을 빼앗아 피난길에 앞장서고 피난길 곳곳에서 술상과 잔치의 비용을 백성에게 떠넘긴다. 전란의 와중에도 변치 않는 습성과 버릇, 주검과 노역, 이별과 출정, 굶주림이 일상을 지배한다. 더구나 굶주린 백성들이 도적으로 변모하는 일은 아주 한순간에 불과했다. 살인을 저지른 죄인 한 명만 붙잡혀도 온 마을과 나라가 발칵 뒤집히고 임금에게 급보를 올리던 평화스런 조선의 풍경은 온데 간 데 없다. 온 국토가 살인귀로 덮이고 해골이 산을 이룬다.

왜적과 더불어 좌수사가 싸워야하는 조선 내부의 적과 도탄에 빠진 백성들, 좌수사는 10일 장계에서 "마음은 죽고 형태만 남아있다."고 토로했다. 임진년 12월, 추위마저 유난히 맹위를 떨친다.

1593년
계사년

1월

피난민의 이중성

군량이 없으면 승리도 없다

    전란 2년째, 새해부터 명나라의 참전으로 전세가 역전되고 있다는 소식이 전라 좌수사 이순신(49세)의 진영에 들려온다. 행재소에서도 왜적들이 도망치면 수군이 길목을 잡아 섬멸하라는 공문이 내려왔다. 조만간 전쟁이 끝날 것이라는 어설프고 섣부른 기대감이 녹아있다.

    좌수사는 새해 들어 지난해 조직해 육지에 파견한 의승병 등을 통해 육지 정보를 수집하면서 해전이 발생하면 이들이 즉각 함대에 승선해서 전투를 치를 수 있도록 훈련을 하는데 여념이 없다. 지난해부터 좌수사가 모은 의승병은 모두 1,000여명선. 좌수사는 순천 승려 삼혜를 시호별도장, 흥양 승려 의능을 유격별도장, 광양 승려 성휘를 우돌격장, 광주 승려 신해를 좌돌격장, 곡성 승려 지원을 양병용격장으로 임명, 수군을 지원하는 별동대로 삼고 있었다. 이중 삼혜는 순천에, 의능은 전라좌수영 본영에 머물도록 지시한 상태. 이와 함께 순천 출신의 의병장 성응지에게도 삼혜와 함께 순천성을 지키라고 당부해 놓고 있었다. 또 성응지, 삼혜, 의능에게는 각각 함선을 맡겨 해상전투에 참여할 수 있도록 훈련을 독려했다.

이들은 육지에서 전투를 벌이면서도 해상 전투력을 갖춘 유격 및 기동부대였던 셈이다.

이와 함께 경상도 지역에서 몰려온 피난민도 숙제거리다. 지난해 겨울 200호 이상의 피난민들에게 임시거처와 구호물자를 지원, 가까스로 겨울을 넘겼지만 지원할 수 있는 군량은 이미 바닥을 보인다. 하지만 눈앞에서 굶어 죽는 백성을 두고 볼 수는 없는 일, 전시에 피난민은 이중적인 의미를 지닌다. 당장은 군영의 살림살이에 부담을 주지만 이 때문에 내칠 수는 없다. 길게 보면 군수 물자 생산을 위한 인적 자원, 나아가 이 전쟁이 결국 이들을 지키기 위함이 아닌가. 본영과 방답진 중간에 위치한 돌산도가 피난민의 정착지로 결정되었다. 이른바 수군이 관리하고 농민이 경작하는 둔전이 대대적으로 확장되었다. 전투는 물자 없이 치를 수 없다. 본영과 방답의 보호를 받으면서 돌산도의 농지가 산으로 둘러싸여 있다는 전략적 이점, 그리고 일단 들어서게 되면 지세가 넓고 평평하며 토질이 비옥하다는 지형상의 특성이 우선 고려되었다. 한 가지 문제점은 이곳이 조정의 군마를 기르는 지역이라는 것. 평소라면 백성들이 넘볼 수 없는 금기(禁忌)의 땅이었다.

좌수사는 봄기운이 무르익기 시작하는 26일 이미 이주시킨 농민들과 함께 봄갈이를 마치고, 저녁 무렵에는 "의지할 데 없는 백성들로 하여금 농사를 짓게 한다고 해서 어떤 해로움이 있겠느냐."는 장계를 작성한다. "말을 키우며 또한 백성도 구한다는 목마구민(牧馬救民)의 생각을 감히 망령되게 했다."면서 이들의 정착을 기정사실화하고 있었다.

총통을 중심으로 작전을 전개하는 조선 수군에게 화약은 필수적인 군수물자이다. 더구나 육지의 순찰사나 사방의 의병들도 조선 수군에게 번거로울 정도로 화약을 요청했다. 체계적으로 군수물자를 관리하는 조선 내 유일한 병영인 만큼 기댈 수밖에 없을 것이다. 화약은 염초와 석류황을 주요 재료로 삼아 만들어 낸다.

염초 재료인 진토(塵土)는 부뚜막의 재와 오줌, 말똥 등을 섞어 일정기간 쌓아두면 얻을 수 있지만 여기에서 염초를 추출하는 과정이 번거롭다. 이에 비해 석류황은 제조는 손쉬워도 원재료가 없으면 만들어 낼 방법이 없다. 이 문제를 좌수사의 공병 및 군수 장교격인 훈련 주부 군관 이봉수가 해결해 낸다. 총포의 제작은 물론 돌 성을 쌓는 일부터 해자를 설계하고 보수하는 일까지 좌수영 기지와 무기에 그의 손이 닿지 않는 것이 없었다. 숱한 시행착오 끝에 3달여 동안 염초 천근을 끓여내는 공정 방법을 마침내 완성한다. 하루에 염초 한 근을 추출하기에도 힘겨웠던 작업이 십여 배 이상 효율성을 늘리면서 좌수사의 시름을 덜어준다. 다만 석류황은 좌수영에서 재료를 구할 수 없었다. 염초와의 분배 비율을 고려해 조정에 100여 근을 요청한다.

좌수사는 이달 말 육군과 수군이 연합해 웅포를 공략하는 작전을 위해 각 포구에 다시 동원령을 내렸다. 임진년 9월 부산포 해전 이후, 다시 왜수군의 심장부를 향해 칼을 겨눈 것이다. 웅포의 왜군이 무력화되면 조선수군은 낙동강 일대의 포구와 부산포를 동시에 견제, 왜 수군의 본진 부산포가 해상에서 고립될 수밖에 없었다. 따라서 웅포는 왜군에게도 전략적 요충지이며 최후 방어선이었고, 조선 수군에게는 왜선의 바닷길을 모두 끊어버릴 수 있는 해상 교두보가 구축되는 셈이었다. 육군의 지원을 요청하는 장계와 포구로 연일 파견되는 전령들이 계사년의 첫 수군 작전이 임박했음을 알렸다. 함선의 본영 집결 일시는 내달 초 사흘까지였다.

2월

웅포해전

"태산처럼 신중 하라", 그러나 상처 입은 승리

이달 초부터 비가 내리고 바람이 사나워지면서 좌수영의 거북선이 몸부림친다. 1일에는 비바람 속에서도 순천부사 권준과 발포만호, 여도 권관이 본영에 도착한다. 다음날 사도첨사 김완과 흥양현감 배흥립이 함선을 끌고 와 잔뜩 찌푸린 본영 포구에 정박시켰다. 각 포구의 함대가 속속 도착하면서 거북선 주위에 판옥선이 줄 지어 도열하고 병사들의 얼굴에도 긴장과 기대감이 묻어나기 시작했다. 임진란 개전 초기의 공포감과는 전혀 다른, 승전의 경험이 뒷받침하는 자신감이었다. 하지만 집결기한인 3일에도 보성군수 김득광의 함대가 본영에 집결하지 않아 좌수사는 육지로 전령을 급파한다. 기한을 어긴 죄를 엄히 물을 것이다.

웅천과 웅포는 낙동강과 부산포의 숨통을 죄는 승부처다. 하루에도 수십 척의 왜선이 드나드는 낙동강, 약탈한 조선 물자를 수송하고 내륙까지 병참을 보급하는 선단이라는 사실을 쉽사리 알 수 있다. 웅포가 장악되면 이들은 한꺼번에 소멸될 것이다. 다만 왜 수군이 해상 전투를 꺼린다는 사실이 문제 거리였다. 아니 포기한 듯 보인다. 척후선만 멀찌감치 떨어져 조선 수군주위를 맴돌고 있었기 때문이다. 움츠린 적을 끄집어 내야하는 전투는 험난할 수밖에 없다. 더구나 웅천 왜성이 자리 잡은 웅포 일대는 협수로, 왜군은 왜성의 대규모 조총 부대를 수로 양쪽의 능선에 배치할 것이다. 판옥선이 항진할 수 있는 실질적인 웅포 수역의 폭은 물이 빠지면 100m 남짓할 뿐이다.

연이은 승전에 조선 수군의 사기는 높았지만 출전을 앞두고 고질적인 문제가 다시 터졌다. 격군 80명이 도망친 것. 이번에는 전쟁의 공포감이 아니었다. 바로 따뜻한 봄기운이 탈영을 부추긴 것이다. 수군이기 이전에 생계를 책임지는 가장들, 농사철이 다가오면서 아전들에게 뇌물을 주고 빠져나간 사실이 곧 드러난다. 하루에 병사들에게 10홉, 즉 1되씩 지급되는 군량미는 늘 빠듯했고 병사들은 이것만으로 가족을 부양할 엄두조차 내지 못하기 때문이었다. 나장 김수남 등 2명이 뇌물을 받고 도주를 묵인 한 사실이 발각되고 군관 이봉수가 격군을 붙잡아 다시 함선에 배치했다. '평소에 생업에 전념하면서 전란이 터지면 병사로 동원된다.'는 조선의 군사 체제로는 풀 수 없는 모순인 것이다. 김수남 등은 그날 처형되었고 이제 아전들은 비리를 저지를 경우 목숨을 걸어야했다. 좌수사가 '하루 10홉의 원칙'을 지키기 위해 힘겹게 치르는 군수물자와의 전쟁은 아직은 수군진 운영에 필요한 최소한에 국한되었던 것이다. 둔전과 염전, 고기잡이에 대한 좌수사의 끊임없는 관심도 바로 이러한 제도의 모순을 간파했기 때문일 것이다. 3일 비바람이 세차게 불었고 다음날까지 이어지면서 출항은 연기되었다.

5일은 경칩, 억수같이 내리던 봄비가 오후에 그치자 좌수사는 장엄한 전시 독제를 지낸다. 병사의 기강을 다잡는 군기에 대한 병영의 제사였다. 군신 치우(蚩尤) 천황의 잘린 머리를 형상화해 비단으로 만든 검은 둑기(纛旗)의 머리카락이 바람에 나부낀다. 또 소와 꿩의 꼬리로 장식한 붉은 깃발과 검은 깃발 4개가 주위에 꽂혀, 군신을 떠받드는 형상으로 군기의 지엄함을 천명한다. 제단의 헌관이 재배하고 제주(祭酒)를 올리면서 둑제는 시작되었다. 출전을 앞둔 장수와 병사들이 마음을 다잡기에는 더할 나위 없는 상징적인 행사였다. 이날 비로소 보성군수가 밤새 육지로 말을 달려 합류한다. 좌수사가 동헌에 무릎 꿇린 뒤 엄하게 죄를 물었으나 곧 사연이 드러났다. 순찰사 권율의 지시에 따라 강진, 해남의 명나라 병사에게 군수품을 지급하느라 기일을 어겼다는 것. 좌수사는 보성의 아전들을 가볍게 질책하는 선에서 사태를 매듭지었고 출전 준비가 마무리되었다.

6일 아침은 흐렸다. 날이 밝으면서 출항한 함대는 정오에 맞바람이 불면서 저물 무렵에 가까스로 사량에 정박했다. 다음날 새벽 견내량에서 경상우수군과 합류했지만 8일 아침에도 전라 우수군은 당도하지 않는다. 경상우수사 원균의 성화가 거듭된다. 먼저 출항하자는 것. 지난 해전의 승리에 도취해 "전라우수군이 없어도 된다."는 터무니없는 자신감을 내비친다. 좌수사는 그동안 비바람이 잦아 파고가 높았던 날씨를 환기시키며 출전을 미루었고, 이날 정오쯤 마침내 전라우수군의 돛이 보인다. 병사들은 환호한다. 숱한 전투를 치르면서 생사의 고비를 함께 넘기며 쌓은 전우애, 이는 단순히 함선의 산술적인 합을 넘어선 의미를 지니고 있었다. 모두 89척, 부산포 출정 때보다 8척이 늘어난 연합 선단은 오후 늦게 출항해 저녁 무렵 칠천도에 정박한다. 다음 날 봄비가 거셌다. 사령선에 모인 제장들은 출항을 하루 미루기로 결정한다.

흐리던 날씨가 다소 갠 10일 오후 함진이 웅포에 이르자 정박한 왜선 100여척이 시야에 나타난다. 소선과 중선이 다가가 총포와 화살을 퍼붓고 공격과 후퇴를 반복하는 미끼를 던져도 좀처럼 물지 않는다. 잠시 따라오다 판옥선의 뱃머리와 총통이 보이면 서둘러 회항한다. 깜깜한 저녁, 함대는 영등포 뒤편의 소진포에 정박했다. 여전히 날은 흐렸고 다음날은 비바람마저 일었다. 평화로운 시절이라면 농사철의 축복인 봄비가 이날은 성가신 훼방꾼이 되었다. 12일 잠시 바람이 멈추자 조선 함대는 역시 왜선에 미끼를 던져 본다. 조선 수군과의 해상 전면전이 무엇을 의미하는지 충분히 경험한 왜군도 인내심을 발휘한다. 다음날 장대같은 비가 퍼붓는다. 14일, 좌수사는 선상에서 회의를 열었다. 장수들에게 예의를 갖추어 차린 술자리가 점점 도를 넘어서고 있다. 적선을 앞에 둔 전투현장의 긴장감이 사라진 모습, 원균을 비롯해 술에 취한 몇몇 장수들이 과도한 자신감을 내비친다. 용기와 만용은 표면상 구분할 수 없지만 그 결과는 생과 사를 가를 수 있다. 만용은 적의 실체를 간과하기 때문이다. 좌수사의 표정이 굳어졌다.

함대의 정박이 길어지던 인내의 시간, 긴장이 더해지면 시간은 더디게 흐르기 마련이다. 15일 순찰사의 공문이 와서 명나라 수군이 파견될 것이라는 소식을 전했다. 전라, 경상 수군에 명나라 수군을 더한다면 부산포에 대한 대대적인 공격도 가능해 진다. 문제는 육군의 지원 여부, 왜군은 조선 수군에 대한 공포심으로 굴속에 숨어 둥지를 틀고 있다. 16일에는 육지의 전황이 도착했다. 부체찰사 김찬이 "명나라 병사들이 송도를 쳤다."는 공문을 가져온 것. 17일에는 임금의 선전관이 도착해 "도망하는 적을 몰살하라."는 교서를 전달한다. 근래에 보기 드문 자신감을 보였지만 구체적인 군사 전략은 없었다.

18일 마침내 왜선이 미끼를 물었다. 소선 몇 척의 유인에 참다못한 왜선 10여척이 포구를 나와 항진을 시작한다. 송도에 숨었던 판옥선이 불을 뿜는다. 정교한 함포 사격, 선두에서 추격하던 7척이 기울면서 판옥선이 들이 닥친다. 금빛 투구에 붉은 갑옷을 갖춘 왜장이 나머지 3척의 퇴각을 서둘러 지휘했다. 사수들이 직감으로 느끼는 과녁의 초점에 화살이 집중된다. 왜장은 고슴도치가 되어 반파된 왜선에 실려 도주하고 조선 함대 수십 척이 파괴된 7척의 왜선을 둘러싸고 편전과 낫, 갈고리, 불더미를 일시에 쏟아 붓는다. 사냥은 순식간에 끝이 났다. 왜선 7척과 승선한 왜병 수백 명이 웅포 바다 깊숙이 사라졌다. 조선함대는 허기를 채우지 못한

매처럼 주변을 빙빙 돌았지만 사냥감은 흔적도 없었다. 함대는 원포에서 물을 긷고 사화랑에 진을 쳤다. 19일에도 거센 하늬바람이 불면서 출전은 연기되었다.

20일 출항할 때 약하게 불었던 샛바람이 적과의 교전을 시작하면서 거세진다. 총통의 철환과 장군전은 적진에 날아갔지만 사수들의 화살은 쉽사리 방향을 잡지 못한다. 바람과 출렁이는 함선이 교전을 방해한다. 이제부터 자연과의 싸움, 질서 정연하던 조선 함대의 진영이 흔들린다. 충돌마저 예견되는 긴박한 상황에서 격군들은 파도와 싸우며 부딪히는 함대를 진정시킨다. 대장선에 초요기가 올라 전투의 일시 중단과 긴급 함상 야전 회의를 알린다. 좌수사와 장수들은 전투 중지를 결정하고 소진포로 돌아와 야영했다. 순천 부사 권준이 화살로 잡은 사슴 한 마리를 잡아 보낸다. 왜군을 제대로 잡지 못한 아쉬움이 느껴진다.

왜군들은 여전히 총통과 화살을 피해 조선의 포구를 제 집 삼아 숨어 지내고 있다. 비는 21일 자정 무렵에 그쳤다. 22일 다시 발진한 조선함대, 거센 샛바람 속에서 사화랑에 잠시 머물고 다시 웅천에 이른다. 이날의 전략은 웅크린 쥐의 옆구리를 찌르는 것. 의승장 삼혜, 의능과 의병장 성응지가 승병과 의병 등 육군을 웅천의 동쪽 기슭과, 서쪽 제포에 각각 1,100명, 600명씩 상륙시킨다. 승병들의 활약이 눈부시다. 우박처럼 쏟아지는 조총에도 결진을 풀지 않는다. 조선 수군이 예기치 않은 수륙 병진 작전을 펼치면서 육군이 해안에 상륙하자 왜군 진영은 혼란에 빠져들었다. 대규모 상륙작전으로 오판한 듯 왜선이 앞 다투어 출항하고 드디어 함포망에 걸려든다. 판옥선은 포구를 미처 벗어나지도 못한 왜선 10척을 깨뜨리며 바짝 다가붙어 근접전을 벌인다. 하지만 그 동안의 승리를 너무 믿었을 것이다. 성급하게 난파한 왜선에 달려들면서 초요기를 보지 못한 전라좌수군과, 우수군의 함선이 충돌, 좌초하고 말았다. 교전 중 발생한 조선 수군 최초의 함대 손실이 목격된다. 선상에 조총의 철환이 쏟아지자 수군이 한쪽으로 몰렸고 협선(中船) 한 척이 결국 전복된다. 함대에 뛰어들던 왜군의 가슴에 조선 수군의 긴 창이 박힌다. 왜군의 조총 소리와 번득이는 칼날이 선상에서 뒤섞인다. 철환에 맞은 조선 수군이 갑판에서 나뒹굴고, 살아남은 수군과 격군들은 전복된 배에서 빠져나와 해안 기슭과 주변 함대를 향해 필사적으로 헤엄치고 있다. 서둘러 구조를 지시하는 좌수사의 얼굴이 무섭게 굳어있다. 구조에 분주한 사이, 판옥선 한 척이 왜선에 둘러싸인다. 근접전투에서 왜선의 조총이 위력을 발휘한다. 조총의 기세에 사수가 활시위를 당기지 못한다. 원균이 탄 경상우수영의 대장선은 바로 지척에서 벌어지는 교전을 보지 못한 척 구경만 하고 있다. 전라우수영 함선이 달려가 총통과 화살을 날리고 좌수영의 대장선이 가세하자, 살아남은 왜선들은 다시 포구로 도망치고 왜병은 해안으로 사라진다. 조선 수군은 잠시 잊었던 죽음의 공포를 실감한다. 전쟁터에서 죽음은 승자의 곁에도 늘 따라 다닌다는 것.

함대는 소진포로 회항했다. 육군이 없는 수군만의 수륙 병진 작전, 왜적의 근본적인 소탕을 기대하기 어렵다. 다음 날 경상우수사는 한 없이 자신의 무용담을 늘어놓았다. 좌수사는 말이 없다. 27일까지 소강상태, 함대는 칠천량 등지에 머문다. 바람이 세차게 불면서 전쟁을 중지시킨다. 28일에도 선발 함대만 출항했다. 수로가 좁아 전면적인 공격이 불가능하고, 적선의 출항도 기대하기 어려웠기 때문이다. 만약 왜선이 이를 얕보고 추격전을 전개하면 본진의 함대는 제대로 된 사냥감을 얻을 것이다. 진지 속에 웅크린 적들과의 소모전, 함포와 화살이 적진을 때리면 왜군은 사상자를 옮기고 다시 그 자리를 채워 넣는다. 마치 굴 앞을 지키는 맹수가 사라지기만 바라는 듯 꽁꽁 숨어 총포와 조총으로만 응사한다. 이따금 떨어지는 굵은 철환이 거북선의 철갑을 두드린 뒤 튕겨 나가고, 판옥선의 갑판을 파고든다. 이와 함께 항진 중에 2km 남짓한 협수로 양쪽 능성의 곳곳에서 날아오는 조총 철환은 매서웠다. 전투를 마칠 무렵 적정에 대한 수색병의 보고가 들어온다.

김해 강 인근에서 정체를 알 수 없는 함선이 포착되었다는 것. 서둘러 발진한 조선 함대가 포위한 '적선'의 정체는 곧 드러났다. 인근의 해역에서 떠다니는 왜군이나 조선 백성의 시신을 건져 올려 머리를 수집하고 있는 경상우수군이다. 좌수사의 얼굴에 서린 노기마저 허탈해 보인다. 이날 오후 늦은 시각 사화랑에 정박한 좌수사의 대장선에 셋째 아들 면이 올랐다. 막내아들 면과 어머니 소식이 온종일 지쳐 내린 좌수사를 그나마 위로할 것이다.

다음날 경상우수사 원균은 좌수사 함대에 올라 이번에는 어제 일에 대해 두서없는 변명을 늘어놓는다. 2월의 마지막 날에도 비는 세차게 내렸다. 좌수사는 판옥선의 봉창 아래 한참을 웅크리고 앉아서 깊은 생각에 빠져 있다. 봉창을 넘어온 빗발이 가끔 좌수사의 얼굴에 흘렀다.

3월

웅포 바다로 뛰어든 사천의 여인

한산도에서 맞은 좌수사의 생일

1일 잠시 멈추었던 비가 저녁에 다시 내리며 바다가 암흑천지로 변했다. 이어 순천 부사 권준의 몸이 불편하다는 전갈이 대장선에 당도했다. 2일에도 온 종일 비가 내린다. 좌수사는 오늘도 하염없이 배의 봉창 옆에 앉아 있다. 좌수사의 표정에 온갖 회포가 스치고 지나간다. 지금까지 6차례의 출전으로 깨뜨리고 불사른 적선은 눈으로 확인한 것만 30여척, 그렇지만 수군진에는 갈증을 채 풀지 못한 아쉬움이 맴돌고 있다. 수륙병진작전을 대규모로 전개하기는 군세가 미약하다. 지난해 조직한 승군의 활약이 고맙지만 대규모 육전을 수행하기에는 역부족이다. 아직은 유격이나 별동 부대 수준, 더구나 잃어버린 조선 함대 한 척의 잔영이 좌수사와 수군들의 머릿속에서 떠나지 않았을 것이다. 2일 대장선을 찾은 이영남은 직속상관인 원균의 행실에 대해 문제를 제기한다. 전란이 터진 직후 경상우수영과 전라좌수영을 오가며 전령의 역할을 자처했던 이영남, 좌수사는 의기 넘치는 이영남을 달래면서도 자신의 어두운 표정마저 감추지는 못했다. 이영남이 전리품으로 빼앗은 왜의 작은 검을 좌수사에게 바친다. 검을 뽑자 시퍼런 검기가 왜군의 살기를 닮아 있다. 미소 짓던 좌수사가 매서운 눈매로 이를 맞받아치며 살기를 덮는다.

삼월 삼진날, 평화로운 시기라면 답청과 화전놀이가 이어졌을 것이다. 명나라 군대가 한양을 수복했는지조차 알 수 없는 전란의 시기, 비마저 내린다. 남해 바다 한 가운데 진을 펼치고 답청은 상상도 할 수 없는 삼진날이 흘러간다. 지난해까지만 해도 평화롭던 삼진날은 까마득한 옛일이 되어 기억조차 나지 않는다. 4일 명나라 군사가 송도에 진군했지만 함경도 쪽의 왜군에게 포위될 것을 우려해 서관으로 퇴각했다는 전황이 당도했다. 그렇다면 한양 수복은 아직 요원하다. 전투는 의기로만 치르는 것이 아니다. 흥분했던 조정도 점차 냉정을 되찾을 것이다. 권준의 병세가 쉽사리 회복되지 않았다.

다음날 좌수사는 마지막 웅포 공략을 장수들에게 지시한다. 태반이 농민인 수군들은 이달까지 서둘러 파종을 마쳐야한다. 병사들은 자신의 허기진 배는 움켜쥐고 싸우지만 자식이 굶주리면 전쟁터를 버리기 마련이다. 장수들이 명나라 수군의 지원을 조심스럽게 기대하자 좌수사는 별다른 반응을 보이지 않는다. 조선 수군이 남해와 서해를 틀어막고 있는 한 이들은 끝까지 관망할 것이라고 진단한다. 명나라 해안은 육지와 달리 전란에서 멀리 비껴나 있기 때문이다. 나아가 이들이 전력을 보탤 것인지, 수군을 도리어 분열시킬 것인지 아직은 알 수 없었다. 같은 조선 수군끼리도 마음을 함께 하지 못하는 현실이 장수들의 가슴을 누르고 있었다. 좌수사는 이날 회의에 참석하지 못한 순천 대장선을 찾아 권준의 귀환을 손수 지시한다. 머뭇거리는 순천 대장선의 닻을 풀어 귀항을 명령한다.

6일 웅포의 마지막 전투가 시작되었다. 화포와 철환, 편전이 빗발치듯 왜군 진영을 두드려도 여전히 배를 내몰아 나올 기색은 없다. 응사하면서 화살에 맞은 왜군을 교체하고, 포구에서 불타며 가라앉고 있는 20여척의 왜선에서 황급히 물건을 꺼내고, 불이 옮겨 붙지 않도록 다른 왜선과 분리하는 일에만 열중한다. 깨져버린 배 안에서 뛰쳐나온 한 여인이 무작정 바다에 뛰어든다. 몇 걸음 바다로 향하다 이내 파도에 휩쓸린다. 소선 한척이 빠르게 달려가고 함대의 모든 화살이 왜병 진지를 향해 엄호사격을 한다. 조총이 주춤한 사이, 밧줄에 묶인 여인이 창백한 얼굴로 온 몸을 떨어대며 함대에 옮겨진다. 사천에 사는 여인, 이제부터 사천을 버리고 피난민의 정착지를 떠돌아다닐 것이다. 전란이 바꾸어 놓은 조선 여인의 운명 중 하나에 불과하다.

이날 칠천량에 정박했던 함대는 웅포 공략을 마감했다. 본영으로 향하던 함대는 8일에는 한산도에서 멈추었다, 공교롭게도 이날은 좌수사의 생일, 좌수사가 한산도의 움푹 팬 만(灣)의 한 능선에 올라 탁 트인 남해를 바라보며 우거진 소나무 그늘 아래에서 장수들의 인사를 받는다. 방답첨사와 광양현감이 술과 안주를, 전라 우수사 이억기, 어란만호 정담수가 쇠고기로 만든 음식을 보내온다. 좌수사는 한 달여에 걸친 출항과 일곱 차례의 전투, 군량미까지 떨어져가는 상황에서 장수들이 보여준 성의가 고맙다. 대장선 병사들에게 음식이 나누어진다. 함대는 한동안 한산도에 머물렀다. 또 다른 작전이 전개될지 여전히 미지수다. 병사들은 미루어 놓은 농사일이 마지막 파종기마저 놓칠까 초조한 표정이다. 좌수사는 한산도에서 화수(火手)로 구성된 경쾌선인 화선(火船)의 운영체계를 장수들과 논의한다. 나오지 않는다면 모조리 불살라 버리겠다는 것. 다만 왜선을 모두 불태워 버릴 경우 고립된 왜군이 백성을 해칠 수 있다는 사실도 고려되면서 화선은 왜군의 기동력을 약화시키는 수준에서 운영한다는 원칙을 수립했다.

웅포의 전투에 대한 뒤처리를 마친 좌수사가 다소 여유로운 모습이다. 송도에 들어선 명군이 곧 한양으로 진격하리라는 행재소의 전갈이 한 몫을 했다. 전라 우수사 이억기와 가끔 바둑을 두고, 16일에는 두 수영의 군관들이 내기 활쏘기를 하고 있다. 내기에 진 우수사 측에서 떡과 술을 장만한다. 전라좌수영과 우수영의 화합은 수군의 사기를 높이는 활력소이기도 했다. 18일에는 소비포 권관 이영남이 아침부터 좌수사를 찾아 함께 아침을 먹고 있다. 봄나물 두어 가지와 젓갈, 그리고 보리밥, 소찬이었다. 이영남이 좌수사의 어색한 손놀림을 근심스레 바라본다. 이유를 알고 있을 것이다. 수군은 이달 말까지 제법 한가롭게 한산도에서 정박할 수 있었다. 육지의 전황이 연일 호전되면서 수군들에게 전란의 종결에 대한 한 가닥 희망을 더해 주었다.

그렇지만 좌수사 본인은 남모를 고통에 시달리고 있었다. 지난해 입은 총상이 깨끗하게 아물지 않고 종종 염증이 오르면서 고름이 터졌던 것. 견갑골이 상하면서 상처에 이물질이 남은 것으로 보였다. 좌수사는 혼자 뽕나무 잿물과 바닷물로 상처를 부지런히 씻어냈지만 아물 듯 하던 상처에는 다시 고름이 잡히고는 했다. 철릭에도 피와 고름이 묻어 나왔다. 이달 내내 활터에서 직접 활을 쏘는 좌수사를 볼 수 없었다. 25일 저녁 무렵 좌수사는 홀로 활터에 올라 흑각궁 시위를 잠시 당겨본 뒤 이내 내려놓는다.

4월

광양 현감 어영담

무너진 울타리, 심장으로 흘러드는 독

3일에 함대는 여수 본영으로 돌아왔다. 선조가 의주에서 평양성으로 돌아왔다는 소식, 전란이 분명 한 고비를 넘기고 있었다. 전란이 발생한 지도 벌써 1년을 넘겼다. 그러나 전란의 종결은 여전히 아득할 뿐이다. 일부 수군과 격군들이 농토로 향한다.

이 와중에서 좌수사는 전투보다 전투 이외의 문제로 더 많은 골머리를 앓고 있다. 우선 수군 장수의 중앙 차출이다. 5관 5포의 지휘부나 군관들을 수시로 이동시켜 수군의 병력 뿐 아니라 지휘관까지 빼내고 있었기 때문이다. 또 군량을 운반하는 책임자는 군량을 운반한 뒤 곧바로 돌아오지 못하고 중앙에서 왕명으로 임명하는 임지나 전쟁터에 임시방편으로 충원되었다. 하지만 이들은 수군에서 훈련된 정예 군관들, 수군 전투력의 직접적인 손상으로 이어질 수밖에 없다. 좌수사는 6일 수군에 배속된 수령이나 장수들은 다른 곳으로 이동시키지 말고 전적으로 수군에 소속시켜달라고 요청했다. 이를 위해 육군을 총괄하는 전라 감사 권율 등에 대해서도 조정에서 통제를 해달라는 부탁이었다.

이와 함께 고질적인 인사 비리에서 비롯된 관료들의 현실도 뜻하지 않은 전력 공백을 불러왔다. 광양현감 어영담은 임진년에 부임해서 옥포 해전부터 참전하여 조선 수군의 전라, 경상도의 물길을 모두 헤아려 인도한 장수. 전투에도 능할 뿐 아니라 매사에 부지런하고 탐욕이 없었다. 특히 다음 철 농사에 쓸 씨나락 종자와 백성의 구휼에 사용할 쌀, 콩, 보리 등의 별도 여분을 비축해 놓고 조정에 보낼 공물까지 빈틈없이 준비해 좌수사의 신망이 깊었다. 군민과 아전들도 높은 신뢰를 보여 한마디로 행정력과 전투력, 그리고 백성에 대한 애정을 두루 갖추고 있었던 것. 그는 곡물 100섬을 늘 여분으로 확보해서 씨나락 종자와 구호미로 관리하고 있었는데 지난 2월 조정에서 파견된 독운어사 임발영이 이를 개인적으로 착복했다고 조정에 보고한 것이다. 당시 웅포 해전으로 자리를 비운 사이였다.

무엇보다 광양현 군민들이 들고 일어섰다. 좌수영에 126명이 찾아와 원이 자주 바뀌면서 이들을 송별하는 일로 백성들이 고통을 감당하지 못했는데, 어영담이 부임하고 과거의 폐정이 사라져 백성들이 한 시름 놓을 수 있었다고 현지 사정을 설명했다. 이에 따라 피난 갔던 군민들도 소문을 듣고 다시 돌아와 현이 비로소 되살아나고 있었다는 것. 하지만 독운어사가 조정에 파면을 청해 군민들이 동요하고 있다며, 원이 바뀌면 마을이 다시 폐허가 되리라는 절망적인 현실을 좌수사에게 호소했다. 좌수사 또한 유능한 수군 장수를 잃을 처지였다. 그간의 현실을 세세히 적어 조정의 처분을 바꾸어 달라고 8일 장계를 올린다. 전란이 터지자마자 관아와 백성을 버리고 도주한 남해현령 기효근은 버젓이 자리를 잡고 있는 현실, 좌수사의 시름이 깊어지는 대목이다.

병사들의 충원 또한 수군의 골칫거리다. 지난해 조정에서 "도주한 병사가 있어도 이웃이나 친족에게 징병하지 말라."며 내린 교서가 독소로 작용했다. 명분은 백성을 위한다는 것이었지만 현실은 달랐다. 탈영병을 이웃과 친지가 숨겨주고,

죽었다고 허위 보고를 하면서 정작 자신들의 징병을 기피하는 수단으로 삼는 일이 흔했다. 제도의 부작용이었다. 이 와중에 병사들을 징병하는 아전들의 비리와 제도의 악용은 극심했다. 육군의 수군 차출까지 겹치면서 좌수영의 전력은 구멍이 날 수 밖에 없었다. 이런 일에 무심할 수 없는 좌수사의 성격, 더구나 병력의 충원은 좌수사에게도 발등의 불이었다.

좌수사는 "일의 처리에도 선후와 완급이 있는데, 큰 사변을 맞은 상황에서 조정이 너무 안이하게 대처한다."는 공문을 연거푸 올렸다. '이웃과 친지에게 징병하는 일을 막는 제도'를 전란 기간만이라도 유예해 달라는 취지였다. 어투는 완곡했지만 내용은 임금 선조의 교서를 정면으로 거스르고 있었다. 이를 말리는 장수들에게 "나라를 지키는 울타리가 한번 무너지면 그 독은 배와 심장까지 흘러간다. 전라도는 이제 남은 나라의 마지막 기맥"이라면서 "당장의 고통과 나라가 무너지는 치욕 중에서 무엇을 감내하는 것이 옳으냐."고 되물었다. 좌수사와 선조는 모두 백성을 위한다는 원칙에는 분명 공통적이었다. 다만 그 원칙을 지키는 과정에서 차이점을 드러내고 있었던 것이다. 좌수사는 철저하게 실용적이고 현실적인 방안에 치중했다. 최전선에 서 있다는 무게감과 현장 감각도 작용했을 것이다.

4월은 이렇게 허술한 제도에 대한 저항, 이 틈에 와해되는 수군의 전력 사이에서 끊임없이 줄다리기를 하면서 흘러갔다. 무르익은 봄볕이 본격적인 여름철을 준비하고 있었다.

5월

떠다니는 수군 사령부(1)

여인과 뱃놀이를 즐기는 장수

이달 초 비가 퍼부어 그동안의 봄 가뭄이 해갈되고 개울에 물이 넘쳐흐른 뒤 하순에는 본격적인 장마철에 접어들었다. 축축한 습기와 판옥선을 파고드는 빗발, 여기에 무더위가 겹치면 선상(船上) 생활은 더욱 고달픈 계절이 시작된다.

좌수사는 이달의 첫날 새벽, 진해루에서 북방을 향해 정성스레 망궐례를 한다. 다음날 찾아온 선전관은 "적의 퇴로를 차단하고 부산 등지에서 왜적을 치라."는 선조의 교서를 가지고 왔다. 조정의 공문이 연일 이어지면서 좌수사도 답답한 표정이다. 선전관 이춘영은 전라우수영 군대가 집결한 다음날, 선전관 이순일과 교대했다. 선전관이 수군이 처한 현실을 이해할 만하면 다시 뒤바뀌며 좌수사를 닦달한다. 당장 부산으로 출전하면 왜군을 소탕할 수 있다는 기대감, 조선 수군은 언제, 어떤 조건에서 싸워도 이길 수 있다는 자신감, 그리고 1년을 넘긴 전란이 이들의 초조감을 부추긴다. 마치 맡겨놓은 빚을 받으러 온 태도이다. 하지만 현실은 경상도 인근 지역의 왜성이 나날이 늘어나고 거제, 웅포 왜선도 하루가 다르게 증강된다. 여전히 육군의 지원 없는 조선 수군은 단 한 번의 패퇴만으로 모든 전력을 잃고 자리를 털고 일어나야하는 가난한 전주(錢主)에 불과하다. 그동안의 승리로 깨져나간 왜선만큼 조선 수군의 함대가 늘어난 것도 아니다. 판옥선 한 척을 만드는데도 온 힘을 쥐어 짜야한다. 더구나 왜군은 이미 조선 수군의 위력을 충분히 파악한 상황, 개전 초기처럼 수백 척의 함대를 호랑이 입에 던져주지는 않을 것이다. 좌수사는 늘 선전관을 다독이며 임금의 명을 거스르지 않으면서 어떻게 함대를 지켜낼 것인지, 고민에 빠진 기색이 역력했다.

결국 승리가 보장되지 않으면 함부로 패를 던질 수 없다. 한 번의 패배로 모든 것을 내주어야한다. 좌수사는 끊임없이 탐색하고 적의 빈틈을 노린다. 이 때문에 조선 함대는 5월 내내 남해 바다를 떠다니며 적정을 살피고, 해상 군영을 이동하면서 적을 위협하거나 기만한 뒤 다시 적의 목을 죄는 기동전을 전개한다. 적의 척후선도 부지런히 움직이며 조선 수군의 동향을 놓치지 않았다.

육지의 전황이 시시각각 변하면서 좌수사는 각 진영에 좌수영 집결을 명령했다. 3일 전라우수사 이억기의 함대가 가장 먼저 모습을 드러냈다. 진해루에서 활을 쏘는 좌수사와 장수들의 모습이 종종 눈에 띈다. 5일은 단옷날, 우수사 이억기, 순천부사 권준, 광양현감 어영담, 낙안 군수 신호가 모여 술을 마시고, 군관들과 편을 나누어 활을 쏘면서 명절의 아쉬움을 달랜다.

7일 흐린 날씨 속에 함대는 좌수영을 떠나 산더미 같은 파도를 헤치며 미조항에 정박했다. 그리고 다음날은 사량에 진을 친다. 창신도에 정박한 경상우수사 원균은 군사를 모으지 못해 출발하지 못했다고 전령을 보내 알린다. 당포에 이른 좌수영의 대장선을 군관 이영남이 찾아 경상우수사의 잘못을 조목조목 제기한다. 그러나 좌수사에게 경상수영의 병폐를 따져 본들 무슨 소용이 있을까, 하소연에 가깝다. 9일 저녁 무렵 전라좌우수군은 걸망포에서 경상우수사 원균의 배 2척과 뒤늦게 합류한 뒤 다음날 견내량에 이른다. 선전관 고세충이 진영에 와서 "부산으로 후퇴하여 돌아가는 왜적을 무찌르라."고 전한다. 육지의 전황이 개선되는 조짐을 보인다. 그렇다고 수군이 단번에 부산진의 왜군을 격퇴할 수는 없다. 다음날 영등포에서 적정을 탐지한 척후선이 "가덕도 앞바다에 왜선 200여척이 머물고 있다."고 알린다. 견내량 건너편의 웅포와 가덕, 부산포는 왜군의 소굴, 조선 함대가 출항하면 몇몇의 미끼만 남기고 흩어진 뒤 압도적인 왜선의 군세를 무기삼아 수백척, 아니 일천여척에 달하는 왜선을 모두 동원해 전면적인 '자살 공격'을 펼칠 수도 있다. 막대한 희생을 치르더라도 조선 수군만 잡아내면 육군은 날개를 달고 서해를 통해 한양을 얻을 수 있기 때문이다. 변덕스런 바다의 날씨, 조선 수군이 항로를 잃고 한 밤중에 적의 소굴인 견내량 저편에 갇히면 여우 떼에 포위된 호랑이가 된다.

선전관은 12일에도 부지런히 진영을 오간다. 좌수사는 13일에는 함대에서 내려 산봉우리에 과녁을 매달았다. 장수들을 불러 편을 가른 뒤 승부를 다투게 한다. 멀리서 보는 활쏘기는 제법 한가로운 분위기를 자아냈다. 하지만 날이 저물자 함대로 내려온 좌수사의 얼굴에는 어두운 수심이 고여 있다. 대장선에 가득 찬 달빛과 함께 좌수사는 일기를 쓰며 밤새 잠을 못 이룬다. 새벽에야 좌수사 함실의 봉창에서 촛불이 꺼진다.

14일 좌수사는 전라우수사 이억기 함선에 올랐다. 마음이 통하는 두 장수, 선전관도 동행한 모처럼 편안한 자리에서 술잔도 기울인다. 하지만 경상수사 원균이 술자리에 끼어들고 취중에 호언장담을 늘어놓으며 좌수사의 탐색전을 비방하면서 분위기는 얼어붙었다. 현재 최전선은 경상 우수영의 바다, 그렇다고 지휘권마저 경상우수사가 가진 것은 아니다. 원균은 전란초기 전선을 모두 버리고 패퇴한 장수일 뿐, 세 명의 수사가 협의해서 작전을 전개하고, 이억기가 좌수사의 의견을 존중하면서 결국 좌수사가 자연스럽게 작전 주도권을 행사할 수밖에 없었다. 여기에 대한 경상우수사의 불만은 늘 좌수사 전략의 흠집을 잡아내는 것으로 일관되었다. 선전관 앞에서는 더욱 기세등등하다. 이날은 두 명의 선전관이 함께 한 자리, 취중의 객기는 그럴 듯하게 포장되어 고스란히 조정에 전해진다. 경상우수사의 장계도 끊임없이 조정으로 날아간다. 행재소에 도착한 장계에서 '취기'는 '용맹'으로 둔갑할 것이다. 언제라도 적을 칠 수 있다는 장수와 신중하게 적을 살피는 장수, 조정의 권신들은 사실보다는 자기편 여부를 판단의 기준으로 삼은 지 이미 오래였다. 좌수사의 용맹을 의심하는 조정의 공문에는 이런 속사정이 복잡하게 얽혀 있을 것이다. 좌수사의 복통도 이달 중순 무렵까지 더욱 심해진다.

16일에는 한양에서 양주로 피난 간 숙모의 부고(訃告)가 좌수사에게 날아들었다. 장사를 치를 사람은 있는지, 전란의 고통은 조선 곳곳의 삶을 송두리째 바꾸어 놓고 있다. 좌수사는 다음날 고성 현령이 보내온 술과 쇠고기, 꿀을 입에 대지 않고 군관들에게 나눠준다. 그리고 20일 경상우수영 진영에서 대규모 왜선의 출현을 알린다. 유자도는 조선 수군의 덫, 여기에 걸려들었다면 제대로 미끼를 문 것이다. 21일 새벽 유자도에 좌수영 대장선의 대장기가 보이자 연안에 매복했던 척후선이 어느 틈에 나타나 다가온다.

"밤새 왜선의 특이한 동향은 없었다."는 보고.

우수영 사령부의 급보인 만큼 황급히 출전한 좌수사의 심정이 허탈할 것이다.

"연합 함대를 움직이는 것이 어찌 하룻밤 뱃놀이인가.", 나지막하게 탄식한다. 좌수사는 병사들 앞에서 만큼은 노기를 보이지 않은 채 차분하게 회항을 지시한다.

22일 본영에서 온 나대용이 대장선에 오른다. 명나라 시랑 송응창이 파견한 관원이 조선 수군을 시찰한다는 소식, 곧 영접하는 군사들이 파견된다. 24일 함대는 전투태세를 갖추고 칠천량 앞바다로 진을 옮겼다. 이어 명나라 관원 양보, 통역관 표헌, 선전관 등이 칠천량에 도착해 함진을 천천히 둘러본 뒤 오후에 좌수사의 배

에 오른다. 비상태세에 돌입한 거북선과 판옥선의 모습이 삼엄하다. 함포는 가지
런히 놓여 언제든 불을 뿜을 기세이고 함진은 곧바로 출전할 수 있도록 차곡차곡
열을 지어 정박되어 있다. 수군들의 기운도 억세 보인다. 이른바 조선 수군의 전력
을 사전에 탐지하려는 선발대, 꼿꼿하던 명나라 관원 양보의 기세는 함대를 둘러
보면서 점차 겸손한 태도로 수그러든다. 좌수사가 자리를 권해 마주 앉기를 권해
도 사양하고 대화 내내 자리에 꼿꼿하게 서서 좌수사에게 예의를 표한다. 역관은
처음 인사말은 잘 전했으나 수군과 수전(水戰)에 대한 군사 용어가 나오자 당황한
기색이 역력했다. 좌수사는 역관을 제쳐두고 직접 필담(筆談)으로 대화한다. 말이
통하지 않는 두 사람이 글로 더 잘 소통하는 진풍경이 연출된다. 이번에는 역관이
잘 이해하지 못하는 눈치다. 황제에게 감사를 표하는 좌수사의 글에, '왜적을 멀
리 쫓아내자.'는 화답이 돌아오면서 1시간여에 걸친 대담이 매듭 되었다. 좌수사
는 양보에게 겸손하게 예물을 권한다. 사양하던 양보가 결국 기쁜 표정으로 받아
들고 좌수사에게 두 번, 세 번 인사를 하며 대장선을 내려간다. 역관 표헌은 "조선
전력의 허실을 알기위해 파견된 명나라 척후입니다. 함선을 둘러보면서 놀랍다는
말을 혼자 계속 되풀이 했습니다."라고 이날의 분위기를 좌수사에게 전한다. 함대
는 26일 몰아닥친 폭풍우를 피해 다음날 유자도로 진을 옮겼다.

28일 광양현감 어영담이 겨우 유임되었다는 공문이 도착했다. 좌수사가 반색한
다. 큰 짐을 내려놓은 안도감이 선연하다. 하루 종일 비가 오락가락 하던 30일, 옅
은 석양이 깔리는 시간에 남해현령 기효근의 배가 좌수사의 대장선 옆을 스쳐 지
났다. 지휘관의 장루에서 젊은 여인의 모습이 보인다. 한 눈에 보아도 어리지만 빼
어난 미인이다. 기효근은 황급하게 여인을 감춘다. 당황한 표정으로 예를 갖추고
사라진다. 좌수사는 무심하게 답하며 남해현령이 사라져가는 우수영 진영을 물끄
러미 바라본다. 이달 들어서도 경상우수영의 진영과 크고 작은 마찰이 끊이지 않

았다. 명나라 경략 송응창이 명나라 화포인 화전 1,530개를 보냈다. 화전을 인수한 우수영에서는 수군 전체로 무기를 나누는 방안에 대해 아예 침묵하고 있다. 함선 없는 수군 지휘관의 서러움이 아집으로 변했을 것이다. 전란이 터지자, 제일 먼저 남해의 군량과 무기를 버리고 도주한 기효근 역시 경상우수사의 측근이다. 그리고 조선 수군이 피로 되찾은 전시의 작전 수역에서 이제 한가롭게 나이 어린 여인과 즐기는 뱃놀이.

5월의 마지막 날, 비 내리는 선상에서 좌수사 함선의 수군들은 이런 저런 생각에 젖어 들 수밖에 없었을 것이다. 이달도 견내량은 왜 수군과 조선 수군 사이에서 묵시적인 상호 경계선을 팽팽하게 형성하고 있었다.

6월

떠다니는 수군 사령부(2)

풍전등화(風前燈火), 진주성!

장마가 점차 소강상태를 보이면서 맑은 날이 많아졌다. 전선도 여전히 소강상태, 그러나 척후선은 분주하게 움직인다.

1일에는 좌수사 어머니와, 아들, 조카의 편지가 본영의 척후선을 통해 도착했다. 좌수사는 한결 밝은 표정으로 충청수사 정걸과 회의를 갖는다. 육군과 수군 모두 병력과 병참의 부족에 시달리기는 마찬가지, 좌수사는 그러나 2일에는 송아지를 잡아 장마기간 내내 선실에 갇혀 지낸 병사들을 위로한다. 3일 도착한 순찰사 권율과 순변사 이일의 편지에는 각도의 군마가 오천을 넘지 못하고 양식도 거의 떨어졌다는 뼈아픈 현실이 담겨있다. 보리를 수확했다고 하지만 전란으로 파종조차 못한 논밭이 널려있다. 평화로운 시절, 보리 풍년이 들어도 벼를 수확하기 전까지는 굶주려야하는 조선의 현실, 하물며 전란이 겹치면서 그 사정은 말로 다 할 수 없을 것이다.

'어찌하나, 어찌하나' 라는 탄식이 좌수사의 입에서 무의식중에 나오고 있다. 날카롭던 눈매가 한없는 슬픔으로 변한다.

3일에는 대장선을 연기로 그을리는 작업이 시작되었다. 벌레와 부패를 막기 위한 것. 좌수사가 옮겨 탄 배에도 비가 새지 않는 곳이 없다. 병사들의 고통이 넉넉히 짐작되었다. 장맛비가 여전히 오락가락하는 5일에는 경상우수영에서 공문이 도달한다. 웅천의 왜적이 낙동강 깊숙한 감동포로 갈 수 있으니 출격하자는 제안, 세부 전략 없는 충동적인 작전 계획, 좌수사의 거절은 고스란히 공문에 쓰여 다시 조정으로 향할 것이다. 좌수사의 반대로 적진을 칠 결정적인 기회를 놓쳤다는 내용이 담길 것이다.

계속되는 해상 작전으로 군관 나대용이 병이 들어 본영으로 돌아간다. 나대용을 전송하는 좌수사의 얼굴에 병든 자식을 걱정하는 어머니의 수심이 깃들어 있다. 병사들이 줄어드는 상황에서 이를 관리하는 아전들의 거짓보고는 여전히 줄을 잇는다. 결원이 수백 명에 이르는데도 서류에는 생소한 이름이 가득 채워져 좌수사에게 보고된다. 이런 기록들은 결국 육군이 수군에서 결원을 보강하는 근거가 된다. 좌수사는 8일 각 고을의 아전 8명을 처벌하고 옥과 지역의 향소를 관리하는 아전의 목을 베어 효수했다. 유독 이 지역에서는 매번 허위 보고가 올라오고 있었다. 비어가는 병사만큼 아전의 곳간에는 쌀섬이 차고 외양간에는 소가 들어올 것이다.

9일과 10일에는 장맛비가 주춤하며 모처럼 맑은 날씨, 수군들의 표정도 밝아졌다. 전라 우수사 이억기와 작전회의를 마친 뒤 영등포 척후병의 보고를 받는다. 이어 의병장 성응지가 전라좌수영의 군량 50섬을 실어와 육지의 소식을 전했다. 웅천과 김해 인근의 적선에 대한 최근 동향이 상세하게 전달된다. 그런데 이날 한밤중에 다시 경상우수사 원균의 공문이 도착했다. "장수라면, 내일 새벽에 출정해 죽기로 싸우자."는 내용. 술기운을 고스란히 비친다. 좌수사는 이번에는 아예 답장조차 하지 않는다. 그래도 11일에는 공식적인 작전 계획을 담은 공문을 보냈다.

전령은 경상우수사가 술에 취해 정신이 없었다고 회답을 대신했다. 다음날, 선조의 아들 동궁(東宮)이 무사하다는 소식과 함께 정승 유성룡의 편지가 도착한다. 이어 승려 해당이 좌수사를 찾아 합장한다. 좌수사의 발걸음이 가벼운 하루였다.

13일 좌수사는 함대를 다시 거제도 세포로 옮겼다. 떠다니는 수군 사령부, 조선 바다 곳곳에 족적이 찍히며 좌수영의 영역이 표시되고 있다. 15일은 장마철을 끼고 있는 유둣날, 가족이나 친지, 친구들이 삼삼오오 모여 시내나 폭포에서 청포로 머리를 감고 그 머리빗은 재앙이 담겨 있다 해서 벼랑에 버린 뒤 유두잔치를 벌인다. 여름의 질병과 더위를 물리치는 행사, 유두면, 밀전병, 그리고 피, 조, 벼, 콩 등 곡식과 새로 나온 과일을 사당에 차려놓고 고사를 지내는 평화스러움을 전시의 선상에서 기대할 수는 없다. 전라 우수사 이억기, 충청수사 정걸, 순천부사 권준, 낙안군수 신호, 방답첨사 이순신이 좌수사의 함선을 찾아 소박한 철맞이 음식을 나눈다. 경상우수사가 오지 않은 때문인지 자리가 길어지고 육지의 전황과 수군의 작전에 대해 늦게까지 차분하게 말이 오간다.

유두일 다음날에는 비가 다시 내린다. 진주성 인근의 육군 전황이 시시각각 첩보망을 통해 도착하고 초저녁에 영등포 척후가 도달한다. 이날 함안의 군사들이 진주로 퇴각해서 결전을 준비 중이라는 소식이 알려진다. 진주성의 마지막 방어선이 무너진 것이다. 창원의 왜군 군세도 대단하다는 첩보, 육지의 전황이 긴박하게 흘러갔다. 이와 함께 김해 부산에 있던 적선 500여척이 안골포와 제포로 이동했다는 보고가 이어진다. 왜선이 육군과 더불어 동시에 대규모 서진을 시도할 가능성도 없지 않다. 진주성 공략에 나선 왜군이 해상의 지원마저 등에 업을 수 있다. 하지만 이를 육군과 수군이 동시에 막아내면 왜군은 결정적인 타격을 받을 것이다. 적선의 대규모 서진, 기다리던 사냥감이 칼날이 가득 박힌 구덩이로 뛰어드는 격이다. 한밤중에 대금산 척후병도 같은 내용의 왜선 동향을 전한다. 죽음의 구덩이를 맴도는 왜선, 경상우수영과 전라우수영, 충청 수영에 비상태세가 전파된다. 그러나 19일까지도 뚜렷한 왜선의 움직임은 없다. 좌수사는 19일 함대를 고성 역포로 옮긴 뒤 21일 한산도 내항과 외항 곳곳에 척후와 복병을 지시한다.

22일에는 판옥선이 건조되고 있는 선소를 둘러본다. 바닥에 받침목이 설치되고 있었다. 목수는 214명, 운반하는 일꾼은 72명이 동원되었다. 받침목에 세울 상판과 하판, 이물 등을 깎아내는데 여념이 없다. 좌수사는 한 명 한 명 헤아리며 숫자를 확인한다. 앞서 좌수사는 방답 일꾼 20여명이 비어있자 우후 이몽구와 군관, 아전을 불러 사정없이 질책했다. 설마 했던 아전들은 화들짝 놀라면서 이번에는 한 명도 빠짐없이 소집했다. 일터를 비웠던 일꾼들이 오늘은 열심이다. 오후에 소비포권관 이영남이 좌수사를 찾았다. 좌수사 눈매에 미소가 서린다. 이날 적의 척후선 2척이 칠천량 일대를 정찰한 뒤 돌아갔다는 척후선의 보고가 도착했다. 23일 배의 본판이 받침목에 올라간다. 그리고 24일에는 대금산 망루의 척후병이 왜선 500척이 소진포로 움직이며 일부 선발대가 칠천량에 이르렀다는 왜선의 동향을 전한다. 이어 25일에는 육지의 왜군이 진주성을 포위했는데, 장맛비로 성벽 해자에 물이 넘치면서 왜군의 도성을 가로막고 있다는 전황이 당도한다. 하늘이 돕는다. 치열했던 지난해 진주성 전투, 그리고 온 병사가 열광했던 승전보, 이번에는 육군과 수군이 동시에 이루어 낼 수 있을 것이다. 함대의 긴장과 흥분이 점점 고조되었다.

26일에는 오양역에서 적선이 발견되면서 함대는 거제지역의 적도로 압박해 간다. 의승장 의능이 지휘하는 함대에는 군량미 150섬이 실린다. 육지 곳곳에 배치된 의승군에게 전달될 것이다. 마침내 27일 견내량에서 적함이 모습을 드러낸다. 다시 긴장 상태, 함대가 발진했지만 이미 바다는 텅 비어 있다. 28일 척후선이 왜선과 소규모 접전을 벌이고 있다는 급보, 조선함대에 본격적인 전투명령이 떨어진다. 병사들이 진주성의 승첩을 고대하면서 오랜만에 긴장과 흥분 속에서 해상의 전면전을 차분하게 준비한다.

'한 척도 살려 보내지 않는다.'

수군은 자신감과 결의에 차 있다. 하지만 왜선은 본진의 선발대를 보자 황급하게 시야에서 사라진다. 이번에는 적이 미끼를 던진 것이다.

6월 29일 오전, 날씨는 청명하게 개었다. 장마철이 끝나가고 적선의 움직임도 없다. 좌수사는 진주성 전투가 반드시 조선군의 승리로 끝났을 것이라고 믿고 싶은 듯 절실하게 하늘을 바라보며 옅은 하늬바람을 맞은 채 선상에 서 있었다.

7월

한산도, 남해의 화점(花點)

삶과 죽음, 바다와 하늘이 한 빛인데

인종 제삿날인 1일 날은 내내 맑았고 장마의 뒤끝 때문인지 밤기운은 서늘했다. 이제 판옥선의 봉창 아래에서 웅크린 좌수사의 모습이 낯설지 않다. 진주성 전투에 온통 촉각을 기울인다. 승전보가 없다면 전라도 일대에 대한 왜군의 유린은 불가피하다. 전라 우수사 이억기의 관심도 진주성에 쏠려 있다. 사실상 수군진 전체가 진주성 소식에 목말라 하고 있다. 그날 저녁, 진주성이 함락되었다는 비보가 전해진다. 좌수사는 망연자실한다. 도저히 믿을 수 없다는 표정, 그런데 다음날 군관 김득룡이 진주성이 위태롭지만 점령되지는 않았다고 전하면서 한 줄기 희망을 남긴다.

3일에는 왜선 몇 척이 견내량을 도발하려다 조선 수군을 보자 급히 도주한다. 여전히 전면전의 조짐은 없다. 그리고 진주성이 '바람 앞의 촛불 같다', 혹은 '함락되었다'는 소문이 뒤섞이면서 혼선을 빚는다. 함대가 걸망포에 진을 친 4일 결국 생생한 진주성 전황이 들어온다. 진주성 전투에 참전했던 강진 사람 황대중이 다리를 절며 걸망포에 도착해 대장선을 찾는다. 온 몸이 상처투성이였고 두 다리를 모두 절고 있다. 젊은 시절 어머니 병환이 깊어지자 왼쪽 허벅다리 살을 베어 약재로 사용했다는 인물, 이후 어머니 병은 차도를 보였으나 자신은 한 쪽 다리를 절면서 임금 선조에게도 효행이 알려져 벼슬이 내려졌지만 이를 거절했던 선비이 자 무인이었다. 임진란이 발발하자 의병으로 전투에 참가해 이번 진주성 전투에 서 겨우 살아와 좌수사를 찾은 것. 오른쪽 다리마저 총상이 극심했고 좌수사에게 진주성 함락 소식을 전한다. 일부 아군 전사자의 이름이 구체적으로 거론된다. 좌 수사가 처음으로 하늘을 원망하며 눈물을 보인다.

5일에도 견내량에서 왜선 10여척이 척후선에 포착된다. 본영의 선발대가 모습 을 드러내자 서둘러 노를 저어 사라진다. 좌수사는 거제 땅 적도에 있는 말을 싣 고 온다. 하늘을 원망한다고 패배가 승리로 바뀔 수는 없다. 누구나 군량과 군비가 없으면 전쟁은 치를 수 없다는 사실을 잘 알고 있다. 하지만 이를 끊임없이 실천 하기가 어렵다. 군량과 생선, 화포와 화약, 활과 편전 등 좌수사는 끝없는 수치와 의 전쟁을 동시에 수행하고 있었다. 함대는 다시 걸망포에 진을 치고 이 밤을 보 냈다. 진주성이 함락되었다는 소식에 병사들도 술렁거리고 있었다.

6일 아침에는 방답첨사 이순신, 군관 이영남이 좌수사를 찾았다. 행재소에서 좌의정 윤두수의 편지 등이 도착했고 조정의 관보에 실린 전황을 본 좌수사의 표 정은 하루 종일 어둡다. 다음날 경쾌선 15척이 견내량 주위를 경계했다. 평소의 척 후선과는 비교도 되지 않는 수준, 그러나 여전히 바다는 비어 있다. 좌수사를 찾은 전라우수사 이억기의 표정도 암울하다. 계사년의 7월 칠석은 이렇게 혼란과 위기 감 속에서 정신없이 지났다.

8일에는 진주성을 함락한 왜군이 서진을 하면서 광양을 친다는 소문이 진중에 파다하다. 고을의 관청과 창고는 이미 불이 나고 있다는 것. 마지막 남은 울타리인 전라도가 무너지고 있었다. 수군들의 동요가 심상치 않다. 광양을 비롯한 전라도 일대는 적지 않은 수군들에게는 가족들이 살고 있는 곳, 좌수사도 예외가 아니다. 척후병이 잇따라 파견되었다. 다음날에도 남해현령이 광양, 순천이 이미 왜병에게 불타버렸다는 소식을 전한다. 광양현감 어영담, 순천부사 권준 등이 근해로 급파되었다. 육지가 송두리째 흔들리며 수군이 고립되고 있다. 전라우수사 이억기, 경상수사 원균과 더불어 전황 및 대책을 논의하는 좌수사의 표정이 초조함을 버리고 오히려 의연하다. 수군의 배수진이 예감되었다.

조선의 바다는 평온하고, 달은 여전히 무심하게 밝다. 하지만 물과 하늘, 삶과 죽음이 하나로 섞여 있다. 바람은 서늘하다. 좌수사는 이날의 심정을 글에 담았다.

바다에 달은 밝고, 잔물결 하나 없다.

물과 하늘이 한 빛이고, 서늘한 바람이 분다.

홀로 뱃전에 앉았으나, 근심은 파도처럼 솟는다.

한 밤중에 기다리던 척후선의 보고가 들어온다. 왜적이 아니고 영남의 피난민들이 왜놈 옷을 입고 약탈을 했다는 것. 왜군 갑옷은 쉽사리 구할 수 없는 물건이다. 어쨌든 왜군이 광양에 인접하지 않았다는 사실에 좌수사는 안도한다. 다음날인 10일 엇갈린 보고가 들어온다. 왜적 100여 명이 광양에 침입했으나 어쩐 일인지 조총은 발포하지 않고 약탈을 한 뒤 불만 지르고 돌아갔다는 것. 조총을 발사하지 않은 왜군, 좌수사는 앞뒤가 어긋난 이 정보를 신뢰하지 않는다. 이른 저녁 함대는 한산도 끝, 세포로 진영을 옮긴다.

11일에는 바다에서 적선이 탐지 되었다. 견내량에 10여척, 그러나 본선의 전위 함대를 보자마자 역시 퇴각하고 만다. 이날 사도첨사 김완이 상황을 종합해서 보고한다. 왜놈 옷을 입은 사람들은 조선 사람이 분명하고 조선 내부의 혼란이라는 것이다. 이어 광양의 첩보가 당도한다. 굶주린 진주의 피난민들이 왜군의 옷을 입고 관아의 창고를 기습했다는 것이다. 순천과 낙안이 극심한 피해를 입었다고 알린다. 진주성 함락 이후 육지의 전황이 한 치 앞을 볼 수 없는 안개에 덮이면서 좌수사에게 보고되는 첩보도 제각각이었다.

12일에는 조선 옷으로 위장한 왜선의 출현과 약탈이 보고된다. 혼선이었다. 좌수사는 경쾌선을 띄워 전투를 명령하고 각 포구에 대한 경계령을 강화한다. 다음 날 혼란의 와중에 거북선의 격군이 탈영을 시도하다 붙잡혔다. 병사들의 동요가 행동으로 이어지고 있다. 탈영과 아전의 비리는 병영이 무너지는 도화선이다. 좌수사는 격군의 목을 베어 진화를 시도한다. 저녁에는 좌수사가 흥양현감 배흥립과 더불어 행주산성의 승리를 새삼 들추어낸다. 암흑 같은 혼란기, 지난 승전를 통해 마음을 다 잡고 돌파구를 찾고 싶을 것이다.

14일 함대는 견내량을 내다보는 남해의 화점(花點), 한산도 외항에 포진한다. 적의 목을 겨누는 최후의 보루였다. 그동안 숱하게 한산도를 둘러보며 병영과 함대의 선착장 구축과 보수를 지시했던 좌수사, 15일 새벽부터 판옥선의 봉창 아래서 깊은 생각에 빠져있다. 한산도를 마지막 조선 땅으로 삼아 생사를 같이하겠다는 결의일 것이다. 말을 키우던 한가한 섬, 전라좌수영의 작전권한이 미치지 않는 경상우수영 관할 구역의 외딴 섬에서 좌수사는 결심을 굳히고 함진의 이동을 명령한다. 이날 저녁 함대는 한산도에서 개미의 목처럼 움푹 들어간 내항 둘포에 정박한다.

한산도, 육지에서 뱃길로 2km, 육지가 모두 무너져도 마지막 한 점 남은 조선 땅에서 죽기로 방어할 수 있다. 섬이 움푹 패이면서 육지가 감싸고 있는 내해는 함대를 손쉽게 정박해서 감출 수 있다. 외해의 전진기지는 견내량과 거제를 동시에 견제할 수 있는 전투의 요지, 조용히 기다리며 사냥감을 노리는 조선 활의 모습이다. 좌수사의 활쏘기를 닮아 있는 섬.

한산도에는 제법 많은 나루가 발달되어 인근 섬과 육지로의 이동이 원활했다.

주변의 작은 섬들이 방파제 역할을 하면서 파도를 막아 함선을 정박하기에도 용이했다. 한산도와 주변 섬에는 소나무와 대나무가 무성히 자라고 있었다. 모두 판옥선을 비롯한 군사 무기의 재료들이다. 망산 주변을 비롯해 제법 넓은 평지가 곳곳에 있어 둔전의 개간과 정착도 가능해 보였다. 갯가는 아직 사람의 손이 닿지 않은 굴과 홍합이 덕지덕지 붙어 있었고 염전으로 개간할 수 있는 갯벌도 넓었다. 더구나 300m 높이의 망산은 사방의 바다를 조망할 수 있을 정도로 솟아 동서와 남쪽의 바다가 한눈에 잡힌다. 크고 작은 섬들이 방패처럼 에워싸고 있다. 망루를 쌓고 견내량 일대에 척후선을 운영하면 좌수사가 중시하는 사방 경계의 최적지였다. 함대함 전투가 아니라 왜선이 도선할 수 있는 거리를 허용하거나 왜병이 한산도에 상륙한다면 사실상 승리를 기약하기 어려운 조선 수군의 열악한 군세를 한산도가 채워줄 수 있었기 때문이다.

좌수사가 한산도 구석구석으로 말을 달린다. 함선과 무기를 수리하고 총통을 제작할 보급진지는 섬의 남쪽 끝 평지가 적당해 보인다. 소나무가 울창해 목재의 조달은 물론 여름의 더위를 막아주는 이점이 뚜렷하다. 해안을 따라 이따금 펼쳐지는 평지는 잡초만 무성한 상태, 둔전의 후보지일 것이다. 다소 높은 지대에도 민가가 들어 설 수 있는 평지가 눈길을 끈다. 소나무가 군데군데 군락을 이루고 있어 피난민의 정착지로 활용될 수 있다. 전함과 분리되어 어업에만 전념할 수 있는 포구지도 넉넉하다. 산자락 아래에도 아직은 황폐한 논농사 후보지가 저수지 주변에서 말발굽에 어지럽게 찍혀있다. 그리고 유량이 풍부하지는 않지만 작은 시냇물이 보인다. 곳곳에서 수원을 잡아내면 샘물을 파내려 갈 수 있다는 신호이다. 괭이갈매기가 한가롭게 날고 있는 한여름의 한산도 날씨는 푹푹 찌고 있다. 좌수사는 하루 종일 섬을 둘러보면서 먼저 장수들의 전략적 지혜를 모으는 운주당(運籌堂) 터를 지정한다. 수군진의 이동을 위한 출발점이었다

나흘이 지난 뒤 한산도에 믿을 수 없는 낭보가 도착했다. 진주에서 왜군이 자취를 감추었고 서진도 하지 않았다는 전갈, 진주성을 넘었으나 진주성을 갖지는 못했다는 것이다. 전투에서 이겼지만 왜군도 서진할 동력을 상실한 것인가, 아니면 막혀버린 바닷길이 육군의 동진을 막은 것인가, 애초부터 진주성 살육이 목적인가, 다양한 논의들이 오갔지만 당장은 뚜렷하게 적정을 파악할 수 없었다. 이어 광양현감 어영담이 진주성에서 피살된 장병들의 명부를 가져온다. 명부를 한 장 한 장 넘길 때마다 좌수사의 눈매가 슬픔으로 흐려지고 그 끝자락에는 분노가 서린다.

20일 본영에서 가져온 척후선의 공문을 좌수사는 내던지듯 팽개친다. 경상에서 전라로 넘어오는 길목인 두치에서 왜군이 명나라 군사를 보자 그 위세에 눌려 달아났다는 명나라 장수의 통첩, 터무니없는 거짓일 것이다. 왜군이 철수한 공로를 명나라에게 돌리려는 공문이 분명해 보인다. 이미 명나라 군대를 지휘하는 경략 송응창은 강화 협상을 구실로 내세워 "적을 치지 말라."는 전투 중지 명령을 내렸다. 명나라 군대는 우군인지 적군인지를 분간하기 어려웠다. 이들의 횡포는 왜군과 다를 바 없었다.

다음날 충청수사 정걸과 회의를 하는 사이에 화가 난 경상우수사 원균이 운주당에 오른다. 이곳이 경상 우수영의 진영임을 거듭거듭 강조한다. 경상 우수영의 지역, 옳은 말이다. 그렇다면 전란도 따로 따로 치르는가, 경상우수사와 앞으로 함께 일을 할 수 있을까, 이런 표정이다. 좌수사는 '초저녁부터 영등포 왜선의 동향이 심상치 않다.'는 척후의 보고를 핑계 삼아 자리를 빠져 나온다. 진영을 옮긴 이 달 하순 무렵부터 장문포 앞바다의 왜선들이 끊임없이 척후선을 보내 한산진 곳곳을 살피며 견제한다.

27일 좌수사는 체찰사 유성룡에게 공문을 쓰고 있었다. 그동안 숱하게 직접 보고 들은 육지와 바다의 전황을 종합해서 정리하고 있다. 무엇보다 한산도에 수군 진을 펼친 좌수사의 심정을 유성룡은 이해하리라는 믿음을 확인하고 싶을 것이다. 28일에는 사도첨사 김완이 왜군의 갑옷을 입은 어부 10명을 잡아 왔다. 왜군이든 조선인이든 모두 참형을 면치 못할 일이다. 그런데 모두 경상우수사 소속 수군으로 확인된다. 적병에 대한 첩보 수집과 진주성 인근의 군량미 확보, 그리고 수급을 얻으려 했다는 진술이 저마다 엇갈린다. 이들이 광양 민심을 교란시켰지만 경상 수군이 분명했다. 좌수사는 곤장 몇 대를 치고 우수영으로 돌려보낸다.

좌수사는 28일 장수들에게 "사내아이를 얻는 꿈을 꾸었다."는 농을 던지며 외롭고 고달픈 수군 진영의 분위기를 바꾸고 싶어 한다. 그러나 현실, 이날 흥양현감 배흥립은 학질이 심해져 회의 중 돌아가고 셋째 아들 면의 병은 차도가 없다는 전갈이 왔다. 방답첨사 이순신이 수색과 매복을 위해 서둘러 출병했다.

8월

왜국에서 탈출한 제만춘

화적과 양민의 차이

좌수사는 꿈 이야기를 진중에 자주 한다. 힘겨운 현실을 꿈을 통해서나마 위로받고 싶었을 것이다. 1일에는 한양의 대궐처럼 보이는 장소에서 영의정에서 물러난 유성룡과 마주 앉아 한참 동안 이야기를 했다고 한다. 좌수사의 꿈에서 유성룡이 등장하면 나라걱정으로 이어진다. 늘 생생하고 분명한 이야기를 담고 있다. 하지만 한양이나 궁궐에 대한 설명은 대부분 애매하거나 모호했다. 조정에 대한 답답한 심경이 꿈에도 반영되었을 것이다.

2일은 맑았다. 방답 첨사 이순신이 부모를 뵈러 간다고 청했으나 좌수사는 급박한 전황을 들어 거절한다. 모든 장수나 수군도 부모가 있다. 그리워 할 수는 있어도 그 때문에 전쟁터를 비울 수는 없다. 이날, 우수사 원균이 좌수사에 대해 이런저런 험담을 하고 있다는 사실을 전라우수사 이억기가 전한다. "사실이 아닌데 무슨 소용이 있겠느냐."면서 무심하다. 다만 척후선이 와서 "셋째 아들 면의 고름이 의원 정종지를 만나지 못했다면 위태로울 뻔 했다."는 전언에는 "그 은혜가 고맙다, 고맙다."는 말을 되풀이한다. 안도하는 아버지의 기쁨을 숨기지 않았다.

4일에는 진중에 작은 소동이 일었다. 도원수 권율의 군관 이완이 군관과 아전을 잡아 올린 것이다. 이유는 간단했다. 전라, 충청, 경상에 있는 적의 현황을 제대로 보고 하지 않았다는 죄상이었다. 가보지 않고 거짓 보고를 올린 자는 무사했을 것이고, 갈 수 없었다며 솔직하게 고백한 자는 잡혀왔을 것이다. 좌수사는 군관을 보고 어이없는 웃음을 지었다. 좌수사는 이들을 방면한다. 다음날 이영남이 좌수사를 찾는다. 약관(弱冠)의 나이를 갓 넘긴 젊은 장수, 좌수사는 마치 아들을 대하듯 소비포권관을 맞아준다. 운주당을 오르는 이영남의 표정에는 늘 설렘이 묻어 있었다. 이야기는 밤늦게까지 이어졌다.

7일에는 큰 비가 내려 여물어 가는 곡식의 성장을 도왔다. 흥겨운 좌수사가 천생 농부의 모습이다. 이어 경상우수사 군관이 적선의 동향을 전한다. 좌수사는 별로 신뢰하지 않는 눈치다. 이미 좌수사의 척후선은 하루에도 서너 차례 견내량을 오가고 있었기 때문이다. 9일에 전해진 아들 면의 회복 소식, 좌수사의 기쁨은 이날 저녁 척후와 수색을 위한 복병을 내보내기로 한 경상수사 원균이 약속을 지키지 않으면서 답답함으로 변한다. 원균은 척후와 수색을 하찮게 여기기 일쑤였다. 구체적인 성과를 내지 못하는 일상적 군사작전보다는 뚜렷한 전공을 원했다.

10일 좌수사는 지난달 전해진 왜군의 동태를 행재소에 보고했다. 부산에서 서쪽의 웅천에 이르기까지 90km에 걸쳐 보루와 성채를 쌓고 개미처럼 진을 치고 있는 왜군의 모습, 따라서 견내량이 수군의 최전선을 형성하고 있음을 알린다. 이를 겨냥해서 한산도에서는 활시위가 팽팽하게 당겨지고 있다. 왜군의 숫자는 웅포해전 이후 줄기는커녕 증원되었고 조선인 부역자가 그 중 3분의 1 가량을 차지하고 있었다. 거제의 장문포와 송진포 등지에서 왜군은 산봉우리를 평평하게 깎아 토성을 쌓고 집을 지어놓고 있었다. 100여척의 선박이 언덕 아래 줄지어 있다. 한산도는 머리에 적의 진영을 이고 있는 형국인 것이다. 하지만 수군만으로 이들에 맞설 수 없는 상황에서 명나라 군대는 전투를 중지하라는 명령을 내린 상태, 더구나 끊임없이 해상에서 작전을 전개하면서 질병으로 수군은 줄어들고 수군 병영은 이를 보충하기도 역부족인 열악한 상황이었다. 남하한 명나라 군대는 이제 아군이 아니었다. 민가를 약탈하고 들판의 곡식을 베어가면서 백성에게 왜군과 명나라 군대는 모두 두려움의 대상일 뿐이다. 조선 수군에게도 명나라 군사를 지원할 군량미를 끊임없이 독촉했다. 경상도는 왜적과 아군 아닌 아군의 수탈에 시달리고, 전라도는 이들을 먹여 살리는 보급기지 역할도 해야 했던 것이다.

한가위 이틀전인 13일에 햅쌀과 콩, 각각 300섬이 함선에 가득 실려 아직 척박하고 가난한 한산도에 도착한다. 좌수사는 군량미 일부를 진에 풀어 놓았다. 그래서 한산도에도 수확의 기쁨을 함께 나누는 팔월 한가위가 찾아온다. 전라우수사 이억기, 충청수사 정걸, 순천부사 권준, 광양현감 어영담, 낙안군수 신호, 방답첨사 이순신, 사도첨사 김완, 홍양현감 배흥립, 녹도 만호 송여종 등이 운주당을 찾아 한가위를 맞이한다. 일부는 차례 음식을 가져왔다. 좌수사와 제장은 누각에서 병사들은 누각 주변에서 술과 떡을 먹고 있다. 누각은 개방된 공간, 장수와 병사들이 오가며 소박한 잔치 음식을 나눈다. 경상 수사 원균은 보이지 않았다.

한가위 이틀 뒤 좌수사는 지난해 포로로 잡혔다가 왜국에서 탈주한 제만춘의 사연을 보고 받았다. 지난해 9월 웅포에서 붙잡힌 뒤 1년여만의 귀향이었다. 제만춘이 전한 왜국의 사정은 놀라웠다. 좌수사는 깊은 관심을 가지고 제만춘을 하루 종일 심문한다.

훈련원 봉사 제만춘은 고성 사람, 경상 우수영 소속의 군관이었다. 지난해 9월 휴가를 마치고 부대로 복귀하던 중 16여 척의 왜대선 및 중소선으로 구성된 적의 함대와 마주쳤다는 것. 왜군의 중선 6척이 추격을 시작했고 결국 영등포 앞바다에서 격군 10여명과 함께 포로가 되었다. 이 때 웅천성 안의 왜장은 협판중서(脇坂

中書), 포로들은 목과 발에 쇠사슬이 채워진 채 왜선에 나누어져 노역을 시작했다.

지난해 말에는 한 두 차례 탈출을 모의했으나 이중 한 사람이 왜의 통역관에게 이를 고변하면서 한 사람의 목이 베이고 감시는 더욱 엄중해졌다. 이듬해인 올해 초 조선 수군이 웅포를 공격할 당시 제만춘은 왜병 진영에 있었다. 왜의 장수가 편전에 맞아 죽는 모습을 바로 옆에서 목격하기도 했다. 조선함대가 근접거리까지 접근하며 함포를 쏘아대자 왜군은 갈팡질팡 당황했고, 조선 함대 2척이 충돌, 한 척이 전복되면서 왜군 부장이 배에 뛰어들다 장창에 찔려 절명하는 모습도 생생하게 기억했다. 좌수사가 치른 당시의 전투 양상과 다르지 않았다.

전투에서 패배한 왜장은 본국을 속일 기발한 방안을 생각해 냈다. 제만춘을 그날 전복시킨 조선 함대의 지휘관이라고 속여 800명의 수군을 통제하는 책임자라고 보고한 뒤 도요토미 히데요시에게 전리품으로 보낸 것이다. 제만춘은 3월 5일 나고야에 도착했고 도요토미는 화형을 명했다. 하지만 도요토미의 문서관리를 맡은 서사 반개는 제만춘이 글을 안다는 사실을 듣고, 조선에 대한 정보를 얻어내자고 제안하면서 제만춘은 살아남았다. 왜복을 입고, 왜국 상투를 한 제만춘은 반개의 식객이 되었다. 반개는 제만춘이 학식을 갖춘 조선의 벼슬아치라는 사실에 호의를 가진 듯 제만춘이 풍토병에 시달리자 승려 의원을 불러 치료해주는 성의를 보였다.

이후 감시망이 늦추어지면서 제만춘은 나고야 곳곳에 머물고 있는 조선 포로를 찾아다니며 탈출을 도모했다. 나고야에는 조선 남자와 여인, 아이들이 가득했고 한 집에 수십 명씩 포로로 붙잡혀 정착하고 있었다. 하지만 탈출 모의는 쉽지 않았다. 이미 왜국에서 가정을 꾸린 사람, 또 왜국에 적극 협조하는 사람들이 생겨나면서 옥석을 가리기 어려웠다.

7월초에 이르러서야 동래 사람 성돌시, 절 노비 망련, 봉수군 박검손, 목자 박검

실, 절 노비 김국, 김헌산, 윤춘, 노비 돌이, 양산 사람 강은억, 박은옥, 김해 사람 김달망, 사노비 인상 등 12명과 마음을 터놓고 탈출을 모의할 수 있었다. 23일 제만춘을 포함한 13명은 배를 훔쳐 육기도에 도착했다. 항해 도중 군량을 실은 왜선단 300여척을 만났지만 가까스로 따돌릴 수 있었다. 왜의 저고리 등 왜구 물건을 팔아 얻은 쌀과 솥으로 연명하며 일행은 마침내 이달 3일 왜군이 점령한 경상좌수영 앞바다에 도착한다. 제만춘은 동래에 사는 한 백성의 집에 머물렀는데 백성들 중 일부는 왜군과 어울려 살고 있었다. 이튿날 사대도로 탈주했으나 여기에도 왜수군이 400여호에 걸쳐 나뉘어져 있었고 살아남은 백성들은 수확에 분주했다. 제만춘은 이달 10일 웅천을 거쳐 사흘 뒤 조선수군이 점령한 해안에 겨우 이르게 된 것이다.

제만춘이 전한 왜국의 속사정은 전란의 규모와 양상을 짐작케했다. 도요토미는 대합으로 불렸으며 나고야는 대마도와 물길로 3일 거리, 이번 전란의 보급 및 전진기지였다. 도요토미는 지난해 20만의 군사를 이끌고 나고야에 도착, 6층의 누각을 세운 뒤 사방의 경호대에 화려하게 치장한 조총수를 세워 위엄을 자랑하고 있었다. 그리고 성 밖에는 마을이 빽빽하게 들어차 이들을 지원했다. 지난 5월에는 명나라 사신이 나고야에 도착, 도요토미는 붉은 비단으로 처마를 두르고 금병풍을 쳐놓은 제단에 앉아 있었고, 사신들은 가운데 긴 상을 늘어놓은 맞은 편 초막에 자리 잡았다. 또 왜군은 투구를 쓴 채 피리를 불며 광대놀이를 하면서 군사력을 자랑했다는 것이다. 도요토미의 문서기록을 담당했던 반개는 당시의 문답을 보여줬고, 제만춘은 이를 틈틈이 옮겨 적었으나 탈주도중 분실했다. 다만 제만춘은 "왜국과 명군이 조선의 분할을 거론하며 화친을 도모했고, 명나라 사신은 조선이 왜군을 끌어들이고도 이를 속였다고 비난했으며 명나라 사신과 왜국은 서로 화기애애한 분위기에서 선물을 주고받았다."고 문서의 내용을 기억나는 대로 전했다.

제만춘은 이어 왜장 협판중서는 한산도 싸움에 유독 분노하고 있었고 1만의 군사를 이끌었으나 나중에는 그 군세가 1,000여명으로 쪼그라들었다고 전했다. 또 도요토미는 진주를 공격하기 위해 왜군 3만명을 충원, 한때 나고야가 왜병으로 북적였고 대규모 공세를 앞두고 왜국도 술렁였다는 것, 이후 도요토미는 진주목사와 판관, 병사의 수급을 보고 만족했지만 왜군이 서진을 멈춘 이유는 알 수 없었다고 알렸다. 마지막으로 제만춘은 탈주과정에서 본 왜군의 동향을 설명한다. 왜군이 기장, 울산, 동래, 양산, 김해 등에 성을 쌓고 군사의 절반씩을 교대로 본국에 보내 휴가를 주고 있어 장기전을 준비하는 조짐이라는 분석이었다. 이어 적지 않은 왜군들이 가족과 고향을 그리워하면서 올해 63세인 도요토미가 죽기만을 기다린다고 덧붙였다.

좌수사는 오랜 시간 이야기를 나누면서 꼼꼼하게 기록하고 있었다. 제만춘이 알고 있는 왜국에 대한 정보는 전란이 쉽사리 끝나지 않을 것임을 예고했다. 제만춘은 그러나 조선 장수의 신분으로 왜국에 부역한 처지였다. 좌수사가 방면을 결정할 사안은 아니었던 것이다. 칼날 앞에 선 포로, 누구나 불가피한 선택을 할 수밖에 없다.

좌수사는 제만춘의 심문 내용을 정리해서 장계를 써내려간다. 장계 말미에는 "제만춘은 용기와 재주를 지니고 있다. 다만 왜국의 심부름을 하고 반개와 더불어 문서를 작성하면서 '의리와 절개'를 버렸다. 그러나 그는 왜국의 사정을 속속들이 파악하고 조선의 격군 12명과 더불어 죽음을 각오하고 돌아왔다. 말에 거짓이 없다."면서 적극적으로 제만춘을 옹호한다.

20일 제만춘에 대한 공문을 순찰사 이정암에게 보내던 날, 돌산에서 말썽이 벌어졌다. 돌산 둔전 백성들이 주변 화적들에게 재물을 빼앗긴 것이다. 다행히 인명 피해는 보고되지 않았다. 화적패라고 하지만 실상은 유랑민 패거리들이 일시적으로 규합해서 민가를 습격했을 것이다. 피난민들은 흩어지면 무기력한 유랑민, 뭉치면 위협적인 화적이 된다. 누군가 이들의 절망에 불을 지르면 이미 죽어가는 목숨들은 물불을 가리지 않는다. 하지만 실오라기 같은 한 줄기 희망만 제시해도 양민으로 거듭날 수 있다. 이들의 분노는 '양날의 검'과 같은 이중성을 지니고 있다. 조선 수군이 관리하는 둔전을 습격할 정도로 절박한 처지, 이러한 분노와 독기를 어떻게 다스릴 지는 통치하는 사람의 몫이다. 이들을 누르면 조선수군이 그 독기를 다 받아내야 한다. 하지만 그 독기가 왜군을 향하게만 할 수 있다면 조선수군은 든든한 지원군을 곁에 두게 된다. 똑같은 우물이라도 뱀이 아니라 소가 마시면 우유를 얻는다. 제만춘 또한 왜국에 부역했지만 이제는 다시 조선을 돕는다. 좌수사는 주변에 대한 소탕과 수색명령을 내리면서도 추가적인 둔전과 염전의 확보를 위한 구체적인 장소와 방안의 수립을 장수들과 논의한다. 생환한 포로와, 피난민들, 그리고 화적에 대해서조차 좌수사는 '적이 아니라 우군'이라는 일관된 정책을 펼치고 있었다.

23일 좌수사의 둘째 아들 울이 학질을 앓는다는 소식이 군영에 들어온다. 25일 해질 무렵 모처럼 대장선이 한산도 내항에 정박한다. 다음날 경상우수사 원균은 운주당을 찾아 좌수사가 권하는 햇과일 대신 구태여 술을 마신다. 술이 돌면서 좌수사를 몰아 세웠다. 이날 저녁 낙안군수 신호가 명나라와 도요토미 사이에 오간 문서의 사본을 보내왔다. 제만춘의 말과 다르지 않았다. 이들에게 조선의 전란은 명국과 왜국이 조선 땅에서 서로의 이익을 뜯어내는 수단에 불과했다. 그리고 8월의 마지막 날, 원균이 다시 좌수사를 찾아 출전을 재촉한다. 좌수사는 조용히 자리를 빠져 나왔다. 함대는 한산도 내항을 중심으로 외항 곳곳에 견고한 함진을 구축한 채, 석양에 붉게 물들어 가고 있었다. 좌수사는 묵묵히 이를 지켜볼 뿐이다.

9월

병사를 다독이며

조선의 정철총통

    이달 초순까지 전라우수사 이억기, 충청 수사 정걸 등이 부지런히 좌수사 진영을 오갔다. 또 광양현감 어영담과 흥양현감 배흥립은 함선을 건조하거나 보수하기 위한 목재를 실어 나르는데 여념이 없다. 척후와 수색병이 하루에도 서너 차례 왜군의 동향을 한산진에 보고하면 좌수사는 이를 종합해서 왜선의 움직임을 파악한다. 이영남도 좌수사를 찾아 경상 수영이 담당하고 있는 해역의 왜선 동향을 꾸준히 전한다. 2일에는 남해현령 기효근이 체찰사의 질책을 받았다고 전해졌으나 여전히 그 직책은 유지하고 있었다. 조정에서 지난 2월 잘못된 장계의 문제를 다시 제기하면서 자리가 위태롭다는 소문이 들리는 광양현감 어영담과는 대조적이다.

    4일 지난달에 포로로 잡혔다가 풀려난 제만춘의 사연을 알리는 장계 등이 행재소로 향했다. 여기에는 지난 5월 올려 보낸 정철총통에 대한 상세한 내용도 담겨 있었다. 조총에 맞설 조선의 소형 총통이 좌수영에서 탄생한 것. 또 정승 유성룡에게 편지와 정표로 보내는 전복을 꾸리다. 최전서의 해안가에서 잡은 전복에서 좌수사의 심중을 헤아릴 것이다.

경상우수사 원균은 좌수사를 재촉하기도 지쳤는지 포기했는지, 최근에는 좌수영에 통 나타나지 않는다. 8일에는 오랜만에 인근 당포산에서 사슴 사냥이 있었고, 중양절인 다음날 전라우수사, 충청수사 등과 함께 좌수사는 활쏘기를 하면서 가벼운 진중회의를 겸했다. 자연스러우면서도 진지하다. 다만 광양현감이 참석하지 않아 좌수사의 표정에 불안감이 스쳐간다. 흥양현감 등에게 잇따라 휴가가 주어지면서 병사들도 곧 집에 갈 수 있다는 기대감에 부풀었다.

14일에는 이른바 '조선의 조총'인 정철총통의 견본과 상세한 제작법이 순찰사와 병사에게도 향했다. 철에 있는 잡성분을 제거한 정철만으로 제작되면서 총포의 생명인 총구가 길면서도 강했다. 쉽사리 굽지 않으면서 명중률이 높아진 것. 시험 결과, 사거리와 명중률이 왜국의 조총보다 뛰어났다. 이를 지켜본 명나라 군관들이 감탄한다. 총포의 제작은 대장간의 소로장과 야장 등이 서로 일을 나누어 각 부품을 주물하고 연마한 뒤 가늠쇠와 받침 등이 장착되는 공정을 거친다.

총포의 생명은 총열, 총구가 고르지 못하면 쉽게 파손되거나 명중률이 떨어진다. 총열을 연마 절삭하는 방법이 동원됨으로써 이 문제를 해결했다. 두 명이 3일 정도의 공정을 거쳐 한 개의 총열을 만들었고, 이를 넘겨받은 다른 장인들이 단계별로 제작해 나갔다. 일이 나누어지면서 체계적으로 총포가 생산된다. 군관 정사준과 대장장이 이필종이 올해 내내 새로운 제작법과 씨름한 결과였다. 좌수사는 이들의 이름을 장계에 올린다. 다만 재료인 정철을 구하기 어렵고 공정이 제법 길다는 한계는 여전히 숙제로 남았다. "하늘을 나는 새도 떨어뜨릴 수 있다."는 이름을 가진 왜군의 주력 무기. 전란이 터지기 전인 1590년에 대마도주가 선조에게 조총을 진상했으나 군기고에 묻혀 있다가 전란이 터지면서 그 파괴력이 입증된 것이다.

10월

삼도수군통제사

예견된 원균과의 갈등

이달 들어 찬바람이 불어오기 시작한다. 진을 옮긴 지 3개월 남짓한 시간이 흘렀지만 혼란스런 육지의 상황과 물자의 부족 등으로 수군 진영은 여전히 곤욕을 치르고 있다. 그리고 9일 조정에서 보낸 선조의 교지, 승정원의 유서와 밀부가 한산도에 도착한다. 삼도의 수군을 모두 관할하는 삼도수군통제사라는 직제가 신설되면서 좌수사가 전라좌수사겸 초대 통제사로 임명된 것이다.

좌수사는 이날 통제사 임명에 대해 "뜻밖에 보잘 것 없는 신하에게 중책을 맡기니 놀랍고 떨리며, 어떻게 해야 할 바를 모르겠다."고 장계를 올렸다. 그리고 "신(臣)의 못나고 부족한 재주로 이를 감당하지 못할 것이 분명해 답답하다."고 덧붙인다. 전황과 조선 수군의 현실을 둘러보면 단순한 겸손이 아니었을 것이다.

삼도수군통제사, 임진란이 터지면서 이번에 처음 설치된 직제로 조선 수군의 최고 지휘관. 따라서 경상좌우, 전라좌우, 충청 수영의 수군 전력을 통합하는 단일한 지휘체계가 비로소 수립되었다. 조선의 모든 수영을 군법으로 다스리고 처벌할 수 있는 공식 권한을 통제사가 확보한 것이다. 가 수군의 진영 중 왜구와 맞딱아 있는 경상좌우수영의 군세가 가장 성해 각각의 수영에만 1백여 척이 넘는 함선이 있었고, 전라좌우수영 및 충청 수영은 이를 지원하는 보조적인 역할에 국한되었다. 하지만 전란 초기 경상좌수사 박홍과, 경상우수사 원균이 휘하의 함선을 대부분 잃으면서 전란의 중심에 전라좌수영이 서게 되었고, 전라좌수사 이순신이 결국 최고 사령탑이 된 것. 초대 통제사의 통제영이 설치된 한산도가 수군의 전략 거점으로, 전라좌수영이 수군 전력의 핵심으로 위상을 높이게 되었다. 평소라면, 삼도 수군 중에서는 경상우수영과 이를 지휘하는 경상우수사의 영향력이 가장 컸기 때문에 원균과 신임 통제사 사이에 갈등의 불씨는 여전히 잠복해 있을 수밖에 없었다. 그동안 좌수사와 크고 작은 마찰을 빚어온 원균의 반발이 불을 보듯 뻔히 예견되었다. 수군의 주장(主將) 자리를 빼앗긴 사실이 공식화되었기 때문이다. 원균은 통제사보다 나이가 다섯 살 많았고 무과 급제도 10여년이 빨라 늘 관직이 높았다. 지휘권의 통일이 수군의 근본적인 화합이 될 수 있는지는 여전한 미지수다.

11월

용감한 3명의 조선 여인

외로운 수군, 파직된 광양현감

　겨울 기운이 매서워진 3일 한산도 수군 진영에 놀라운 무용담이 퍼진다. 조개를 캐던 거제의 양인 여성이 힘을 합쳐 왜군의 정탐병을 사로잡은 것. 이날 사로잡힌 망곳지는 지난 2월 추가병력으로 웅천에 파견된 25세의 젊은 왜병, 망곳지 부대는 거제의 북단 능선에 성을 쌓고 주둔하고 있었다. 이날 망곳지는 숲속과 연안 일대에 대한 정탐활동을 벌이다 길을 잃고 헤매던 중 조개를 캐던 세금, 금대, 덕지 등 3명의 여성을 발견했다. 그는 칼도 빼어들지 않고 여인들에게 성큼성큼 다가와 알 수 없는 소리를 지르며 위협했다. 한 끼의 식사를 바닷가에서 해결할 수밖에 없는 가난한 조선의 여인들, 도망치기보다는 목숨을 내걸었다. 잠시 눈빛을 주고받은 뒤 누가 먼저라고 할 것도 없이 동시에 내달려 망곳지를 부여잡고 고함을 내질렀다. 주변에 다른 왜병이 있었다면 모두 죽음을 면치 못했을 것이다. 하지만 척후활동을 벌이던 나대용의 군선이 이 소리를 먼저 들었다. 쏜살같이 내달린 척후선에서 수군들이 앞 다투어 내리고 결국 망곳지는 포박된 것이다. 왜군이 주둔하면서 집과 가족을 잃고 떠돌아다니는 피난 여인들이었다, 남편과 자식을 잃은 깊은 한과 절망이, 지친 여성들을 왜병에게 미친 듯 달려들게 하는, 분노로 변했을 것이다. 통제사는 장계를 올려 "남자들도 왜군의 소문만 듣고 도망가는데 여인의 몸으로 장하다."면서 "임금이 친히 곡식을 포상으로 내려달라."고 청했다. 사로잡힌 젊은 왜병은 도원수 권율에게 압송되었다. 한동안 한산진은 이 여인들에 대한 이야기로 들끓었다. 용감한 조선 여인에 대한 칭송 뒤에는 남편과 아비 없이 살아가는 아내와 딸의 힘겨운 처지를 잠시라도 잊기 위한 몸부림이 담겨 있을 것이다.

그리고 5일 광양현감 어영담이 끝내 파직되었다는 공문이 도착했다. 전쟁터에 한 번도 서보지 않은 자들이 최전선의 장수를 끌어내린 것이다. 통제사는 조선 수군 최고의 해상 길잡이이자 선봉장을 잃었다. 지난 2일 임시로 파견된 광양현감 김국성이 관아를 접수하고 공무를 시작하면서 통제사에게 연락해 온 것. 백성들은 새로운 임시 수령을 위해 가난한 살림살이를 다시 추렴했을 것이다. 이 때 어영담은 왜군의 동향을 살피기 위해 관아를 비운 상태, 그는 자신이 없는 사이에 사찰을 받고 또다시 작전 중에 파직된 것이다. 통제사는 파직된 어영담을 통제영의 조방장으로 임명해 곁에 두기로 한다. 이어 병사들에 대한 휴가가 교대로 주어졌다. 한산도와 가까운 경상우수영과 전라좌수영 병사들에게는 교대로, 거리가 먼 전라우수영 이억기의 수군은 임시 귀환토록 했다. 함선을 수리하고 추가로 건조한 뒤 내년 1월 중순까지 복귀하라는 명이 주어졌다. 그럼에도 한산도 본영에는 50여척의 함선이 출동 태세를 갖추고 결진해 있었다.

총통을 제작하는 철물도 고민거리였다. 통제사는 승병들에게 철물의 수집을 명했으나 모두 곤궁한 살림살이. 이에 따라 철물을 바치는 양에 따라 천민의 신분을 높이거나 병역을 면제하고 이름뿐인 벼슬을 내리는 방안 등을 추진한다. 빼앗거나 징발하는 것이 아니라 정당한 거래를 통해 군수물자를 조달하자는 것. 화약의 재료인 염초는 새로운 제조 공정이 도입되면서 원활하게 생산되었으나 석류황은 재료가 없는 탓에 한양의 행재소에 요청했다.

군사들을 동원한 둔전의 개간 계획도 부지런히 수립됐다. 돌산도, 고이도 등 비어 있는 섬들이 그 대상이었다. 고이도만 해도 천섬의 수확이 가능한 것으로 측량되었다. 통제사는 여러 섬에 흩어져 방목하고 있는 말들을 절이도에 모두 옮기도록 해서 방목의 효율성을 높이고 둔전도 확보하는 방안을 지속적으로 추진했다. 이를 위해 흥양의 유방군 등 병사들이 경작에 동원되었고, 군데군데 민가가 들어서 피난민의 정착지로 활용했다. 수확을 절반씩 나누는 조건이다. 공정하게만 관리되면 백성과 수군이 공생하며 전란을 극복하는 밑거름이 된다. 이와 함께 여수 본영의 경작지는 본영의 늙은 병사들이 맡았다. 올해에만도 중품 벼 오백 섬이 수확되어 내년의 씨나락 용도로 보관되고 있었다.

이달 17일에는 전라도에서 군사 3만을 징병하라는 공문이 날아왔다. 명나라 총병의 지시라는 것. 전라좌수사와 우수사에게도 각각 2천명의 동원령이 떨어졌다. 수군의 사수와 격군을 모조리 뽑아서 보내야하는 어처구니없는 명령이었다. 최소의 전력으로 적의 해상 서진을 막고 있는 조선 수군의 효율성에 대한 인식은 찾아보기 어려운 조치였다. 해전에서 사수와 격군은 오랜 시간 훈련된 정예 병사다. 통제사는 "삼가 아뢰지만 도저히 뽑아 보낼 수 없다."며 정면으로 거절하는 장계를 한양에 보낸다.

12월

수군만의 무과 시험

전라좌수영으로의 임시 귀환

통제사는 이달에도 함선을 건조하고 여기에 충원할 사수와 격군을 양성하는데 주력했다. 조만간 출정이 예견되는 상황, 하지만 육군의 징병이 가속화되면서 일정은 연일 지체되고 있다. 22일에는 조정에서 동궁(東宮)이 전주에 내려와 무과를 실시한다는 공문이 전달되었다. 넉넉하게 인재를 뽑는다는 방침도 제시된다. 시험 날짜는 이달 27일, 단 5일의 여유밖에 없었다. 통제사는 시험 일정이 촉박하고 진중을 비울 수 없다는 이유를 들어 수군은 시험에 응시할 수 없다는 거부 의사를 전달했다. 하지만 속내는 당장 수군 전투에 필요한 지휘관을 뽑고 싶은 눈치다. 수없는 실전으로 단련된 진중에서 간부를 뽑아 전투 현장에 즉각 활용하면서 수군의 사기를 북돋우고 싶었던 것. 병법서를 줄줄 외우고 말달리며 활을 쏘는 육군의 방식에 따라 선발된 양반의 자제들이 수군에 배치된다한들 전투력에 당장 도움을 줄 수는 없을 것이다. 죽음이 난무하는 전투 현장에서 아연실색한 채, 한동안 병사들의 사기마저 떨어트릴 것이 분명했다. 전선에 서보기 전에는 지휘관이라고 해서 죽음의 공포를 한순간에 누를 수는 없기 때문이다.

통제사는 죽음에 단련된 병사, 철환이 빗발쳐도 함대에서 화포와 편전을 능숙하게 다루는 야전 지휘관이 필요했을 것이다. 그리고 조선 수군의 병사들은 이미 수많은 전투 속에서 끈끈한 동료애를 맺고 있어 부대의 통솔과 단합도 자연스럽게 주도해나갈 것이다. 통제사는 29일 전주의 동궁에게 이 같은 내용을 완곡하게 담아 '조선 수군만의 과거를 청하는 장계'를 보냈다. 이 소식이 알려지면서 한산도 수군진영에도 기대감이 후끈 달아올랐다.

병력의 충원은 여전히 난제였다. 왜군과 맞닿은 연해의 백성들 집은 열에 아홉이 비어있었다. 경상도 일대 조선 마을은 이미 공동화(空洞化)된 상태, 왜군의 부역자들만이 하루하루 연명하고 있을 뿐이다. 게다가 전라우수군에 포함되었던 14개 고을 가운데 장흥, 해남, 진도 등 5개 고을만 남겨두고 9개 고을이 육군에 편입되어 버렸다. 함선을 만들어 부산의 왜적을 소탕하라는 명을 연일 내려 보내면서, 함선을 운용할 수군은 연일 빼내가는 모순적인 정책, 게다가 관아의 수령 중 일부는 도망간 수군을 모른 척했다. 그 이유는 쉽사리 짐작이 갔다. 또 그 친지들은 도망친 병사가 이미 죽었다면서 친족의 징발을 금한 국법에 따라 병역을 회피했다.

부패한 수령을 질책하고 수군을 충원하는 과정에서 조정의 정책에 이의를 제기하거나 "삼가 갖추어 따를 수 없다."고 정면으로 거부하는 장계가 잇달아 한양으로 향했다. 임금 선조와 조정 중신들의 심기가 조금씩 불편해졌을 것이다. 현실과 동떨어져도 구미에 맞는 말에 사람들은 늘 혹하는 법이다. 어쩌면 경상우수영 원균의 장계가 선조를 더 감동시키고 있을지 모를 일이었다.

12일 통제사는 전라좌수군 본영으로 임시 복귀했다. 본영의 함선 건조 상황을 살피고 일부 수군에게는 짧은 휴가가 주어진다. 이어 통제사는 격군의 충원, 육군과 수군의 관할 지역 다툼, 병력을 보내지 않는 현령과 아전에 대한 처벌, 이듬해 군수물자의 충당, 둔전의 감목관에 대한 관리 등 산적한 현안을 본영에서 해결해야한다. 다음 한산도 재집결일은 갑오년 새해, 정월 중순으로 정해진다

1594년
갑오년

1월

안팎의 적들

두 개의 전염병

갑오년 1월 설날 철 이른 봄비가 쏟아졌다. 삼도수군통제사 이순신(50)은 웅천의 어머니에게 새해 인사를 드린다. '어머니를 모시고 한 살을 더 먹을 수 있어 다행'이라는 말 속에 절실함이 담겼다. 아들의 부임지를 따라 든든한 울타리를 해주는 어머니, 하지만 새해라고 해서 본영을 비울 수는 없다. 곧바로 집을 나서는 아들에게 어머니는 "바삐 가라."며 길을 재촉한다. 섭섭함은 묻어나지 않았다.

새해 초순부터 수군진에 피바람이 불었다. 6일과 8일에는 남평과 남원의 병졸 관리를 맡고 있던 우두머리 아전 두 명이 잇따라 처형되었다. 탈영과 징병 과정에서 아전의 비리는 걷잡을 수 없이 확산되는 전염병과 같다. 병영의 기강을 한 순간에 무너뜨린다. 통제사는 가장 엄하게 죄를 물어 가혹하게 처벌한다.

돌산도와 화이도 등에 마련된 둔전은 점차 자리를 잡아가고 있었다. 백성이나 혹은 피난민에게 분배되어 수확은 절반씩 나누었다. 갈데없는 백성들은 정착지와 생계 터전을 얻고 통제사 군영에서는 군량미를 확보한다. 하지만 전란의 와중이라고 해서 비리와 수탈이 수그러들지는 않는다. 절박한 현실에서는 타인에 대한 배려와 억압, 헌신과 폭력이 순간순간 양극단을 오가기 마련이다. 통치자가 헌신과 희생을 실천하면서 공정성을 잃지 않는다면 수군진의 백성들은 평소에는 기대할 수 없는 화합과 단결을 통해 국난을 극복해나갈 것이다. 반대로 억압과 착취에 나서는 순간, 백성들도 서로간의 극한적인 반목과 충돌 속에서 제 살길만을 찾아 나설 것이다. 홍양의 감목관이 백성을 험하게 다루고 있었다. 그에게 둔전을 관리하는 둔전관을 맡기면 백성에 대한 작폐는 점점 극성을 부릴 것이다. 통제사는 장계에서 감목관 차덕령의 전출을 조정에 요청한다.

함선의 건조는 순조롭게 진행된다. 순천 홍양 보성 등지에서 벌써 40여척이 진수되었다. 17일에 한산도로 향할 것이라는 통제사의 일정이 각 진영에 알려진다. 이 시기에 맞추어 각 포구의 배를 한산도에 집결시키라는 것. 짧은 새해의 휴가가 끝나고 새로운 전투가 서서히 예고되고 있었다. 하지만 함선을 채울 사수와 격군의 문제는 여전히 통제사와 현령들의 골칫거리로 남아있다.

통제사는 어머니가 있는 웅천방향으로 하늬바람이 불면 이 바람을 타고 이따금 문안을 드린다. 11일에도 하루를 웅천서 머물렀다. 아침 식사 후 작별인사, 어머니는 작별의 아쉬움보다 통제사의 책무를 상기시킨다.

"부디, 나라의 치욕을 크게 씻거라."

본영에 돌아온 통제사는 14일 의승장 의능을 천민에서 면해 준다는 공문을 작성한다. 좌수영의 별동대격인 의승병들, 육전과 수전을 오가며 그림자처럼 통제사를 돕는다. 이들에 대한 통제사의 애정은 눈에 띄게 각별했다. 한 때 도성 출입마저 제한되었던 천민들이 이제 통제영에 들어서면 조선 수군의 정예로 대접 받는다. 이날 아산에서 기별이 왔다. 설날 아침 산소에서 제사를 지내려고 했지만 유랑민 수백여 명이 둘러싸고 음식을 구걸해 결국 포기했다는 것. 보릿고개는 터무니없이 길게 남은 상황에서 백성들이 처한 기근의 실태가 생생하게 전해진다.

17일 통제사의 배가 한산도로 향했다. 노량을 앞에 두고 맞바람이 불어 함선은 잠시 돛을 내리고 노의 힘에만 의지했지만 한참동안 제자리걸음을 하고 난 뒤 오후에 힘겹게 노량을 거쳐 다음날 사량에 이르렀다. 19일 당포 앞바다, 하늬바람이 불어 배는 순식간에 한산도에 이른다. 활터 정자에서 통제사는 장수들과 시급한 현안을 논의했다. 150m 남짓한 한산진 활터와 과녁 사이에는 계곡이 놓여 이 사이를 바닷물이 오간다. 시시각각 변하는 거센 바닷바람을 맞은 화살이 위태롭게 휘어져 날면서도 종국에는 과녁에 명중한다. 숱한 실전과 훈련의 결과일 것이다. 그렇지만 장수들의 표정은 하나같이 어두웠다.

한산도는 여전히 전염병과 굶주림이 뒤덮고 있다. 전쟁터가 아닌 곳에서도 죽음의 그림자는 짙게 드리워졌다. 권관 이영남은 경상우수영의 사수 및 격군이 굶어서 기진맥진해 있다는 현실을 전한다. 추위와 굶주림, 불결한 막사, 한 순간에 전염병을 털어내기에는 너무나 열악한 조건이다. 경상도 지역의 농토가 이미 오래전에 왜군의 손에 떨어지면서 안정적인 식량 보급을 기대할 수 없을 것이다. 20일 날씨는 맑으나 바람은 여전히 세차다. 낡고 더러운 군복을 걸친 수군들이 삼삼오오 무리지어 웅크린 채 서로의 열기로 추위를 견디며 신음소리를 낸다. 낙안군수와 권관 이영남, 웅천, 진해 현감 등이 잇따라 통제사를 찾았고 어두운 소식뿐이었다. 이날 녹도만호 송여종이 병들어 죽은 자들을 거두어 장사지낼 차사원으로 임명된다. 전염병으로 죽은 병사의 시신은 고향으로 돌려보낼 수 없다. 21일 통제사는 창고의 술을 풀어 본영의 격군 740명 모두에게 돌린다. 한술의 밥과 한 잔의 술로 추위를 견디어 달라는 염치없는 부탁을 하고 있는 것이다. 이날 저녁 송여종은 창백한 안색으로 병사한 214명의 시신을 묻었다고 전한다. 늘 선봉에서 죽음과 맞서며, 만호 정운의 녹도군을 이어받은 부담감을 떨쳐내던 돌격장에게도 이것만큼은 익숙한 일이 아니었다. 굶주림과 전염병, 그리고 추위 속에서 수군은 악전

고투를 하고 있는 것이다. 이들이 병영을 나서 굶주림 속에서 남의 물건을 훔치면 도적이 된다. 군사와 백성, 그리고 화적과 도적은 백지 한 장 차이, 여수의 외곽과 아산, 온양 등지에서 도적들이 끊임없이 출몰한다는 소식이 들려온다.

24일에는 오랜만에 진중에 낭보가 전해졌다. 경상우수사 원균의 군관이 제법 큰 전과를 가져왔다. 우수영 군대가 경상좌도에 깊숙이 들어가 왜군 300명의 목을 베었다는 것이다. 노고를 치하하고 승리를 축하하는 통제사의 얼굴에 모처럼 기쁨이 가득했다. 불편했던 우수사에 대한 마음이 한 순간에 녹아내린 표정이다. 25일에는 새로 건조할 배를 가져오기 위해 격군들이 선소로 향했다. 다음날인 26일에는 사흘 전에 한산도에 도착한 순천부사 권준에 대한 질책소리가 들린다. 새 선박의 건조 일정에 차질을 빚으면서 순천 부사의 한산도 도착이 늦어졌을 것이다. 아끼는 장수에게 유독 냉정하게 죄를 묻는다.

27일 녹도군이 매복한 장소에 왜군의 척후선이 나타났다. 매복했던 조선 수군 네 명은 숨을 죽였다. 왜병 다섯 명이 배에서 내리고 나머지 몇몇은 배 주변을 떠나지 않았다. 굶주리고 지친 표정이 역력했다. 무방비 상태로 인근 숲을 기웃거리며 식수를 찾는다. 조선 수군들이 조용히 장전과 편전에 활을 매기고, 사거리가 좁혀들자 화살과 편전이 동시에 바람을 가른다. 장전에 맞은 3명은 화살이 꽂힌 채 배를 향해 도망친다. 편전에 가슴이 뚫린 왜병은 서너 걸음을 내달리다 풀썩 주저앉는다. 고함치며 내달린 수군들은 그 자리에서 목을 베어낸다. 배를 몰아 도주하던 왜병은 허겁지겁 조총을 쏘아댔고 사수들은 몸을 사리지 않고 연거푸 화살을 날렸다. 임진란 개전 초기 왜군들만 보면 겁을 집어 먹던 농민의 모습이 아니었다. 죽음에 익숙해진 조선 수군의 정예들, 한산도 수군 병영은 가난하고 힘겹지만 병영의 기강은 건재했던 것이다. 통제사는 이들을 불러 일일이 포상한다.

29일에는 종일 비가 내렸다. 통제사는 새벽부터 함선의 정박한 간격을 넓히고 일부는 뭍으로 끌어올리는데 열중한다. 저녁에는 강풍과 파도까지 겹치면서 포구의 판옥선이 요동친다. 백성과 군사의 피와 땀으로 한 척 한 척 어렵사리 모아온 판옥선, 밤새 마음을 쓰던 통제사는 다음날 몸살로 앓아누웠다. 오후부터 바람이 잔잔해진다.

2월

길어진 보릿고개

인육을 먹는 백성

보릿고개, 이른바 춘궁기(春窮期). 지난해 가을 수확한 양식이 바닥을 드러내고 보리는 아직 여물지 않아 수확만 고대하는 4월부터 서서히 절정을 이룬다. 더 가난한 백성들은 1월이 지나기도 전에 기나긴 삶과 죽음의 고개에 접어든다. 가을철 수확을 해본 들 소작료와 세금, 그리고 지난해 빌린 곡물을 갚고 나면 광속은 여전히 비어있다. 조선 백성이 가장 넘기 힘들다는 죽음의 고갯길은 봄볕을 타고 찾아온다. 풀뿌리와 나무껍질, 아직 새순도 돋아나지 않은 야산의 나물을 닥치는 대로 집어 삼킨다. 해안가는 그래도 사정이 나은 편, 내륙에는 질병에 시달리고 얼굴이 누렇게 뜬 유랑민들이 한술 밥을 구걸하며 남의 집 대문을 기웃거린다. 이것이 평상시 조선 봄날의 풍경, 여기에 전란이 겹쳤다.

이달 9일에는 마침내 통제사에게 충격적인 소식이 전해진다. 당항포 주변의 적선 동향을 보고하러 온 고성현령이 "백성이 굶어서 서로 잡아먹는다."고 토로한 것. 중국의 옛 기록에는 전란에 시달리던 백성들이 차마 자신의 아이를 잡아먹지 못하고 서로 자식을 바꾸어 삶아 먹었다는 이야기가 전해진다. 이것이 조선의 현실이 되면서 이미 조정에서도 사헌부가 문제 삼고 있다는 것이다.

도성에는 쌓여있는 시신을 치울 인력이 부족해 중들을 동원하고 있으며 기근에 시달린 사람들이 하나둘 인육을 먹기 시작하자 이제는 길가에 완전히 살점이 붙은 시체가 없을 지경이라는 참혹한 전갈이었다. 더구나 어떤 사람들은 산 사람을 죽여 그 자리에서 내장과 골수까지 먹고 있어도 조정은 속수무책이라는 것이다. 최근에야 선조의 명에 따라 포도대장이 단속에 나섰지만 굶주린 백성이 도처에 넘치다 보니 막을 재간이 없으며 해가 지면 도성에서는 홀로 다니는 사람을 찾아볼 수 없어 괴기스럽다는 섬뜩한 설명이었다.

"앞으로 어떻게 살 수 있는가, 어찌하면 살 수 있는가."

통제사의 얼굴에 깃들었던 노기는 이내 연민과 한없는 슬픔으로 변한다.

1일부터 선조의 교서가 한산도에 도달했다. 그 내용은 쉽사리 짐작할 수 있었다. "수군은 당장 삼도의 배를 몰아 적을 섬멸하라."는 것, 역시 예상 그대로이다. 이달 초순 무렵에는 날은 맑았지만 바람은 세차고 추위는 불쑥불쑥 찾아왔다. 2일에는 사도첨사가 기한 내 배를 집결하지 못한 일로 통제사의 질책을 받는다. 4일 한산도에 거북선이 모습을 드러내면서 서서히 전운이 감돌고 있었다. 이날 순찰사 이정암이 동궁에게 올린 공문에 대한 소식이 도착했다. 진중에서 과거를 치르겠다는 통제사의 건의에 대해 순찰사가 발끈하고 나선 것. 법도에 어긋난 것인 만큼 그 죄를 벌주어야한다는 내용이었다. 통제사는 조용히 동궁의 판단을 기다린다.

5일 통제사는 활터에서 간밤의 꿈 이야기를 장수들에게 풀어놓으며 긴장을 늦춘다.

"동서로 뻗은 아름다운 산봉우리에서 어떤 미인이 손짓 하는데 소매를 뿌리치고 나오다가 깨었다."는 것이다. 조방장과 여도만호 등이 나름 해몽을 하면서 활쏘기의 재미를 더하고 잠시 현실을 잊어 본다. 하지만 도원수 권율의 공문이 도착하면서 통제사의 표정은 다시 굳어졌다. 명나라 유격 심유경이 왜군과의 화친을 결정했다는 내용이다. '간사하고 교묘한 왜군의 꾀', 통제사는 명군에 대한 신뢰를 이미 버렸다. 명군이 금지한 전투를 조선수군만이라도 재개하리라는 결심이 엿보인다.

7일 춘원포에서 적선의 동향이 감지된다. 통제사는 추격을 명령하지 않았다. 수군의 편제를 개편하면서 전염병으로 자리가 빈 격군을 재배치하는 일에 전념한다. 8일에도 왜선 50척이 소비포 인근에서 움직인다는 보고가 당도했지만 통제사는 제만춘을 불러 왜선의 이동과 인근의 왜선 포구에 대한 지형 파악에 주력할 뿐이다. 거북선과 판옥선은 포구에서 조용히 때를 기다렸고 장수들과 병사들만 분주하게 움직인다. 순천부사, 우조방장, 사도, 여도, 녹도만호, 강진, 사천, 하동현감 등이 잇따라 통제사를 찾았고 권관 이영남도 통제영과 경상우수영을 부지런히 오갔다. 11일에는 통제사와 경상우수사 원균의 술자리가 모처럼 마련되었다. 통제사는 한껏 지난 전공을 치하한다. 우수사도 싫지 않은 기색, 다음 출정 때까지 갈등이 봉합되면 통제사의 작전 수행은 한결 원활해질 것이다.

12일에는 선조에게서 모두 3통의 문서가 도착했다.

"명나라 군사 10만여 명과, 군비를 지원하는 은 삼백 냥이 곧 내려올 것이다."

"형편을 보아가며, 힘을 다해 적을 섬멸하라."

"해상 근무의 고단함을 잘 안다. 공로를 세우고도 아직 상을 받지 못한 자의 이름을 올려라."

선조의 문서가 우호적이다. 명나라의 추가 파병 소식이 선조를 고무시켰을 것이다. 통제사는 아끼며 남겨두었던 영의정 유성룡의 편지를 천천히 읽어 내려간다. 왜선 8척이 13일 춘원포에 다시 모습을 드러내자 경상 우수영 군관이 통제사를 찾아 출전을 재촉하는 원균의 공문을 보인다. 초조함과 성급함이 드러난다. 통제사는 나대용을 불러, "작은 이익을 얻다가는 큰 이익을 놓치기 마련이니 잠시 기회를 살피자."는 말을 원균에게 전하라고 지시한다.

14일에는 여수 본영의 군량미 20섬이 한산도에 도착했다. 함선의 정비와 식량과 물, 총포와 화약, 바람과 물 때, 날씨의 변화 등 대규모 선단의 출전을 앞두고, 군관들이 점검 사항을 꾸준히 파악해 통제사에게 보고한다. 한산진에 긴장감이 점차 높아가지만 통제사는 일상적인 업무를 소홀히 하지 않는다. 이날도 철물을 구해 바친 장언춘에게 '천민에서 면하는 공문'을 만들어준다. 평생의 소원을 이룬 장언춘은 더욱 군수물자 생산에 주력할 것이고 통제사는 공문서 한 장으로 귀한 총통의 재료를 얻는다. 관리가 중간에서 가로채지 않는다면 누구도 손해 보지 않는 정당한 군비 확충의 거래인 셈이다.

15일에도 장수들이 분주하게 통제사와 함께 활터를 오르내린다. 또 함대의 이동이 지연된 좌조방장에 대한 질책소리도 들린다. 16일 홍양현감 배흥립이 암행어사 유몽인의 장계 초본을 옮겨 적은 사본을 가져왔다. 그런데 각 수령에 대한 어사의 처벌과 포상이 통제사의 판단과는 거리가 멀었다. 순천부사 권준은 탐관오리의 우두머리로 올라있었다. 백성의 지탄을 온통 받고 있던 나주 목사 등은 포상하라는 상신 내용, 더구나 한 가정 네 명의 남자 중에서 두 명이 수군으로 징발된 사실에 대해서는 인륜을 내세워 거칠게 통제영을 비난하고 있었다. 이미 병사로 징발되지 않은 가족은 거의 없다. 그렇다면 수군은 소모된 병력을 어떻게 채우고 누구와 더불어 전쟁을 치를 것인가, 짧고 화려한 승전의 이면에는 고통스럽고 오랜 준비과정이 자리 잡고 있다는 사실을 좀처럼 이해하지 못하고 있었다. 당파의 이해관계, 현지를 잠시 스쳐가며 보고 싶은 것만 골라 보는 중앙 관리의 한계였다.

통제사는 "나랏일이 이러고서야 매사가 잘 될 수 있겠느냐."고 한탄한다. 벼랑 끝에 내몰린 전란의 상황 속에서도 암행어사의 현실 인식은 여전히 몽상적이다 이날 통제사는 탐관오리의 우두머리로 지목된 순천부사와 함께 맞바람 속에서 활 60발을 쏘았다.

이달 내내 통제사는 함대를 재편성하고, 병력과 물자를 나누는데 노력을 쏟아 부었다. 우선 함대가 집결하면 소속에 따라 모든 함선에 번호를 다시 부여했다. 사도, 녹도, 장흥 1, 2, 3호선과 같은 방식, 이어 장수들을 중심으로 전위, 중위, 척후 등 실제 전투 대형의 편성과 체계를 구성해 모든 장수들이 함진의 운영 상태를 한눈에 파악하도록 한 뒤 이에 따른 인력과 군수 물자를 확보해 나간다. 하지만 함진의 구성은 실제전투에서는 물론 준비과정부터 늘 유동적이었다. 17일에는 전라우수군 함대 20여척이 합류한다. 이미 정박한 우수군의 함대와 합치면 모두 46척, 그렇지만 전라우수군이 본래 동원하기로 약속한 90여척과는 거리가 멀었다. 나주를 비롯해 나주 북부의 9개 고을에서는 20여척에 대한 정비를 마치지 못한 상태였다. 또 새로 건조한 21척에는 격군이 없어 출항을 미루고 있다는 공문이 지난달부터 통제사에게 꾸준하게 전달되었다. 결국 전라우수영의 함대 중 절반을 다소 웃도는 전력만이 가동된 것이다. 육군에게 늘 인력과 병사를 빼앗기는 수군진의 한계를 엿볼 수 있었다. 통제사는 이억기를 가볍게 질책하는 선에서 사태를 일단락하고 함진을 새로 짜기 시작한다. 집결 명령을 받은 충청수사 구사직의 함대는 한 달이 넘도록 통제영에 모습을 드러내지 않고 있어 함진의 재수정은 불가피했다.

이달 하순 들어 왜선의 출몰도 빈번해졌다. 21일과 22일에는 구화역에서 10척, 춘원포에서 6척이 탐지된다. 29일에도 16척이 소소포에 모습을 드러냈다. 한동안 소강상태가 이어지면서 왜선의 움직임이 대담해진다. 즉각 각 포구와 함선에 경계령이 내려지고 조선 수군은 이제 닻만 풀면 출항할 수 있었다.

3월의 첫날 전라 지역에서 병사의 동원을 책임지던 도훈도가 처형되었다. 검모

3월

당항포해전, 왜군 다시 굴속으로

조선 백성이 돌아갈 땅은 어느 곳인가?

포만호는 곤장을 맞는다. 비리의 정도나 횟수가 생사를 갈랐을 것이다. 이어 왜선의 출현 소식에 통제사는 이날 밤 출항을 명령했으나 장흥 2호선이 화재로 전소된다. 한 척의 판옥선을 만들기 위해 들였던 숱한 노력이 한 순간의 과실로 물거품이 되었다. 하지만 비리나 탈영이 아닌 과실에 대해 통제사는 불가피하다는 인식이 지배적이었다. 출정은 연기되었다.

이 무렵 경상우수영에서도 수군의 조달에 곤욕을 치르고 있었다. 격군과 사수를 채우지 못한 장수들이 매를 맞았다는 보고가 이어진다. 함선은 비록 적었지만 그만큼 경상우수영의 관할지역도 왜적의 손에 대부분 점령된 상태, 인력 부족은 수군 진영 전체의 문제였다.

통제사는 3일 오전 마음을 가다듬는 듯 출전을 앞둔 제장들과 활쏘기를 했다. 그리고 오후 왜대선 10척, 중선 14척, 소선 7척이 영등포에서 나온 뒤 21척은 당항포로 7척은 진해 오리량에 3척은 저도로 향한다는 첩보가 입수된다. 그물망에 고기가 들어왔다. 수군진에 출전 명령이 전달되고 전령은 순변사 이일에게 육군과의 합동 작전을 요구하는 공문을 지니고 출발한다. 통제사로 임명된 뒤 본격적인 첫 출전, 전라좌우수군, 경상우수군 등 100여척이 넘는 조선 수군은 오후 늦게 흉도를 거쳐 한밤중에 지도에 정박했다.

4일 새벽, 함선 20여척은 견내량에 포진해 왜선의 한산도 본영에 대한 기습에 대비했다. 그리고 공격선이 편성된다. 정예선을 지휘하는 31명이 선발되었다. 이미 함대는 사전에 편제를 마친 만큼 공격선은 한 순간에 집결한다. 조방장 어영담은 돌격선을 이끌었고 나머지는 영등포와 장문포 일대의 넓은 바다에 학익진을 펼친다. 견내량과 가덕과 거제로 연결된 수로가 막히면서 왜선은 거대한 바다의 그물망 속에 갇힌다. 탈출 수로를 감싼 학의 날개는 퇴로가 사방에 걸쳐 막혀 있음을 적에게 알린다. 이제 그물에 담긴 고기를 순차적으로 주워 담는 일만 남았다.

첫 번째 공격, 어영담이 이끄는 전위 함대가 당항포와 오리량을 향해 항진한다. 거북선이 왜선에 달려들자 전의를 상실한 채 우리에 갇힌 짐승처럼 기슭만 뱅뱅 돌고 있다. 포성이 울리는 동시에 편전과 화살이 날아들고 왜군은 읍전포에서 6척, 어선포에서 2척, 시굿포에서 2척 등 모두 10척을 버리고 육지로 몸을 숨긴다. 적선을 차곡차곡 깨뜨리고 불태우는 사이, 반파된 왜선의 틈에서 조선인의 끔찍한 비명소리가 들린다. 이어 왜병 서넛이 기어 나와 뭍으로 도망친다. 선봉을 지휘하던 녹도만호 송여종이 해안에 바싹 접근해 왜선에 잡혀있던 조선 수군과 관비 예금, 민가집 딸 남월을 대장선으로 끌어 올렸다. 각각 고성, 진해, 함안 사람이었다. 왜군이 장악한 경상도 일대의 백성들이 어떤 삶을 살아가는지 한 눈에 보여준다. 눈은 초점을 잃었고 의복은 온통 찢어진 채 귀신의 몰골을 하고 있다. 그나마 정신이 남아 있던 수군병사는 "함포 사격으로 왜선이 기울고 편전이 날아들자 왜군이 미친 듯이 소리치며 포로 2명의 목을 베었다."며 "조선 수군이 빠르게 접근하면서 나머지는 내버려 둔 채 황급하게 도주했다."고 당시 상황을 전했다. 순간의 차이로 두 명이 죽고 세 명의 조선인이 살아남을 수 있었다. 비명은 이 과정에서 흘러 나왔다.

당항포로 도주한 왜대선 등 21척은 포성과 함성이 바다를 뒤덮자 육지로 상륙, 서둘러 진지를 구축하고 있었다. 새장 속에 갇힌 새, 포위된 병사는 전의를 잃기 마련이다. 이들을 소탕하려면 육군의 지원이 절실했다. 하지만 순변사는 "알았다."는 공문만 보내올 뿐 정작 육군의 움직임은 감지되지 않는다. 명군이 지휘하는 육군은 사실상 본격적인 전투를 멈춘 상태였다. 수군은 날이 어두워지면서 물이 빠지자 인근 어귀에 정박해 밤새 포위망을 구축했다.

5일 새벽 어영담이 돌격장으로 포구에 진입했다. 역시 넓은 바다에는 이중의 포위망이 구축되었다. 드문드문 포성이 울린 뒤 오후에 어영담이 기와와 왕죽을 가득 실은 왜선을 모두 격파하고 불살랐다는 보고를 전한다. 왜군은 뭍으로 올라 사라졌다는 것이다. 본진이 도착하기도 전에 전투는 종료되었다.

이날 조선 함대는 영등포, 장문포, 제포, 웅천, 안골포, 가덕, 천성 일대를 돌면서 함포사격을 연안에 쏟아 부었다. 해안가의 왜군 가옥은 대부분 불타올랐고 왜군은 군막을 버리거나 불태우고 굴속으로 숨어들었다. 거제 일대에 왜선은 자취를 감추고 해변에 적막감이 감돌았다. 하지만 며칠이 지나면 굴속에 틀어박힌 왜군은 서서히 기어 나와 다시 민가를 약탈하고 조선 여인을 포로로 잡은 뒤 종국에는 살해할 것이다.

6일 아침 거제 앞바다를 거쳐 흉도에 정박한 조선 수군에게 남해 현령 기효근의 함선이 급하게 달려온다. 명나라 군사 2명과, 왜군 8명이 명나라 도사 담종인의 패문, 즉 명나라의 작전 명령서를 기효근에게 가져왔다. 적들과 함께 가져오는 '우군 아닌 우군', '적군 아닌 적군'의 작전 명령서가 통제사에게 전해진다.

"적을 치지 말고 제 고장으로 돌아가라."

육군의 호응이 없으면 수군만으로 승리할 수 없는 작전, 그러나 조선의 육군은 단독으로 작전을 전개하기에는 무기력했고 명군은 왜군과 문서를 주고받는 것이 최전선의 현실이었다. 저들에게 조선은 모두 '남의 땅'에 불과하다는 사실이 새삼 확인된다. 웅포 일대를 청소한 뒤 통제사가 오랫동안 염원해 온 궁극의 꿈이 다시 멀어지고 있다. 하늬바람을 타고 아니 샛바람을 거슬러서라도 반드시 가야하는 조선함대의 최종 목적지 부산포, 통제사는 패문을 읽은 뒤 몸져눕는다. 하지만 명군에 보낼 답서를 미룰 수는 없다. 아랫사람이나 원균 등에게 지시했지만 모두 조선과 명나라의 연합 군대를 지휘하는 최고 사령부의 위세에 눌려 할 말을 제대로 담지 못한다. 통제사는 이 문서를 모두 폐기하고 아픈 몸을 일으켜 손수 패문을 작성한다.

　"싸움이 한창일 때 뜻밖에 대인의 패문이 도착해 '왜적과 화친하라'고 타이르는 말씀, 두 번 세 번 정성스레 읽었다. 다만, '왜적을 치지 말고 제 땅으로 돌아가라'하는데 왜적은 거제, 웅천, 동래에 진을 치고 있고 이곳이 바로 우리 땅이다. 그렇다면 우리가 돌아가야 할 고장은 어디인지 도대체 알 수 없다. 왜구의 장수들이 돌아간다고 하지만 살인과 약탈은 더욱 기승을 부린다. 왜인은 예로부터 간사스럽기 짝이 없다. 강화는 시간을 벌기위한 속임수에 불과하다. 삼가 죽음을 무릅쓰고 답서를 드린다."는 내용, 명나라 사령부의 지시를 정면으로 거스르는 항의문을 7일 지체 없이 순천의 의병 출신 정사립을 통해 보낸다. 통제사가 신임하는 참모 중 하나였다.

　조선 함대는 이날 한산도로 회항한다. 그리고 통제사는 의복, 양식, 솥, 나무그릇 등 전리품을 병사들에게 나누어 주고 다시 자리에 눕고 말았다. 10일까지 통제사는 열에 시달리며 서늘한 밤에도 차가운 것만을 찾는다. 다소 기운이 돌면 틈틈이 일어나 이번 전투의 뒤처리를 지시하고 장계를 작성한다. 깨뜨리고 부순 왜선만 30여척, 여기에 대한 장수와 병사들의 공과를 파악한다. 그리고 전리품의 분배와 관리, 왜병 포로와 생환한 조선 백성의 처리 등을 지시한다. 하지만 이날까지 도착하지 않은 충청수사에 대한 문책은 불가피했다. 군령을 지키지 못하는 장수, 통제영의 근간을 위협하게 된다. 이날 장계는 초안이 잡혔고 11일에 이르러 통제사의 병은 대세를 돌려 회복기로 접어들었다. 12일에는 장계가 정서되어 다음날 한양으로 향한다.

통제사가 몸져누우면서 장계가 다소 늦어지자 경상우수사는 발 빠르게 먼저 장계를 올렸다. 원균은 장계에서 30여척을 모두 깨뜨린 것이 자신의 공처럼 기록했다. 이 사실은 장계를 작성한 군관이 도저히 참을 수 없었는지 진중에 소문을 내면서 알려졌다. 소문은 삽시간에 퍼졌고 고단한 전투를 마친 장수와 병사들은 다시 한 번 배신감을 느낄 수밖에 없었다.

16일 충청수사 구사직의 함대가 한산도에 도착한다. 함대는 고작 9척, 포수와 사수, 격군의 수도 부족했고 총통의 상태도 부실하다. 평소 충청 수영의 전투 준비 상태를 잘 보여주고 있었다. 임진란 초기 첨사시절 구사직이 보여주던 용맹은 충청 수영의 주장(主將)으로 자리를 옮기면서 빛이 바래고 있었다. 이미 한산도 본진에서는 본격적인 파종을 위해 남해현령 등을 돌려보내며 함대의 산개를 시작했다. 구사직을 맞는 통제사의 표정에 책임을 추궁하는 엄격함이 서려 있었다.

권관 이영남의 병문안은 지극했다. 마치 아비의 병세를 걱정하는 초조함이었다. 이번에는 경상우수사에 대한 이야기를 아예 꺼내지도 않는다. 지지부진 하던 통제사의 병은 22일부터 많은 차도를 보였고 통제사가 제대로 식사를 하면서 진중의 장수와 병졸들은 마음을 놓았다. 24일에는 패문을 전달하고 돌아오던 정사립이 왜군의 머리를 베어오면서 모처럼 통제사의 웃음소리가 들려온다. 29일에는 본영을 찾은 이영남의 표정이 환해졌다.

이달의 마지막 날, 충청도 군관에 대한 통제사의 처벌이 있었다. 하지만 이것이 오로지 군관들만의 문제는 아닐 것이다. 통제사의 결심은 확고해 보인다.

4월

조선수군의 무과시험, 늦깎이 합격생

사라진 인재, 새로운 인재, 어영담의 죽음

1일 통제사가 예측한 일식은 일어나지 않았다. 천문을 다시 검토하는 통제사의 표정이 사뭇 진지하다. 통제사는 3일 여제를 지낸다. 한산도에서 전염병은 여전히 기승을 부리고 있다. 여귀, 억울하게 횡액을 당해 제사 지내 줄 후손조차 없어 인간에게 해를 끼친다는 전란의 혼령들, 이들은 역병의 신(疫病神)으로 불리며 죽어서도 억울하게 전염병의 원인으로 지목되었다. 전란으로 죽은 숱한 혼령들이 조선을 떠돌고 한 가족이 몰살해서 제사를 받들 수조차 없는 현실이 여제에 고스란히 담겨있다. 통제사는 이날 술 1,080동이를 진중에 푼다. 언제라도 여제를 받는 혼령이 될 수 있는 조선의 수군들, 통제사가 빈약한 군량으로 쩔쩔매고 있다는 사실을 잘 알기에 선뜻 마시지 못한다. 여제의 뒤풀이는, 술 한 잔을 통해 통제사와 병사들이 마음을 주고받으며 죽음의 공포를 잠시 붙잡아 두었다.

전라우수사 이억기와, 충청 수사 구사직 등 주요 군관들도 모두 참석해 병사들 사이사이에 앉아 함께 술을 나눈다. 이때만큼은 상관과 부하가 아니라 생사를 함께 하는 조선의 군인일 뿐이다. 술자리 화제는 자연스럽게 사흘 후에 치러질 수군의 무과에 집중되었다. 병졸들은 기대와 설렘에 빠져있고 장수들은 용기를 북 돋아준다. 녹도만호 송여종의 표정만 무거웠다. 장수들도 조용히 술잔만 건넨다.

6일 시작된 무과 별시는 전시 중 야전 지휘관을 양성하는 일이기도 했다. 순찰사 등이 반대했지만 결국 동궁이 통제사의 편을 들어 주었다. 통제사와, 전라우수사 이억기, 충청수사 구사직, 장흥부사 황세득 등이 시험을 감독했고 경상우수사 원균은 참석하지 않았다. 시험과목은 수군에 맞게 손질되었다. 나흘에 걸친 시험 끝에 합격자 방이 붙은 9일, 100명의 새로운 해상 지휘관이 탄생했다. 그리고 이날 녹도만호 송여종이 늦깎이 대과에 합격했다. 향시(鄕試)에 통과하고도 번번이 대과에 실패하고 군관으로 임진란에 참전한 인물이었다. 한산해전 이후 승첩 장계를 가지고 겹겹이 둘러싼 왜군의 포위망을 뚫고 의주 행재소에 당도한 공로로 정운의 뒤를 이어 녹도만호로 임명되었지만 대과에 대한 여한은 남아 있었던 것이다. 장수들의 만류를 뿌리치고 만호의 신분으로 병사들 틈에서 시험에 응시, 녹도 병사들의 열광적인 응원을 받으며 당당히 합격했다. 42세의 나이였다. 녹도군은 너나없이 환호성을 질렀다. 조선 수군의 선봉부대, 녹도군의 강건한 전통이 뿌리내리고 있었다.

진중은 축제 분위기였으나 이날 조방장 어영담이 세상을 떠났다. 전란 초기부터 60세를 넘긴 나이로 기꺼이 통제사를 도운 최측근 참모, 물길에 밝고 용맹이 높아 늘 선봉에서 수군을 인도했다. 잘못된 장계로 현감자리를 잃고도 묵묵하게 조방장 역할을 수행해온 노장이었다. 녹도만호 정운에 이어 통제사는 다시 한 팔이 잘려나간 느낌이었을 것이다.

"무엇으로 이 통탄함을 말할 수 있으랴, 무엇으로."
빈소를 찾은 통제사가 탄식과 눈물을 그치지 않는다.

11일 전선을 시찰하는 순무어사 서성이 도착한다는 소식에 마중할 군관이 곧바로 파견된다. 12일에는 4명의 수사가 모인 가운데 간단한 술자리가 이어졌다. 경상우수사는 술에 취하자 며칠 전 통제사가 실시한 수군만의 무과시험이 법도를 어지럽힌 일이라고 비난한다. 이어 통제사에게는 다섯 아들이 따로 있는데 권준, 배흥립, 이순신, 김득광, 이영남으로 사당(私黨)의 패거리라고 몰아붙인다. 통제사와 원균의 화해를 위해 마련한 자리가 도리어 갈등을 키우고 있었다. 어사 서성은 난처한 표정을 지우지 못했다. 통제사가 자리를 피하면서 술자리는 곧 끝이 났다.

다음날 순무어사는 함선에 오른 채 한산도 수군 진영 곳곳을 둘러보았다. 그리고 이날 선전관 원사표, 금부도사 김제남 등이 한산도에 도착, 충청수사 구사직의 파직을 알렸다. 지난달 해전에서 보인 무성의한 태도를 통제사는 감싸지 않았다. 후임은 방답첨사 이순신, 임진년에 부임해 전란 초기부터 빠짐없이 전투에 참여해 전공을 세웠고 왜장의 목을 베고도 포상에서 제외되었지만 섭섭함을 드러낸 적이 없었다. 이제 충청수군은 통제사의 든든한 지원 함대를 만들어 낼 것이다. 두 명의 이순신, 이들이 서해와 남해를 지키는 주장(主將)이 된 것이다.

통제사는 금부도사가 떠나기 하루 전날 밤인 14일 구사직의 배에 올라 늦게까지 이별주를 마신다. 통제사는 업무의 잘못과 사람에 대한 친분을 구분했다. 구사직은 임진란 이후 숱한 전공을 세운 통제사의 최측근 장수중 하나였다. 이 또한 잘잘못을 가리는데 절대적인 기준은 될 수 없었다. 구사직은 다음날 통제사에게 작별한 뒤 한양으로 잡혀갔다.

경상우수사의 징병과 적정을 보고하는 군관과 아전들이 16일 통제사에게 추궁을 받았다. 게으름과 나태함에 비리가 더해졌다면 참수를 면치 못했을 것이다. 17일에는 거제 현령 안위가 왜선 100여척이 본국에서 절영도로 향한다고 보고했다. 보급선단일 것이다. 왜군은 이제 해상 전쟁에 대해서는 본능적인 공포를 집어 먹고 있었다. 이날 오후 거제에서 포로로 잡혔던 남녀 16명이 한산도로 빠져 나왔다. 한산도의 둔전은 생환한 포로들이나 피난민에게는 최고의 선물이었다. 안전을 보장받으면서도 공정하게 관리되어 수탈이 없었기 때문이다. 이들 중 일부는 나름대로 육지의 전황을 소상히 알고 있었다. 고니시가 웅포에 있다고 전한다. 어찌 해 볼 수 없는 철옹성인 수군을 향해 무기력감만큼이나 주체 없이 솟아나는 분노감에 치를 떨고 있을 것이다.

21일에는 충청수사 이순신이 본영으로 떠났다. 어영담이 죽은 뒤 마음이 허전해진 탓인지 통제사의 얼굴에 섭섭함이 묻어난다. 하순경에는 지난달의 병세가 완전히 치유되지는 않은 듯 이따금 고통스러워하던 통제사가 26일 결국 인사불성이 된다. 한산도를 덮은 전염병이 통제사도 할퀴고 있는지 모를 일이었다. 통제사는 29일 자리를 털고 일어났다. 단아한 외모, 그러나 강인한 육체를 지닌 군인이다. 이날 삼도의 군사들이 때마침 불어온 된새바람을 타고 우도에 집결했다. 훈련을 마친 통제사는 술을 풀어 놓는다. 지난 별시에 합격한 신임 지휘관들의 축하를 겸한다. 남녘의 작은 섬이 조선 수군의 웃음으로 가득 차 있다.

5월

장마철의 수군 병영

허울뿐인 제승방략(制勝方略), 수군의 이중성

4일부터 시작된 장맛비는 이달 내내 지속되었다. 2일 통제사의 아들 회가 통제사 어머니의 생신에 맞추어 한산도를 떠났다. 3일에는 조정에서 공명고신 삼백여 장이 내려왔다. 전란 중 곡물이나 군수 물자를 납품한 사람들에게 신분을 상승시켜주거나 형식상의 관직을 내려주는 국가의 부실 채권인 셈이다. 하지만 신분의 굴레에서 벗어나기를 소원하는 천민들에게는 실질적인 힘을 발휘했고 통제사의 군수물자 충원에 요긴하게 활용되었다. 인적 사항이 빈칸으로 남아 있어 현장에서 이름을 채워 넣고 곧바로 발급할 수 있다. 삼백장이면 적지 않은 군량미와 철을 마련할 수 있다. 4일에는 중선을 타고 추도에 상륙한 왜군 3명이 포로로 잡혀 수군진의 척후와 복병이 여전히 탄탄하다는 사실을 증명한다.

5월 초닷새는 단옷날, 모내기를 끝내고 풍년을 기원하며 그네뛰기와 씨름을 하면서 봄부터 시작돼 초여름까지 이어진 농사일의 전반부를 매듭짓는 명절이지만 빗발은 이날도 거세게 퍼부었다. 발포만호 황정록이 통제사에게 떡을 만들어 보냈을 뿐 명절의 분위기는 좀처럼 찾아보기 힘들다.

이달 내내 바다는 어두웠다. 안개가 낀 날은 한치 앞도 보이지 않는다. 통제사는 함선의 정박상태를 수시로 둘러보면서 군막과 병사들이 임시 거처하는 초가들을 자주 살피고 있었다. 지붕이 새서 빗물에 온통 젖어버린 군막들, 병사들의 마음도 스산해지기 마련이다. 대부분 한산도 출신이 아닌 병사들은 어쩔 수 없이 두고 온 가족에 대한 그리움에 젖고 때로 이 같은 향수는 행동으로 이어진다. 13일에는 경상우수군 소속 격군들이 탈영을 시도하다 선원들과 함께 붙잡혔다. 16일 가랑비 속에서 전달된 곤양 군수 이광악의 편지도 통제사의 마음을 어지럽힌다. 의승장 유정이 왜군을 오가며 문답한 내용을 정리한 것, 왜군이 요구하는 강화의 실체가 분명하게 드러났다. 왜국과 명나라가 무역을 하도록 조선의 길을 트고 조선의 남쪽 4도를 왜국에 양도할 것, 그리고 조선 왕자와 대신들을 인질로 보내라며 사실상의 속국을 요구하고 있었다. 통제사가 지난 8월 왜국에서 탈출한 제만춘을 심문하면서 들은 내용이 공식적으로 확인된 것이다. 얼굴에 분노가 차오른다. 명나라와 왜국이 조선을 도마에 올려놓고 각자 칼질을 해대고 있었던 것이다.

중순에도 지루한 장마철이 이어졌다. 하지만 병사들에게 장마철은 늘 어둡기만 한 것은 아니었다. 이런저런 잡담으로 소일하기도 했지만 이른바 병영의 다양한 실내 놀잇거리가 있었다. 바둑은 장수들이, 장기는 모두 즐긴다. 다만 병사들은 종정도에 더 열광했다.

종정도, 이른바 벼슬놀이, 넓은 판에 벼슬의 이름이 줄지어 적혀있다. 그리고 육면체의 말을 던져 나오는 숫자대로 자리를 옮겨가면서 놀이가 진행된다. 벼슬의 오르고 내림, 명예와 권력이 모두 말의 결과에 따라 정해지는 운수소관일 뿐, 임금 또한 그렇게 태어나서 지금 그 자리에 있지 않은가. 은연중 현실에 대한 풍자가 담겨 있다. 병졸들은 이 놀이에서 잠시나마 대리만족을 느낄 것이다. 또 놀이에서 정승을 했거나 판서를 했다한들 판을 접고 나면 다 허망하게 사라질 뿐이다. 하룻

밤 꿈과 같은 인생의 축소판이 장마철 종정도에서 펼쳐진다.

통제사도 이 놀이를 병사들과 즐긴다. 21일에는 소비포권관 이영남과 종정도를 하고 있다. 웃음과 실랑이가 오간다. 군관 이영남은 수색이나 복병이 끝나면 꾸준히 통제사에게 정보를 보고하고 문안 인사를 했다. 경상우수영 소속이 아니라 마치 좌수영 군관처럼 보일 정도, 이달도 23일부터 거의 빠지지 않고 운주당을 찾는다. 27일에는 이영남이 아픈 기색을 보이자 통제사가 자리를 펴 주고 눕도록 권하고 있었다. 전선에서 느끼는 동료애와는 또 다른 깊은 정이 흐르고 있었다.

장맛비가 주춤하면서 통제사는 마지막 보리 수확을 서둘렀다. 이미 대부분의 논에는 보리 대신 모로 교체되었다. 봄철 내내 이어지던 보릿고개, 인육마저 먹을 수밖에 없었던 극도의 굶주림을 한 철 보리로 진정시킬 수는 없지만 한 숨은 돌릴 것이다. 5월 초순 덜 익은 풋보리가 베어지고 논에 보릿단을 태우는 연기가 피어오르기 시작하면 굶주린 농민들이 비로소 보릿고개를 넘는다. 보리는 소화가 잘 되지 않아 생긴 '보리방귀'라는 말, 하지만 이마저도 가을걷이까지 버틸 수 있는 충분한 양은 아예 기대할 수 없다. "방귀 길 나자 보리양식 떨어진다."는 말이 빈곤한 조선의 식량 사정을 잘 보여준다. 여기에 명군과 왜군까지 가세했다.

30일에는 지루한 장마가 걷힐 조짐을 보였다. 병사들의 마음도 다소 가벼워 보인다. 하지만 장마의 끝물에 탈영을 모의하던 광양 1호선 선원들이 처벌을 받으면서 진중의 병사들에게 동병상련(同病相憐)의 아픔이 삽시간에 전달되고 있었다. 잠복해 있던 오랜 불씨가 꺼지지 않고 다시 가슴에 불을 질렀다. 농민이자 군인, 군인이자 어민인 수군진의 이중적 정체성, 이들의 마음은 전쟁과 농사, 나라와 가족 사이를 늘 저울질 하며 하루에도 서너 차례 흔들릴 수밖에 없었던 것이다. 그리고 자신이 전장에 선다고 해서 가족의 생계가 해결되지도 못한다는 한계가 너무도 뚜렷했다. 전라이 터지면 중앙에서 파견된 장수가 각 고을에서 차출한 병사들을 지휘한다는 제승방략(制勝方略)은 자칫 농민도 군인도 아닌 애매한 군사체계로 변질될 위험을 안고 있었다. 임란 발생 직후 조정은 이일을 경상도순변사로 임명하고 상주로 급파했지만, 병사들을 모아 그를 맞아야할 지방지휘관인 상주목사가 도주하면서 정작 소집된 병사가 거의 없었던 사실이 제승방략의 허점을 이미 드러냈다. 장마철이 지나도 병사들의 가슴에는 장마가 쉽사리 걷힐 수 없었고 통제사는 부단한 점검과 관리로 이를 막아내야 했다.

6월

농부, 통제사

한 숨 돌린 보릿고개

장마가 그쳤다. 다시 맑아진 한산도의 하늘 덕에 병사들의 분위기도 한결 밝아진다. 3일에만 소나기가 바닷물을 흐리게 뒤집어 놓을 정도로 내린 뒤 다시 맑아진다.

통제사와 경상우수사 원균의 불협화음은 조정에서도 이미 감지되었다. 해결책 마련에 부심한 눈치다. 4일 겸사복이 가져온 선조의 교서에는 급기야 "수군 장수들이 협력하지 않아 걱정이다. 과거의 행동을 고치라."는 내용이 포함되었다. 지난 4월 어사 서성이 마련한 자리에서 분란이 일었고 이 이야기가 선조에게 전해졌을 것이다. 나아가 지난 3월 해전이후 제각각 올라간 통제사와 원균의 장계만 보아도 그 갈등관계는 쉽사리 파악했을 것이다. 첫 해전이후 줄 곳 쌓인 해묵은 갈등, 좀처럼 수그러들지 않았다. 더구나 선전관이 내려오면 통제사에 대한 우수사의 불만은 더욱 노골적으로 드러났다. 이들 모두 임금 선조에게 한산진 사령부의 위태로운 분위기를 전하지 않을 리 없었다.

수군만 500명이상의 목숨을 앗아간 전염병은 잠시 주춤하는가 싶더니 통제영의 관청 노비로 3년 동안 일했던 김산 일가족 3명의 목숨도 결국 거두어갔다. 무상감이 통제사의 얼굴에 한 순간 스치고 지난다. 전염병은 쉽사리 진정될 기미를 보이지 않는다.

통제영의 살림살이는 늘 부족했다. 병사들에게 지급되는 아침저녁 하루 두 끼, 모두 10홉, 1되의 군량은 가족을 살피고 끊임없이 훈련과 군역을 해야 하는 장정들에게 충분할 수 없었다. 이것마저 보리 수확이전에는 줄어 들 수밖에 없을 정도로 병영은 곤궁했다. 하지만 온 조선이 굶주린 상태에서 이제 막 둔전이 제자리를 잡기 시작하는 통제영이 가까스로 마련할 수 있는 최대한의 군량미였다. 둔전은 지난해부터 부지런히 개간되었지만 본격적인 수확철은 아직 기다려야한다. 바다에서 다른 먹을거리를 틈틈이 보충해도 여전히 배고픈 수군 병사들, 노를 저을 힘조차 없다는 말은 거짓이 아니다. 더구나 왜군이 육지 대부분을 점령한 경상우수영의 경우 전라좌수영에 대부분의 군량미를 의존하고 있다. 여기에 조정에서도 전라도 지역에 손을 벌린다. 이 때문에 통제사는 때로 장수라기보다 농부로 보인다. 농사를 짓고 비오기를 염원하고 수확을 독려하는 농부이다. 그리고 틈만 나면 고기떼를 기다리는 어부가 된다.

이달도 5일 부지런히 무밭을 갈고 무씨를 물에 불린 뒤 7일에는 파종을 한다. 장마이후 한산도가 가마솥처럼 끓었다. 장마에 비가 많이 왔다고 해서 논밭에 댈 수 있는 물이 고여 있는 것은 아니다. 쉽사리 물이 빠져버리는 한산도의 천수답들, 14일까지 가뭄과 찌는 더위가 지속되자 통제사의 가슴이 한산도보다 더 타들어가는 눈치다. 파종한 무씨가 말라 버릴까 애태우며 맑은 하늘과 무밭만 연거푸 들여다본다. 통제사의 고민을 잘 알고 있는 송희립은 낙안, 흥양, 보성 등지로 분주하게 나가 군량을 재촉한다.

15일은 "흐르는 물에 머리를 감는다."는 명절, 유두일(流頭日)이다. 이름에 걸맞게 오후에 보슬비가 내리면서 초조하던 통제사의 마음도 식었다. 이날 명나라 총병관 장홍유가 백여 명의 병사와 함께 바닷길을 건너 진도 벽파정에 당도했다는 소식이 당도했다. 조만간 통제사를 만나러 올 것이다. 조선 수군의 전력도 살펴볼 것이고 지나치지도 부족하지도 않게 접대하는 통제사의 외교 방식이 분명 상대를 사로잡을 것이다.

전란이 터진 이래 통제사와 꾸준히 연락을 주고받던 지중추부사 윤우신의 사망 소식이 이날 당도했다. 동봉한 유성룡의 편지에는 나라걱정이 가득 차 있었다. 또 셋째 아들 면이 더위를 먹어 몸져누웠다는 소식도 통제사의 가슴 한 구석에 그늘로 남았을 것이다. 22일부터는 다시 불꽃같은 삼복더위가 한산도를 뒤덮었다. 다음날 견내량에서 왜병 한 명이 생포되었다. 염초를 굽고 총 쏘기에 열중하고 있다는 적정을 전한다. 뚜렷한 왜군의 변화는 파악되지 않는다. 하순경에는 활쏘기가 잦았다. 순천부사, 충청수사, 사도첨사 등이 자리를 함께 했다. 각 진영과 마을의 사정은 이 자리에서 자연스럽게 파악되고 해결책이 마련된다.

28일 명종의 제삿날에는 공무를 보지 않는다. 활터도 찾지 않았다. 다만 적선의 동향에 대한 보고만은 거르지 않았다. 하루 종일 무더위 속에서 혼자 앉아 있는 통제사, 한산도는 고요했지만 통제사의 머리는 굶주림과 질병, 그리고 왜군에 대한 근심으로 들끓었을 것이다.

7월

한산도에 온 명나라 수군 장수

엄격한 아버지, 맏아들 이 회

늦더위가 여전히 기승을 부린 3일 상습적으로 양식을 훔친 이들이 처형되었다. 통제사는 석양 무렵부터 땅거미가 짙어질 때까지 새로 지은 수루에 홀로 서 있다. 횃불을 밝히자 수루의 벽 사이에 진흙이 무너져 보이는 선명한 틈, '불완전성'은 어쩔 수 없이 동반되는 삶의 단면일 것이다. 통제사는 고개를 돌려 어두운 남해바다를 바라본다. 다음날은 왜병 5명과 탈영병 1명이 처형된다. 통제사는 이날 혼자서 활터를 찾는다. 활 50발이 얕은 바다 개울을 건너 한발 한발 과녁에 꽂힐 때마다 고통과 번민이 묻어났다.

8일에는 고성 사람으로 왜군에게 잡혔다가 살아 돌아온 이를 문초했다. 여전히 적정은 별다른 변화가 없다. 이날도 격군의 관리를 소홀히 한 보성의 군관과 아전이 질책을 받는다. 9일에는 낙안의 군량 200섬이 도착해 각 진영에 나누어 졌다. 아주 잠시 동안 통제사의 고민을 덜어줄 것이다. 10일 아들 면이 중태라는 소식이 전해진다. 둘째 아들 열에게 약을 보낸 뒤 통제사의 일정은 동요 없이 진행된다. 12일에는 아들 면의 병이 깊어지고 순변사에서 영의정 유성룡이 죽었다는 소문이

들려왔다. 오랜 지기, 소문만으로 놀랄 법하건만 터무니없다고 일축한다. 유성룡이 전란을 뒤로 하고 먼저 죽지 않으리라는 확신에 차 있다. 하지만 통제사는 이날 밤이 깊도록 사람을 모두 물리치고 동헌에 혼자 앉아 있다. 빗방울이 떨어지고 점차 거세지며 대청으로 들이친다. 천장에서 떨어지는 빗물에도 아랑곳하지 않고 망부석처럼 앉아 있었다.

13일에는 짐짓 밝은 표정으로 점을 치고 있었다. 여러 번 점을 치는 것으로 보아 아들 면의 병세와 유성룡 등에 대해 고루 운세를 살피는 눈치다. 한참 점을 본 뒤에야 길(吉)하다는 괘가 비로소 나왔는지 척자점을 한쪽으로 치워둔다. 대청으로 나와 늦여름 장맛비를 바라본다. 폭염과 잦은 비로 벼에 병충해가 생기지나 않을까, 다시 고민 깊은 표정이다. 벼 한줄기에 조선 백성과 군사들의 생명이 달려 있다. 15일에도 나라에서 빌린 환곡의 이자를 갚지 못해 형벌을 받다 죽은 백성의 소식이 들린다. 통제사는 통제영 관할이 아닌 것을 한탄했다. 통제영이었다면 그 아전도 혹독한 처벌을 면치 못했을 것이다. 비는 16일까지 퍼부었고 17일부터 하늘은 씻은 듯 맑아졌다.

15일 한산도 본영 앞에 당도한 명나라 수군은 삼천진에서 하루를 머문 뒤 17일 마침내 한산도에 도착했다. 통제사는 경상, 충청, 전라우수사를 모두 불러 함대의 전열을 정비하라고 지시한다. 명나라 파총 장홍유는 명나라 함선 5척을 거느리고 도착했다. 하지만 한산도 일대에만 100여척에 가까운 판옥선이 함포를 탑재하고 정렬해 있다. 전투와 훈련으로 정예화 된 조선 수군, 철환과 총알에 팬 실전의 흔적이 곳곳에 녹아 있는 함선들은 언제라도 출동할 태세를 갖추고 있다. 파총은 함대의 진영을 날카롭게 훑어보았지만 통제사에게는 겸손한 태도였다.

"만리 뱃길을 마다하지 않고 오셔서 감사합니다."

"지난해 7월 절강선에서 배를 띄운 뒤 요동에 도착하자 요동 사람들이 뱃길에 돌섬과 암초가 많고 강화 협상도 잘 이루어지고 있으니 갈 필요가 없다고 말렸습니다. 그래서 총병 양문에게 보고하고 잠시 출항을 미루다 3월에 출항했습니다. 수군에게 뱃길이 무슨 수고라고 할 수 있겠습니까."

두 사람은 활터 정자에 올라 차를 마신 뒤 술잔을 나누었다. 술상에는 군관 이영남이 전날 보낸 소다리가 삶아져 있었다. 파총은 실질적인 왜군의 형세에 깊은 관심을 보였다. 다음날에도 수루에서 전략 회의는 이어졌고 공식적인 연합 일정에 대한 논의가 오간다. 통제사는 다음날 준비한 선물을 전달했다. 파총의 마음이 열린 듯 첫 날의 경계심은 온데간데없다. 통제사와 파총은 필담으로 자와 호를 주고받으며 사적인 이야기로 화제를 옮긴다.

20일 파총은 곧바로 뱃머리를 돌려 명으로 돌아갈 예정이라고 말했다. 하지만 통제사는 가볍게 훈수를 둔다. 가까운 남원에 총병 유정이 있는데 만나지 않고 가면 오해가 있을 수 있다는 것. 만나서 고국의 소식도 전하고 위문을 하는 것이 옳다는 설명이었다. 파총은 곧바로 수긍했다. 목적지가 남원으로 변한다. 이제 파총은 총병 유정을 만나 수군 출전의 필요성을 설득할 것이다. 아침 식사를 마친 파총은 이별주를 7잔이나 연거푸 마신다. 포구에는 숱한 실전을 치른 조선 수군의 맹장들이 예를 갖추어 도열해 있었다. 감격한 파총은 포구를 떠나가는 배에서 고개를 끄덕이고 손을 불끈 흔들며 서너 차례 송별인사를 한다. 통제사는 파총의 배가 떠나자 참모들을 이끌고 사인암에 올라 군사회의를 갖는다.

21일에는 두 가지 소동이 빚어진다. 이날 오후 명나라 장수와의 접견 내용을 도원수에게 보고하고 흥양에서 들어온 군량을 파악하던 통제사에게 맏아들 회를 둘러싼 사건이 전해진다. 20대의 '약관(弱冠)'을 거쳐 스스로 자신의 뜻을 세워가는 '이립(而立)'의 나이, 하지만 회는 전란 이후 늘 통제사 곁을 지켜왔다. 지난달 통제사가 주관한 무과에는 응시하지 않았다. 아버지가 주관하는 과거에 아들이 응시할 수는 없는 일, 의병의 신분으로 묵묵히 전투에 참전하고 효심 깊은 통제사와 통제사 어머니 사이를 오가며 집안의 대소사도 맡아왔다. 무엇보다 통제사의 아들임을 내세우지 않고 신중하게 처신하며 병사들과도 스스럼없이 지내 병영에서 물의를 일으키지 않았다. 그런데 21일 회가 관청노비를 매질했다는 사실이 알려졌다. 통제사는 아들을 잡아와 공개적으로 죄인을 다루는 동헌의 뜰아래 세운다. 매질은 사사로이 할 수 없다. 잘잘못을 떠나 회는 관청의 노비에게 매질을 할 수 없는 의병의 신분일 뿐이고 이는 공사의 구분을 망각한 처사이다. 엄한 질책과 꾸중이 쩌렁쩌렁 울려 퍼진다. 아버지는 없고 엄격한 통제사만 있다. 차마 아들에게 매를 내리지는 않는다. 주변의 모든 사람이 숨을 죽인다. 그동안 야단맞는 회를 본 적이 없다. 깊게 고개를 숙인 회, 회가 떨어뜨리는 눈물은 아버지에 대한 원망만은 아니다. 통제사이기 이전에 아버지, 그러나 아버지이기 이전에 통제사라는 사실을 배웠을 것이다.

이날 저녁 권관 이영남이 찾아왔다. 군사 작전에 차질을 빚었다는 이유로 원균에게 장 30대를 맞았다는 것이다. 빈틈없는 젊은 군관이 조선 수군의 최고 사령관에게 투정을 하고 있다. 통제사는 상처가 중한지 묻지 않는다. 군령을 어겼다면 곤장을 맞는 것이 당연하다. 하지만 이영남은 원균도 아끼는 참모, 호된 곤장을 맞았다면 통제영에 오지 못했을 것이다. 앞으로 군령의 기한을 어기지 말라며 조용히 타이른다. 안쓰러운 표정도 숨기고 있었다. 다음날 이영남이 충청수사 이순신, 순천부사 권준과 함께 통제영에서 씩씩하게 활을 쏘고 있다. 바람이 잦아들면서 화살은 과녁 중앙에 빼곡하게 박혀있다. 이들은 해질 무렵 수루에 올라 밤이 늦을 때까지 앉아 이야기를 나눈다. 저녁 하늘은 맑았고 물이 빠진 한산도의 파도 소리가 멀어지면서 활터와 수루의 적막감을 더한다. 통제사는 이영남에게 어디에서 구했는지 발효된 곡주로 서둘러 만든 기정떡 한 접시를 내민다.

26일에는 녹도만호가 탈영병 8명을 잡아왔다. 주모자 3명이 처형된다. 왜적이 초래한 또 다른 비극, 이들을 살리면 조선 백성이 죽는다. 탈영은 가난하고 굶주린 조선 수군을 가장 가까이에서 유혹하는 독소이다. 그리고 한 순간만 방치해도 전염병보다 더 급속한 파급력을 지닌다. 빈틈은 그때그때 채워야 나라가 무너지지 않는다. 통제사는 28일 찰흙에 짚을 개어 수루에 오른 뒤 기어코 벽의 빈틈을 채운다. 한 달 내내 신경이 거슬렸던 모양이다. 의승장 의능이 꼼꼼하게 메워진 빈틈에 덧칠을 한다. 29일에는 가랑비가 내리고 숙소에서는 통제사의 신음 소리가 가끔 새어 나왔다. 이 달에만도 통제사는 왜군 5명을 비롯해 10여명의 목숨을 거둘 수밖에 없었다. 죽음은 전선에서만 있는 것이 아니다. 전란은 전쟁터의 무수한 죽음을 막기 위한 작은 죽음도 끊임없이 원한다. 통제사는 이 원칙을 홀로 외롭게 수행하고 있었다.

8월

전란을 살아가는 조선의 여인들

깊어지는 원균과의 갈등

이달 들어 가을장마가 다시 이어지며 비를 퍼붓는다. 곧 다가올 추수철, 장대비에 벼가 누워버린다면 봄부터 시작된 한 해 고생은 모두 허사가 된다. 여전히 군량은 부족하다, 아니 늘 부족했다.

4일 통제사는 경상우수사의 군관과 아전들을 잡아들였다. 명나라 장수들을 대접하면서 조선의 여인들을 동원했던 것. 술과 떡, 음식을 이고 진중에 날랐다. 명나라 장수들이 이 여인들에게 무심할리 없다. 한바탕 소동이 일었다. 여인의 인생은 전란 속에서 파멸한다. 다시는 제 집에 발을 들여 놓지 못하고 평생을 유랑하는 삶을 살 수 밖에 없다. 타국 조선의 전쟁터에 서 있는 이국의 장수와 병졸들, 전쟁터는 삶의 허망함이 삶에 대한 끈질긴 욕망을 배설하는 모순적인 공간이다. 보이지 않는 적진 속에 조선의 여인들을 고스란히 제물로 내어 놓았다. 떡을 찧어 구원병의 은혜에 답하려던 순박한 여인들의 일생은 이렇게 한 순간에 뒤바뀐다. 통제사가 분노한 대목, 이달에 경상우수사와의 갈등은 이렇게 시작되었다. 초순까지 계속된 비는 11일에는 광풍까지 동반해 우주당 처마를 고집스레 벗겨내며 통제사를 시험한 뒤 다음날 그쳤다. 이날 도원수에게서 만나자는 전갈이 왔다. 통제사는 17일 사천에서 기다리겠다고 답한다. 경상우수사와 함께 하는 자리였다.

13일에는 소규모 출전이 이루어졌다. 통제사는 오전 10시쯤 견내량에 도착, 춘원포 등지의 왜적에 대한 소탕명령을 내렸다. 14일 오후 이영남의 보고, "왜선 한 척이 춘원포에 정박해 있어 기습을 했고 포로로 잡힌 조선인 남녀 15명을 구했다."는 전갈이었다. 젊은 소비포권관은 적선을 불사르지 않고 포획해서 보란 듯이 끌고 와, 해가 기울 무렵 한산진 포구에 정박시켰다. 소형 세키부네인 고바야 부네(小早船)였다. 주로 빠른 기동을 위해 척후나 연락선으로 사용되는 왜선, 뾰족한 바닥과 쇠못으로 결합된 갑판과 선체는 매끄럽고 정밀했지만 삼나무 뼈대는 약해 보였다. 뱃머리에는 얕은 층루만이 있었고 좌우에 모두 30여개의 노가 달렸다. 군사들이 함성을 지르며 왜선에 돌아다니며 구석구석 살펴본다. 병사들 표정에 자신감이 넘친다. 미소 지으며 이영남을 바라보는 통제사의 시선에도 믿음이 담겨 있다. 그러나 왜선에서 풀려난 조선 여인들은 생환의 안도감조차 드러내지 못한 채 고개를 숙이고 있다. 명나라 장수 앞에서 떡을 나르던 여인들과 이들은 모두 다를 것이 없다. 앞으로 자신이 짓지도 않은 죄의 대가를 받으며 전란이 파괴한 삶의 궤적을 맴돌아야 한다.

17일 열린 도원수와 통제사, 경상우수사의 군사 회의에서 두 가지 쟁점이 제기된다. 우선 조선 함대가 동진을 미루는 이유에 대한 질책, 통제사는 적정의 동향과 수군만의 작전이 지닌 한계를 솔직하게 토론했다. 그리고 수군과 격군이 굶주린다는 조정의 우려에 대해서도 그간 사정과 한산진에서 추진 중인 대책을 제시한다. 또 수군만의 무과시험이 왜 필요하고 어떤 효과를 낳고 있는지, 수군진의 분위기를 토대로 차분하게 설명한다. 도원수의 오해는 쉽사리 풀렸다. 통제사는 이어 명나라 진영에 조선의 여인을 동원한 우수군에 대해 분명하게 책망했다. 경상수사 원균은 얼굴을 붉힌 채 술잔만 들이켠다.

다음날 통제사는 아침 식사 후, 곤양군수와 소비포권관 등과 함께 삼천포로 향했다. 우수사 원균은 술에 취해 아직 일어나지 않은 시각이었다. 통제사는 19일 사량의 뒤쪽에서 부지런히 칡을 캔다. 칡 또한 각종 약재에 섞이는 병영의 필수 의료품, 통제사는 사소한 일에 금세 열중한다. 이영남과 더불어 60동을 캐고 나자 경상우수사가 합류했다. 20일 한산도 본진에 도착한 통제사에게 충청수사 이순신이 "어머니 병환이 위중하다."고 알린다. 통제사는 급히 홍양길을 허락한다.

아들을 전쟁터에 내 보낸 조선의 어머니들.

장흥의 군사 30명을 싣고 탈영을 도운 어부 막동이 26일 처형되어 효수되었다. 몇 되의 쌀이 어부 막동의 생사를 갈랐을 것이다. 29일 의병장 성응지의 사망 소식이 전해진다. 지난해 2월 웅포해전에서 의병과 승병을 이끌고 제포에 상륙한 의병장, 순천의 향교 유생 출신으로 전란이 닥치자 붓을 버리고 칼을 잡는 것이 중용(中庸)의 도리라던 유격대장이 다시 통제사의 곁을 떠났다.

"참으로 슬프다, 참으로."

짧은 조문에서 한없는 슬픔이 느껴진다.

그리고 이날 둔전의 비리 소식이 전해진다. 책임자들이 장을 맞고 얼굴에 도(盜)자를 새기는 자자형(刺字刑)을 받았다. 비리에 대해서만은 철저한 대가를 묻는다. 한 번의 묵인이 거듭되면 결국 둑이 터지고 백성들은 생존이 위협받는 혹독한 위기를 맞는다.

30일 통제사에게 부인이 위독하다는 전갈이 왔다. 생사의 문턱을 오간다는 것, 편지를 읽을 쯤에는 이미 결정되었을 것이다. 전란 이후 한 번도 돌아보지 못한 아내, 여전히 통제사가 갈 수 없는 길이다. 아들 셋과 딸 하나는 온전히 아내의 몫이었다. 아내가 떠난다면 아이들은 사실 고아가 된다. 전쟁터를 오가며 무수한 위기를 헤쳐 나간 통제사도 이번에는 막막한 심정을 감추지 못한다.

남편이 전쟁터에 서 있는 조선 여인의 또 다른 삶이었다.

이날 영의정 유성룡의 편지가 도착했다. "머뭇거리며 앞으로 나아가지 못한다는 원균의 비난이 후방의 조정에서 조금씩 호소력을 얻고 있다."고 분위기를 전했다.

9월

홍패, 조선 수군의 미래

장문포로 항진하다

늦가을의 하늘은 깊어지고 날씨는 청명했다.

1일 통제사는 다시 점을 친다. 최전선에 서 있는 가장이 병든 아내에게 할 수 있는 유일한 방법일 것이다. 2일 통제사는 아내의 병이 다소 회복되었다는 전갈을 받았다. 하지만 본래 약한 체질, 통제사의 얼굴에 수심이 여전하다. 3일 새벽 임금 선조의 밀지가 도착했다. 이른바 내용 없는 비밀 명령서, 이번에는 질책이 노골적이다.

"수군과 육군의 여러 장수들이 팔장만 끼고 서로 방관하면서 적을 치려는 방책을 한 가지도 세우지 못하고 있다."

전란이 터진 지 3년째, 왜군은 물론 질병과 굶주림, 그리고 명군까지 적은 사방에 있었고 통제사는 하루도 이 싸움을 거른 적이 없다. 선조의 눈에는 왜군만이 적으로 보일 것이다. 그런데 그 왜군마저 굴속에 숨어 잔뜩 웅크리고 있다. 초저녁부터 통제사는 깊은 생각에 빠졌다. 창에 비친 통제사의 모습이 촛불과 함께 가끔 흔들릴 뿐이다. 밤늦게까지 촛불이 밝혀진 통제사 처소에 흥양현감 배흥립이 들어온다. 수군의 두 노장이 난데없이 아이들도 알고 있는 '손자병법' 이야기를 주고받는다.

"나를 알고 적을 알면 백번 싸워도 위태롭지 않다."
"나를 알고 적을 모르면 한번은 이기나 한번은 진다."
"나도, 적도 모르면 반드시 패한다."

4일에는 원균이 이영남에게 보내 만나자는 전갈을 보냈다. 활터에 간단한 술상이 차려지고 이런저런 이야기가 오간다. 통제사의 화살이 과녁에 쌓이는 만큼 원균도 술에 취해 간다. 통제사는 그리 많이 말을 섞지 않는다. 그리고 7일 좌의정 윤두수가 10일쯤에는 순천부를 순찰한다는 통지가 당도했다. 원균과 인척관계를 맺고 있는 중앙의 권신, 앞뒤의 사정을 모두 잘라버린 윤두수의 장계가 당분간 조정을 놀라게 할 것이다.

"이런저런 사유로 아전을 처형해 효수할 수밖에 없었다."와 "아전이 잔혹하게 처형돼 가족과 백성의 원성이 높다."

"수군을 굶기지 않기 위해 둔전에서 밤을 지새웠다"와 "수군이 굶주려 싸움을 할 수 없을 지경이다"라는 전혀 다른 이야기는 결국 모두 맞는 말이다. 윤두수는 자신의 입장에서 맞는 말을 고를 것이다. 선택은 선조의 몫이다.

9월 9일은 중양절, 하늘이 유난히 맑고 푸르다. 9자가 두 번 겹치면서 3월 삼진날, 5월 단오, 7월 칠석 중 으뜸으로 치는 길일이다. 삼진날 온 제비는 강남으로 돌아가고 농부는 한 해의 수확을 마무리 하는 숨 가쁜 시기지만 살림살이만큼은 한 해 중에 가장 풍족하다. 평화 시라면 임금이 참석하는 제사가 올려지고 군신 간에 잔치가 벌어진다. 국화주가 곁들여지면 흥은 최고조에 달한다. 백성들은 성묘를 하거나 오후에 제사를 지내고 마을의 촌노들에게 음식을 나눈다. 통제사는 빈약한 통제영 살림이지만 이날을 거르지 않기로 했다. 둑제를 지내 병영의 군기를 다지기로 한 것. 장흥부사 황세득이 제사를 주관하고 제주를 올리는 헌관이 되었다. 흥양현감 배흥립이 제사를 준비하는 전사를 맡았다. 제사 음식을 준비하기에 앞서 몸을 단정히 하고 마음을 경건하게 하는 재계의 책임이 8일부터 지워진다. 흥양현감은 이날 내내 입을 다물고 우직하게 제사 음식 감독에만 치중한다.

중양절 둑제는 제사라기보다는 축제처럼 진행됐다. 제장과 병사들이 모여 활을 쏘고 음식을 나누는 소박한 잔칫상이 펼쳐진다. 경상, 전라, 충청의 주요 장수들이 모두 모였는데, 경상우수사만 참석하지 않았다. 지난달 도원수와의 만남 이후 관계는 좀처럼 회복되지 않는다.

11일에는 군량을 상습적으로 훔쳐오던 남평 아전이 처형된다. 13일에는 민정을 시찰하는 조도어사의 장계가 도착했다.

"수륙 양군이 서로 침해하지 말라. 수령들을 전쟁터에 내보내지 말라."

하나같이 현실과는 거리가 먼 소리였다. 이날 저녁 조정에서 지난 별시에 합격한 97명에게 나누어 줄 홍패가 도착했다. 왕의 명령으로 관직을 내리는 교지, 붉은 종이의 임명장에 합격자의 이름이 뚜렷하다. 백성들에게는 평생의 꿈이었다. 붉은 종이 한 장 한 장에는 막중한 책임이 담겨 있다는 사실을 신임 지휘관들은 잘 알고 있다. 새로운 수군 장수들을 격려하는 영의정 유성룡의 편지가 함께 들어 있었다. 이틀 뒤 별시에 급제한 97명에게 홍패가 수여된다. 애초 백 명이 급제했으나 비리에 연루되었거나, 군영 내에서 다른 병사들에게 폭행이 잦았던 3명이 최종 심사에서 제외되었다. 태어나서 처음으로 임금의 명령을 직접 받는 순간, 홍패에 쓰인 자신의 이름을 본 신임 장수들은 긴장했고 감격했으며 다른 병사들은 어제까지 동료였던 신임 장수들에게 부러움의 시선과 축하의 갈채를 보낸다. 병영이 다시 잔칫집 분위기다. 통제사는 이렇게 곧바로 실전에 투입할 수 있는 지휘관 97명을 얻었다.

20일 비바람이 거세다. 통제사는 병영에서 다시 꿈 이야기를 꺼낸다. 꿈의 내용에 따라 통제사의 심중을 엿볼 수 있다. 조정의 현실에 분노했는지, 지방 수령의 무능에 화가 나 있는지, 아니면 출정을 할 것인지 등이 미루어 짐작된다. 통제사의 꿈 이야기는 병영에 순식간에 퍼지면서 사기를 올려주거나 경계심을 자극하는 역할을 했다. 이날 꿈은 아무래도 출정에 가깝다.

"바다 가운데 외딴 섬이 우레 같은 소리를 내며 달려와 모두 놀라 달아났지만 우뚝 서서 끝까지 장쾌한 모습을 구경했다."는 것이다. 의심의 여지가 없었다.

21일 이제 겨울의 문턱, 날은 맑았다. 통제사는 이날 병영 체육대회를 열었다. 장수와 병사들이 활쏘기와 돌담 뛰어넘기, 그리고 씨름을 하면서 하루를 보낸다. 22일부터는 장수들이 잇따라 통제사를 찾았고 도원수부와 통제영을 전령들이 부지런히 오간다. 23일 한동안 오지 않던 경상우수사 원균이 통제사를 찾았다. 공식적인 작전이 임박했음을 직감케 했다. 그리고 낙안 군사와 전라좌수영 군사를 검열한다. 일일이 숫자를 헤아리고 병사의 결원과 준비 상태에 따라 태만한 아전에게 죄를 묻는다. 24일 전라좌도는 누런 색, 전라우도는 붉은 색, 경상도는 검은색으로 분류 된 군복, 더그레가 지급되었다. 각 진영을 오가는 전령의 소속을 구분하기 위한 방편이었다. 먼발치에서 군복만 보아도 소속 부대가 한눈에 파악된다. 26일에는 마침내 의병장 곽재우, 김덕령이 견내량에 당도했다는 도원수부의 전갈이 당도한다. 육군이 거제도에 상륙, 수군과 연합해 거제에 있는 왜군을 모두 몰아내고 궁극적으로 부산포로 향하는 안전한 수로를 확보한다는 것이 이번 작전의 요체였다. 27일 아침, 통제사는 함대를 이끌고 적도 앞바다에서 곽재우와 만나 세부 상륙작전을 최종 점검했다. 장수들이 회의를 마친 뒤 각각 작전 구역으로 병사들을 내몰아 조용히 흩어진다. 28일 통제사는 흉도 앞바다에서 작전 기일을 기다리는 모습, 점을 쳐보는 통제사 손에 '길(吉)'한 패가 쥐여져 있다.

29일 아침, 거제의 북단 장문포에 조선 함대가 모습을 드러냈다. 왜군은 험한 능선에 돌성과 누각을 짓고 해안가에는 견고한 진지를 구축해 놓았다. 선봉 함대가 나타나자 왜선 2척이 무모하게 달려들었지만 화포에 걸려 한 순간에 기울었다. 판옥선이 내달아 옆구리를 들이박으며 배를 깨뜨리는 소리가 사방에 울린다. 이어 불붙인 짚단과 화살이 쏟아지고 2척은 순식간에 가라앉으며 불꽃이 바다에 잠긴다. 뒤따르던 나머지 왜선은 급하게 뱃머리를 해안으로 돌렸다. 기슭에 정박한 왜병들은 아예 배를 포기하고 능선의 진지로 퇴각해 버렸다. 수북히 쌓인 낙엽 사이로 깎아지른 능선과 비슷한 각도로 세워진 왜성이 보이고 희고 붉은 깃발 사이에서 연기와 함께 조총소리가 드문드문 날카롭게 울린다. 하지만 정작 인근 해안은 왜군이 모두 사라져 적막했다. 통제사는 함포 사격을 명령하고 반쯤 누워버린 나머지 빈 배들을 모두 불사른 뒤 포구를 한 바퀴 돌아 칠천량으로 회항한다. 왜군들에게 해전은 여전히 '재앙'이었다.

10월

의병과의 수륙 연합 작전

전방의 장수를 끌어내리는 조정

    삼도 연합 수군은 이달 초하루 영등포에 출항했으나 왜군은 아예 항전을 포기했다. 어제와 같은 교착상태가 이어질 뿐이다. 이날 저녁 어둠이 깔린 장문포 앞바다에 정박하려던 사도 2호선에 정체를 알 수 없는 소선이 만(灣)을 돌아 불쑥 튀어나와 달려들었다. 왜수군이 전투를 포기했다고 섣불리 단정하고 척후를 게을리했던 것이다. 불화살이 사도 2호선에 떨어졌다. 왜선은 쏜살같이 도주하고 불은 곧 꺼졌지만 사도 2호선의 군관은 통제사에게 불려가 엄한 질책을 들어야했다. 함대는 칠천량으로 회항했다. 어둠이 짙어지면서 만과 만, 연안 곳곳에 대한 해상 경계가 삼엄해지고 병사들은 바짝 긴장한다. 한 밤중에 경계를 늦추는 순간 언제라도 왜선이 기습할 수 있다는 사실을 실감한 것이다.

    함대는 2일과 3일 장문포로 다시 항진한다. 왜군은 해전은커녕 연안에서조차 아예 응전하지 않는다. 예상과 다르지 않았다. 다음날 본격적인 육군과의 합동 작전이 전개된다. 곽재우와 김덕령이 군사 수백을 선발해서 왜군이 웅크린 능선에 오르기 시작한 것. 해안에서는 함선이 적진에 함포 사격을 퍼부었다. 상륙한 육군을 본 왜군들은 서둘러 진지를 빠져나왔다. 그리고 사방으로 산개해서 흩어진다. 함선의 편전과 화살이 왜군 진지를 향하고 조선 육군의 총통 소리가 계곡에 울려 퍼졌지만 대규모 접전은 이뤄지지 않았다. 왜군이 아예 진지를 버리고 숲속으로 숨어들면서 육군도 더 이상 산에 오를 수 없었다. 능선에 오르면 곳곳에 숨어든 왜군에게 병력이 노출될 수밖에 없다. 소수의 육군 병력만으로 거제 일대의 모든 왜군을 소탕하기란 무리라는 현실이 입증된다. 육군은 본격적인 토벌작전을 전개하기에는 빈약했고 이를 파악한 왜군들은 일단 도주한 뒤 요소요소에서 재결집하는 유격전을 펼치고 있는 것이다. 이날 칠천량에 정박한 수군에게 선조의 선물이 내려왔다. 2품 이상의 관리에게 보내는 담비의 털가죽, 지난번 질책하는 밀서가 마음에 걸린 모양이다. 함대는 바람이 거세게 일면서 다음날까지 칠천량에 머문다.

6일 새벽, 적막한 장문포 앞바다에 조선 수군의 선봉이 다시 나타난다. 포구 인근의 해안 진지에 웅크렸던 왜군은 깃발을 세워 큼지막한 패문을 달아놓고 산 중턱 능선의 왜성으로 허겁지겁 도주한다. 선봉의 돌격선이 바닷가에 닿자 왜군이 땅에 꽂아 놓은 패문이 보인다.

"명나라와 화친을 의논하고 있으니 서로 싸울 필요가 없다."

장문포 왜성은 아예 쥐 죽은 듯 고요하다. 하지만 왜수군의 기능이 정지되며 퇴로가 차단된 상황에서 육군을 상륙시키면 죽기 살기로 덤벼들 것이다. 해안 인근에 왜군은 없었지만 능선의 왜성 근처는 여전히 살기가 가득하다. 바다로 끌어내려는 전략은 사실상 수포로 돌아간 셈이다. 육지에서의 소탕만이 유일한 해결책, 그러나 현재 조선의 군세로는 무리이다. 적이 만들어 놓은 사지에 육군을 몰아넣을 수는 없다.

이날 오후 칠천도에 정박한 조선 수군에 왜군 1명이 투항해 왔다. "수저에는 일절 응하지 않는다."는 왜군의 지침이 병졸을 통해서도 확인된다. 함대는 흉도로 진을 옮겼다. 겨울의 초입, 말먹이용 띠풀이 널려있다. 7일과 8일에는 곽재우와 김덕령 등이 띠풀을 베고 있다. 통제사도 거든다. 8일에도 장문포에 함대가 파견되었으나 적들은 아예 보이지 않는다. 산 속 깊이 산개해서 능선의 길목을 막고 결사전을 준비하고 있을 것이다. 통제사와 의병장들은 가끔 웃음을 주고받으며 묵묵히 띠풀 베는 일에만 열중한다. 띠풀 400여동이 함대에 실리고 이날 저녁 자정에 함대는 한산도로 돌아왔다. 왜군의 대응방식이 분명하게 확인되었다. 전선이 교착 상태에 빠진 것이다. 이제, 기다려야한다. 먼저 긴장을 늦추는 자가 희생양이 될 것이다.

전투가 끝난 뒤, 통제사는 뒷수습을 하고 무엇보다 적정의 동향을 상세하게 담은 장계를 작성하는데 열중했다. 경상우수사 원균도 따로 장계를 올린다. 모든 전공을 자신의 것으로 돌릴 것이라는 예상은 곧 사실로 확인되고 이번에는 분노한 전라우수사 이억기가 17일 통제사를 찾았다. 수군 진영 불협화음의 중심에는 늘 원균이 자리 잡고 있는 것이다. 전날 도착한 순무어사 서성도 갈피를 잡지 못하고 곤혹스런 표정이다.

이달 들어서 제법 많은 군수 지원물자가 조정에서 내려온다. 12일에는 족제비 가죽으로 만든 귀마개인 남바위 수십 개가 전달된다. 또 25일에는 목화와 벙거지, 상등급의 목면 50필이 내려왔다. 모두 방한 용구들, 조정이 제법 급한 불을 끄고 정착해가고 있다는 조짐으로 보인다. 그리고 이날 순천부사 권준이 잡혀가면서 통제사를 찾았다. 통제사의 불편한 심기가 그대로 표출된다. 아마 탐관오리의 우두머리로 지적했던 어사의 장계가 조정에서 논란이 되었던 모양이다. 지은 죄가 없으니 곧 풀려나겠지만 그 만큼 전선은 공백이 된다. 후방에서 끌어내리는 전방의 유능한 장수들, 끊임없이 살아남는 무능한 장수들, 그리고 들려오는 중앙 권신들의 행태, 결국 장수들은 전쟁의 승리만으로는 제 자리를 지킬 수 없다는 현실을 자각할 것이고 이는 통제사에게 장문포 왜병보다 힘겨운 내부의 적이 될 수밖에 없다.

28일에는 목화솜이 병영에 나누어지고 다음날부터 차갑고 매서운 하늬바람이 불어 본격적인 겨울을 알리기 시작했다.

11월

통제사의 심리전, 왜병들의 조선 부대

전란 중에 민가에 머무는 장수

전선이 소강상태였지만 적에 대한 척후 및 수색, 토벌은 꾸준히 전개되었다. 겨울철로 접어들면 전선은 더욱 얼어붙을 것이다. 왜군들은 굴속에서 겨울을 날 것이고 조선 수군의 기동도 쉽지 않아진다.

3일에는 지난 9월 포로로 붙잡혀 투항한 왜군 야여문(也汝文) 등 3명이 통제사 진영에 배치되었다. 5일에도 왜병 13명이 이송된다. 통제사는 투항한 왜병은 처형하지 않았다. 다만 투항을 거부하거나 거짓으로 투항한 포로는 서슴지 않고 효수했다. 이는 포로에 대한 심문과정에서 결정된다. 왜군에게 탐지된 적정의 상황이 통제사가 파악한 내용과 일치할 경우 그들은 살아남았다. 하지만 말이 자주 바뀌면서 앞뒤가 맞지 않으면 가차 없이 목을 베었다.

이들에 대한 통역은 1587년 왜구에게 잡힌 뒤 살아 돌아온 공태원이 맡았다. 3년 후 조선의 통신사와 함께 돌아온 공태원은 왜말도 능숙했지만 왜국의 문화와 사고방식에 대한 이해가 높았다. 지난 5월 왜군 3명을 붙잡아 심문할 때도 공태원은 투항한 왜군의 통역을 맡아 투항인지, 첩자인지를 가르는 과정에서 통제사의 판단을 도왔다. 이와 함께 한산진에는 산발적으로 투항하거나 포로로 잡힌 왜군의 수가 적지 않았다. 통제사는 노역하던 왜군 포로 일부를 간추려 전투 병력으로 전환시킨다는 구상을 이달 들어 본격적으로 추진했다. 총포에 능해 전투력이 높고 화약을 잘 다루는 정예병들이 심문을 거쳐 선발되었다.

야여문은 바로 이러한 통제사 계획의 일환으로 조정에 요청해 파견된 것으로 보인다. 사로잡힌 왜병들 중에서 일부를 가려내는 과정에서 반대 의견도 거세게 일었다. '고양이에게 생선을 맡기자는 격'이라는 주장이었다. 그러나 통제사는 부작용이 두려워 중도에 포기하는 성격이 아니다. 결국 함포를 맡길 편제를 조직하기 시작했다. 이른바 '왜인 부대'인 셈이다. 전란 이후, 조선 정착을 돕거나 왜국에 무사히 귀환시킨다는 약속도 주어졌다.

순변사 이일의 진영, 도원수의 진영, 우병사 김응서의 진영 등에서 왜군 수십여 명이 한산도에 도착했다. 통제영의 포로까지 합해지면서 정식 편제를 이루었다. 야여문이 주도하는 이들 왜인 부대는 노역장을 떠나 군사 훈련을 재개한다. 총포를 다루는 일이 집중되었다. 아직 조총이나 칼을 믿고 맡길 수는 없을 것이다. 그리고 27일에는 통제사와 거제현령, 사도첨사 등이 지켜보는 가운데 이들은 총통을 쏘았다. 놀라운 명중률을 보인다. 조선 함대에 배치되어 조선 수군과 섞이면 실전에 투입된다.

하지만 통제사가 단순히 몇몇 포수를 확보하기 위해 이처럼 번거롭고 위험한 일을 계획하는 것처럼 보이지는 않았다. 어쩌면 적과 아군에게 미치는 심리전이 더 큰 이유일 것이다. 조선 수군은 이미 사천, 부산포 해전에서 조선인이 아군을 향해 쏘아대는 총통과 편전을 보면서 깊은 상처를 받았다. 이제 그 상처를 되돌려주려는 의도, 통제사의 셈법일 것이다. 그들은 기괴한 왜군의 투구를 쓰고 갑옷도 그대로 입고 있었다. 이들이 궁극적으로 조총부대로 전환되면 통제사의 계획이 완성된다.

11일은 동지, 작은 설날로 불리는 명절을 맞아 통제사는 병사들에게 팥죽을 돌린다. 가족에 대한 그리움이 더욱 사무칠 수밖에 없다. 팥죽 한 그릇에는 잠시라도 향수를 견디어내라는 당부와 배려가 담겨있다. 늘 배고픈 병사들은 다음날 무단으로 견내량을 건너가 고기를 잡았다. 왜군과 대치한 수군의 최전선, 곧바로 척후에 걸리면서 24명이 붙잡혀왔다. 이들은 가벼운 곤장을 맞아야했다.

15일은 통제사 아버지의 제삿날, 공무를 쉬고 있는 통제사의 얼굴에 그리움이 가득하다. 이날 어머니가 여전히 편안하시다는 전갈을 받고서야 서글픔이 걷힌다. 날씨는 봄날 같이 따뜻했다. 17일에는 서리가 눈처럼 쌓이며 한산도를 뒤덮었다. 또 24일에는 봄날 같은 날씨가 찾아왔다. 날씨조차 오락가락 갈피를 잡지 못한다. 통제사는 25일 장수들에게 농담 삼아 어젯밤 꿈 이야기를 풀어놓는다. 어떤 내용이 담겨있을까, 장수들도 솔깃한 눈치다.

꿈에 순변사 이일의 처소를 찾아 '무인이 전란 중에 성안을 비우고 음탕한 계집과 함께 성 밖의 민가에 머무르니 대체 어찌된 일이냐'고 추궁했는데 몹시 민망하고 무안해 하더라는 것, 가벼운 농담은 아니었다. 최근 병영에서 순변사를 둘러싸고 돌고 있는 불미한 소문을 정면으로 거론하고 나선 것이다. 꿈 이야기가 이어진다. 계집을 물리친 뒤 공무를 상의하며 '수군이 관할하는 각 마을과 포에 육진의 군수 물자를 배당하고 수탈하는 이유'를 물었으나 군색한 답변만 늘어놓기에 기지개를 켜며 잠에서 깨었다는 것이다.

통제사는 "육진의 부당한 요구가 있으면 장수들이 맞서서 바로 잡으라."고 주문한다. 표정은 미소 짓고 있지만, 어투는 단호했다.

장수들은 이번에는 해몽할 필요도 없었다. 전시에 장수가 군영을 비우고 민간인이나 기생집에 머문다면 파직의 사유가 된다. 순변사 이일에 대한 문제제기와 함께 장수들에 대한 경고장, 제장들의 얼굴에 긴장감이 서렸다. 그리고 고질적인 군수 물자의 부족, 수군에 대한 육군 압력에 제대로 맞서라는 주문이다. 통제사의 고민을 공유한 장수들은 고개를 끄떡인다.

28일은 맑았다. 한산도의 왜인들은 초겨울 바닷바람 속에서 한때 동료였던 왜군을 겨냥한 함포 사격 연습에 여념이 없었다.

12월

수군의 불화

조정에 숨죽인 갈등의 불씨

이달 들어 통제사와 경상수사 원균의 문제를 놓고 조정에서 본격적인 공론이 일고 있었다. 영의정 유성룡 등이 보낸 편지와 공문을 통해 구체적인 정황이 통제영에도 전해졌다.

우의정 김응남이 1일 두 장수가 화목치 못하고 대립하고 있으니 원균을 체직시키자면서 후임으로 선거이를 추천했다는 것. 이밖에도 배설, 구사직 등이 거론되었다.

이에 선조는 비변사와 의논해서 다시 보고하라고 명한다. 비변사에서는 선거이를 다시 추천한 뒤 원균이 군율을 위반한 사실이 있는 만큼 전라 경상 등 인근지역의 육군을 지휘하는 자리에서 멀찌감치 떼어놓자는 의견을 올렸으나, 선조의 반응이 날카로웠다.

"그렇다면 이순신만은 군율을 범하지 않았다는 것인가, 내가 보기에는 이순신의 죄가 원균보다 더 심하다고 여겨진다. 원균을 병사로 삼아서는 안 된다는 그 주장을 이해할 수 없다."며 통제사에 대해 노골적으로 불편한 심기를 드러낸 것이다.

이에 대해 비변사에서는 일단 선조의 비위를 거스르지 않기 위해 노력했다. 통제사가 임금을 속이는 기망죄를 범했으니 마땅히 중벌로 다스려야한다고 호응했다. 다만 전세가 급변하는 상황에서 수군의 주장을 바꿀 수는 없는 만큼 일단 원균을 갈자는 의견을 내놓았다. 또 수군에서 원균이 통제사의 부장임에도 불구하고 명령을 따르지 않은 사실을 들어 서로 떼어 놓는 조치는 불가피하다고 의견을 모았다. 원균을 가까운 지역의 병사로 삼는다면 수군과 육군의 명령 체계가 충돌, 지휘계통이 무너져 내릴 것을 염려한 것이다. 결국 원균에게 충청병사의 자리가 추천되었고 선조는 마지 못해 이를 허락하였다.

이어 비변사는 16일 "원균 휘하의 우치적, 이운룡 등이 높은 공을 세우고도 상이 미흡했다."면서 "마땅히 상을 주자."고 원균 달래기를 시도하고 있었다.

문제는 19일 사간원이 끼어들면서 다소 복잡해진다. 수군이 적을 막는 최선의 방법인데 원균이 빠지면 방비가 허술해지고, 수군이 형편없어 질 것이라고 진단하고 나선 것이다. 또 원균과 이순신은 모두 명장으로, 단지 화목하지 못할 뿐이라는 말도 실상과는 거리가 먼 거짓에 불과하다고 간했다. 수군에서 두 사람이 공이 같은데 통제사가 이를 가로채면서 마땅히 원균이 불쾌해졌다고 진단했다. 이에 따라 휘하의 장수들도 반목, 상황이 악화되었다며 문제의 원인으로 통제사를 지목한 것이다. 따라서 원균의 수사직을 그대로 유지하라고 간언하고 나섰다. 사간원은 분명하게 원균의 손을 들어준 것이다. 선조는 일단 사간원의 의견을 받아들이지 않고 비변사를 따랐다. 원균을 교체키로 결심한 것이다. 하지만 수군의 현실과는 아예 무관한 조정의 정치 싸움은 그 불씨가 잠시 잠복한 상황에 불과했다.

통제사는 이제 왜수군과 더불어 통제영의 살림살이, 군사 제도의 모순, 그리고 한산진의 현실을 입맛에 맞게 진단하고 해석한 뒤 처방전까지 내미는 정치적 소용돌이라는 2중, 3중의 적을 피할 수 없었다.

1595년
을미년

1월

잡혀가는 참모, 늘어나는 정적(政敵)

흥양현감 배흥립과 순변사 이일

새해 새벽부터 삼도 수군 통제사 이순신(51세) 숙소에 촛불이 켜져 있다. 밤새 잠을 못 이룬 이유는 쉽사리 짐작된다. 이제 새해로 80세가 된 고령의 어머니, 함께 새해를 맞을 수 없다. 어머니 옆에서 설을 보낸다고 어머니가 기뻐할 리 없다. 엄격하신 어머니, 자애로운 어머니, 전란을 버티는 근원적 힘이었지만 병약해진 모습이 통제사의 가슴을 짓눌렀을 것이다.

아침 어스름이 걷히면서 제장들의 새해 인사가 줄을 잇는다. 통제사는 일일이 아전과 군사들에게도 상을 내오고 술을 마시게 한다. 날은 계속 맑았고 통제사는 묵묵히 일을 한다. 5일 본영의 조카와 아들이 "어머니가 편안하시다."는 전갈을 비로소 알린다.

7일에는 투항한 왜군을 지휘하는 야여문이 문안을 한다. 통제사는 먼저 노고를 위로하고 왜군 부대에 대한 훈련 상황을 보고 받았다. 훈련된 왜군, 전투력에 보탤 수 있다. 그러나 여기에 그치지 않고 다양한 의미를 지닌다. 포로가 된 왜군은 조선 수군 자신감의 원천이다. 야여문은 통제사 진영에서 사흘을 머물고 남해의 훈련장으로 떠났다. 자신이 태어난 나라, 그리고 새로 인연을 맺은 나라, 야여문은 자신의 새로운 선택에 대해 분명 어떤 확신이나 신념을 가지고 조선 군영을 오가고 있었다.

장수들이 오가고, 새로운 판옥선을 만들면서 한산도는 새해라고 해서 특별히 달라진 것이 없었다. 대보름 저녁에는 통제사를 만나러 온 우수영의 우후 이정충이 배에서 내리다 포구에 빠져 병사들이 바다에 뛰어들어 구출한 사소한 일이 백성들 사이에서 우스갯소리로 떠돌아 다녔을 뿐이다.

건조하면서도 추운 계절이 지속되면서 19일에는 여도 함선에서 난 불이 인접한 광양, 순천, 녹도 함선으로 번졌다. 순식간에 4척의 판옥선을 잃었다. 통제사는 분노했지만 군관과 아전들에게 곤장을 친 뒤 마무리 한다. 실수에 관대하고 비리에 가혹했다.

21일, 오늘은 맏아들 회의 결혼식, 기러기를 가지고 신부의 집으로 향했다. 전란의 틈바구니에서 늦어진 결혼이다. 전란 속에서 가장이 되는 회의 어깨가 더욱 무거워질 것이다. 통제사의 심정을 미루어 짐작했는지 장흥부사 황세득이 오랜만에 통제사를 찾는다. 부사의 부인은 통제사 아내의 사촌 언니, 늘 조심하고 거리를 두면서 공무에 충실한 장흥부사, 그런데 이날은 민감한 이야기를 꺼낸다. 순변사 이일이 통제사를 그 자리에서 끌어 내리기 위해 혈안이 되어 있다는 귀띔이었다. 통제사가 지난해 장수들에게 전한 꿈 이야기는 이미 진중에 소리 소문 없이 파다하게 퍼졌고 순변사 귀에도 들어갔을 것이다. 이제 전란 중에 성 밖에서 여인과 자는 일은 없는지, 통제사는 차가운 미소를 지으며 거침없이 되묻는다. 황세득이 오히려 당황한다. 오랫동안 전쟁터에서 만난 상관 순변사 이일, 하지만 상관으로 받든 기간이 길다고 해도 가는 길이 다르다면 그 사람을 존경할 수는 없었을 것이다.

26일 흥양현감 배흥립을 잡아들일 나장이 한산도에 들이 닥친다. '탐관오리라는 꼬리표'는 병영의 군량미 관리에 혼신의 힘을 기울이는 수령들에게도 흔히 붙는다. 그 만큼 조정과 어사들에게 소홀할 수밖에 없기 때문이다. 흥양현감은 선소를 운영하며 판옥선을 만들고, 전투가 벌어지면 최전선에 나선 수군의 주춧돌이다. 통제사는 옥포전투부터 꾸준히 전장에 서온 장수 하나를 다시 잃을 처지에 놓였다. 임진란 초기에 진해루에서 죽기로 각오한 녹도 만호 정운, 광양현감 어영담은 남해의 혼령이 되었고, 순천부사 권준은 압송되어 곁에 없다. 전쟁터에 서면 한 몸처럼 움직이던 전란 초기의 참모들이 하나, 둘 통제사의 곁을 떠나고 있었다.

더구나 이달 들어 도원수부에서 전해온 공문이 우호적이지 않았다. 수군의 경계가 허술하고 병사들이 굶주린다는 지적이 연일 쏟아진다. 사실과 거짓이 교묘하게 섞이고 문제를 해결하기 위해 통제사가 기울이는 부단한 노력에 대해서는 전혀 언급이 없다. 균형이 사라진 공문은 시간이 흐를수록 조금씩 과감해지면서 결국 자신의 주장에 취해 사실조차 왜곡하기 마련이다. 좌의정 윤두수가 수군의 현실을 부지런히 진단하고 통제사의 무능을 연일 개탄하고 있었다. 이 공문들은 며칠의 시차를 두고, 조정에도 도착할 것이었다.

30일 통제사는 매서운 샛바람을 온 몸에 고스란히 맞으면서 한산도 바닷가에 한참을 서 있었다.

2월

원균, 수군을 떠나다

둔전과 고기잡이

   봄기운이 완연한 1일, 바닷바람만은 거세게 불었다. 함대의 집결 시한을 맞추지 못한 보성군수 안홍국이 곤장을 맞았다. 충직한 휘하 장수, 하지만 통제사의 잣대는 엄격했다. 이날 왜병 2명이 탈주를 시도하다 목이 베어진다. 흥양현감 배흥립은 2일 금부나장과 함께 통제영을 떠났다. 7일에는 안홍국이 술병을 들고 통제사를 찾는다. 곤장을 치던 통제사의 마음도 아팠다는 사실을 잘 알고 있었을 것이다. 오후 늦게까지 정담이 이어진다.

   아직 보리 이삭은 패지 않았지만 밭농사는 본격적으로 시작된다. 둔전의 관리 실태에 대한 검열이 이어지고 모내기를 위한 씨나락의 점검, 밭에 대한 파종 등이 시작된다. 11일에는 조정에서도 둔전 관리에 소홀함이 없게 하라는 공문이 시달되었다. 통제영의 자급자족은 물론 한양과 명나라 군사, 경상 우수영까지 군량미를 조달하는 이때만큼은 통제사도 눈코 뜰 새 없이 바쁜 농부가 된다. 또 일대 바다도 식량과 군량 조달을 위해 적극 활용되면서 어부도 겸한다. 수군들 대부분은 본래 농부이거나 어부다. 이들과 함께 미역을 따거나 고기잡이에 나서 병사들의 부족한 끼니를 채워주고 남은 것은 말리거나 절여, 나중에 보리나 쌀 등 곡물과 바꾸는 것도 주요한 '수군 작전' 중 하나, 군관 송한련이 이 일을 부지런히 해내면서 그 결과를 틈틈이 통제사에게 보고한다.

전선이 소강상태라고 해서 군사 업무를 등한시 할 수는 없다. 농사 옷을 벗고 장수의 홍철릭으로 갈아입는다. 함선을 건조하는 일이 지연되자 수령들을 다그친다. 삼도의 수군을 통제하는 준엄한 기운이 서린다. 16일에는 함평현감 조발이 논박을 당했다며 통제사를 찾았다. 역시 통제사가 신임하는 장수, 술을 권하며 위로할 때는 자식을 다독이는 어머니의 모습이다. 이날 밤 통제사는 함대를 이끌고 직접 견내량을 건너 적정을 살핀다. 한 시각도 게을리 할 수 없는 대치상태가 이어지고 있는 요충지, 춘원도에 정박한 배는 다음날 거제 북단과 경상 우수영의 인접 해안을 둘러본다. 왜군 수백여 명이 기슭에서 머물다 조선의 대장선을 보자 뿔나팔을 불어대며 앞 다투어 산과 능선으로 도주한다. 바다는 깨끗했고 왜대선은 보이지 않았다. 깊은 포구에 중소선 한 두 척만 기동을 위해 정박해 있을 것이다. 17일 함대는 한산도로 귀항했다.

19일에는 군관 송한련이 그 동안 잡은 물고기와 보관 상황을 보고한다. 25일은 조정의 공문과 영의정 유성룡의 편지가 도착, 통제사도 영의정에 대한 답신과 적의 동향 및 둔전 등에 대한 내용을 담은 장계 16통을 보낸다. 전순천부사 권준의 구명을 요청하는 내용도 통제사의 답서에 포함되었을 것이다. 밤새 통제사 방에서는 촛불이 꺼지지 않았다.

27일 경상우수사 원균에게 교지가 내려왔다. 충청도 병마절도사로 임명한다는 것. 후임은 진주 목사 출신의 배설이었다. 배설이 떠날 때 진주의 어린아이와 노인까지 모두 나와 길을 막고 붙잡았다는 이야기를 통제사도 전해 들었다. 백성의 마음을 제법 헤아리는 수령이라는 뜻이다. 경상우수영에 대한 통제사의 기대감이 커질 수밖에 없다.

원균은 이날 교지에 대한 불만이 극심했던 모양이다. 임금 선조의 말이라면 한 치의 어긋남 없이 받들던 원균이 의외의 반응을 보였다. 교지에 숙배도 하지 않고 한 동안 받기를 거부했다고 전해졌다. 선전관이 타이르자 불평을 늘어놓으며 엉거주춤 절하면서 억지로 받았다는 후문이다. 늘 적을 피한다고 통제사를 몰아붙인 원균, 육지의 최전선으로 가라는 교지에 거친 불만을 토로했다. 아마 임진란 발발 이후 통제사를 한 번도 누르지 못하고 수군을 떠나야하는 분노와 좌절이 원균의 이성을 마비시켰을 것이다. 소비포권관 이영남도 곧 원균을 따라 임지를 바꾸어야 했다. 29일 수사 배설과 통제사가 마주 앉았다. 통제사는 교착상태에 빠진 전선의 현황을 설명하고 이를 경계로 한 경상도 지역의 둔전 확대를 지시한다. 배설도 적극 호응한다. 피난민을 정착시키고 군량을 증대하는 작업이 경상우수영 관할의 여러 섬으로 확대될 것이다.

30일 봄 가뭄을 해갈시키는 비가 시원하게 내렸다. 통제사는 이날 내내 이따금 빗발이 들이치는 대청에서 공무를 보았다.

3월

대장선이 전소된 충청 수군

압송된 이순신, 돌아온 동지사 권준

1일에는 병사들에게 무명이 지급되었다. 조정에서 봄 철 옷을 지으라며 내려 보낸 것. 질금거리는 조정의 물자 공급이지만 통제영에도 조금씩 보탬이 된다. 한 해의 길일이 시작되는 삼월 삼짇날, 홀수가 둘이 모여 그 합이 짝을 이루며 음양의 조화가 시작된다. 모처럼 날씨는 맑았다. 농사일이 더 바빠질 것이다.

8일은 통제사의 생일, 우수사 이억기, 경상수사 배설, 조방장 박종남과 신호, 우후 이몽구, 첨사, 군수, 현감, 만호 등이 통제영을 찾아 아침 식사를 같이한다. 최근 들어 소식이 뜸해진 충청수사 이순신에 대한 소문을 물었으나 아무도 모르고 있었다. 통제사 얼굴에 의아하다는 표정이 스친다.

11일 궁궐의 쌀 조달을 책임지고 있는 사부시 주무 조형도가 조정에서 들은 전란의 양상을 전했다. 도요토미 히데요시가 전란이 터진지 3년이 지나도 뚜렷한 성과가 없자 병력을 대규모로 증강, 부산에 상륙시킬 예정이라는 것이다. 그러면서도 왜국과 명나라간 협상은 지지부진한 상태로 이어지고 있다. 왜국과 조선의 강화는 사실상 불가능하다. 다만 왜국과 명나라의 야합(野合)은 가능할 것이다. 이때 조선은 설자리를 잃고 허리가 끊기는 운명을 감수해야한다. 전라도와 한산도는 서해와 남해를 왜군이 장악해 이들이 협상과정에서 조선을 끊어내지 못하도록 막아내는 최후의 거점이기도 했다. 통제사는 협상에 적극적인 일부 장수와 중신들의 이름이 거론되자 입술을 깨문다. 분노한 눈빛에는 살기마저 감돌았다.

이달 중순에는 흐린 날씨가 사나흘 이어지면서 병영에서는 장기를 두는 모습이 종종 발견된다. 하지만 날이 개면 부지런히 둔전에 나가는 수군들, 통제사와 함께 하루에도 서너 차례 농부와 어부, 병사의 신분을 오가고 있다.

통제사는 16일 조선 수군의 날개를 하나 더 잃고 말았다. 사도 첨사 김완이 통제영에 와서, 충청수사 이순신이 군량미 200섬을 숨겨놓았다가 조도어사에게 발각되어 파직되고 심문을 받고 있다고 알린다. 후임은 육군 출신 이계훈, 열의는 높지만 수전 경험이 없어 대장선에 불이 나기도 했다는 사실이 전해진다. 늘 빠듯한 전란중의 살림살이에서 군량미 200섬을 개인적으로 빼돌릴 만큼 배포가 큰 장수는 없다. 조정에 보고하지 않고 여분으로 갈무리해 놓은 군량미가 적발되었을 것이다. 이제 연합작전에서 충청수영이 다시 멀어졌다. 더구나 새로 부임한 경상우수사 배설은 배 멀미를 한다는 소문, 장수의 용맹은 검증되지 않았다. 전라우수영만이 그나마 충실한 원군으로 버티고 있었다. 통제사의 표정이 근래에 보기 드물 정도로 어둡다.

이날 통제영에 전 순천부사 권준의 소식이 전해지지 않았다면 통제사의 하루는 암울했을 것이다. 하지만 어스름이 깔리면서 지난해 10월 붙잡혀 한양에 올라간 권준이 좌수영 본영에 도착했다는 전갈이 오면서 통제사의 먹구름을 다소나마 걷어낸다. 순천부사의 자리는 사라졌지만 종 2품의 동지사였다. 귀한 참모 한 명이 돌아왔다. 자신을 보좌하면서 수군 전체를 통괄하는 일에 전념하면 된다. 그동안 통제사는 영의정 유성룡에게 권준에 대한 이야기를 끊임없이 토로하는 눈치였다.

일단 탐관오리로 지목되었다면 탐관오리인 것이다. 사실 여부는 소용이 없다. 남해현령 기효근이 지금까지 자리를 지키는 것으로 보아 이것은 사실의 문제가 아니다. 편 가르기와 희생양을 찾는 정치적 다툼에 걸려들었을 뿐이다. 따라서 통제사는 이를 두고 다투지 않았을 것이다. 다투어 봐야 의미 없는 일이다. 다만 전란에 중요한 수군 장수, 그동안 숱한 실전으로 다져진 유능한 장수를 하루아침에 버릴 수는 없다는 사실을 내세워 비변사의 관료들에게 서신을 보냈고, 결정적인 순간에 유성룡이 임금 선조의 마음을 돌렸을 것이다. 먼발치에서 장수의 공과를 평가할 글재주는 가졌지만 막상 전쟁터에 설 용기는 부족한 관료들의 약점도 조금씩 건드렸으리라.

17일에 충청 우후 원유남이 충청 수영 화재에 대한 구체적인 소식을 가지고 왔다. 참담한 내용이었다. 화재로 대장선이 전소되면서 수군 140명이 불에 타거나 물에 빠져 죽고 충청 수사 본인도 사망했다는 것. 불씨가 일단 총통의 화약으로 옮겨 붙으면 화재는 걷잡을 수 없이 확산된다. 작은 불씨 하나에도 순식간에 전함을 모두 태워버릴 수 있는 화약의 관리, 모든 수군병사들에게 가장 엄격하게 전달되고 끊임없이 반복되는 기본 지침이다. 더구나 함포 사격은 늘 불꽃을 당겨야하고, 함선은 파도에 걷잡을 수 없이 흔들린다. 하지만 신임 수사는 판옥선에 대한 지식이 미숙했고, 군관들은 서슬 퍼런 신임 수사 앞에서 얼어붙어 있었을 것이다. 전혀 다른 육전과 수전의 차이, 조정에서는 좀처럼 이해하지 못한다. 장수가 마구 뒤섞이면 전력의 공백은 불가피하다. 이제 충청 수영은 당분간 수군 전력에 보탬이 되지 못할 것이다.

이날 저녁, 우수사 이억기가 견내량에서 투항한 왜병에 대한 심문 결과를 가지고 왔다. 왜군들에게도 이 시기는 똑같이 보릿고개였다. 더구나 조선 수군의 경계망이 철저해지면서 투항은 잦았다. 우수사는 "투항한 왜군 부대를 지휘하는 장수가 자식에게 군대를 잠시 맡기고 왜국으로 돌아갔다."는 소식을 알린다. 주둔 지역으로 보아 살마(薩摩)도주 시마즈 요시히로가 분명했다. 이들이 지나가면 생명체가 하나도 남지 않는다는 살마군이었다. 휴가를 떠나면서 장기전을 준비하고 있는 것이다.

20일 경상 우수사 배설과 통제사가 뱃길에서 마주쳤다. 잠시 갑판에서 대화를 주고받는다. 배수사는 밀포의 둔전 치는 곳을 가는 길이었다. 둔전 관리에 열성을 보이는 배수사에게 통제사는 이런저런 둔전 상황을 물으며 고마운 마음을 전한다. 통제사와 경상우수사가 서로 뒤바뀐 느낌이다.

통제사는 23일 아침 식사를 마치고 앞산 봉우리에 올랐다. 삼면으로 탁 트인 곳, 과녁을 세워 활쏘기에 열중한다. 시선은 자주 해안을 돌아 본영으로 향하는 길목으로 향한다. 25일에는 마침내 기다리던 사람이 운주당에 모습을 드러낸다. 벼슬이 떨어진 동지사 권준이었다. 통제사는 하루 종일 동지사를 놓아주지 않는다. 저녁에는 장기판도 내어왔다. 반가운 마음 때문인지, 통제사가 연거푸 지고 있었다.

26일 밤 10시쯤 동쪽 바다가 어둡다가 다시 밝아진다. 보지 못했던 자연의 변화, 천문에 늘 관심이 깊은 통제사는 이 내용을 기록해 둔다. 꾸준한 관찰과 기록이 거듭되고 그 이치를 묶어 낼 수 있다면 원인도 밝혀 낼 수 있다는 신념이 엿보인다.

4월

기효근의 효수령

전쟁의 포로들

경상우수사 배설이 새로 부임한 뒤 통제영의 업무는 제법 원활해지고 있다. 4일에도 통제사는 배설, 전라우수사 이억기와 더불어 활을 쏘며 군사와 행정 업무를 논의한다. 동지사 권준도 통제영을 자주 찾아 통제사의 짐을 덜어준다. 통제사는 7일 저녁 무렵에는 함대를 이끌고 견내량 일대에서 야간 순찰을 마치고 최전방에 대장선을 정박한 채 선상에서 하루를 지냈다.

8일에도 통제사는 배설, 이억기와 더불어 활쏘기를 한다. 10일에는 견내량 인근 또역 앞에서 적선 3척이 감지, 중위장들이 15척의 함대를 이끌고 출진했지만 이미 자취를 감췄다. 견내량을 둘러싼 지루한 신경전이 이어지고 있었다. 경상수사 배설은 9일에도 둔전 밀포에 나가 있다. 전임 수사 원균과는 달리 꼼꼼한 인물이라는 인상을 준다. 해평장에서도 논밭을 일구며 민심과 군수물자를 중시하는 통제사 방침에 충실히 화답한다.

13일에는 고성현령 조응도가 거제의 왜군이 웅천과 협력, 야간 습격을 한다는 첩보를 가져왔다. 하지만 이미 견내량 인근의 왜군 동향은 본영에서 하루도 거르지 않고 주시하고 있다. 통제사는 쉽사리 함대를 움직이지 않는다. 현재로선 왜군도 견내량을 넘기 위해서는 각별한 각오가 필요했다.

조사를 받고 풀려난 흥양현감 배흥립에게 선조의 교서가 14일 내려왔다. 일단 유임이다. 통제사는 안도했으나 언제 다시 불씨가 피어오를지 모를 일, 위태로운 줄타기는 아직 끝나지 않았다. 이는 사실 통제사도 마찬가지 처지였다. 16일에는 큰 비가 내리면서 봄 가뭄을 한꺼번에 해소한다. 통제사가 빗속에서 하늘을 바라보며 혼자 말을 읊조린다.

'올해는 대풍이 아닐까'

소박하고 절실한 농부의 염원이 여과 없이 드러난다. 둔전이 경상도 지역까지 확대되고 전선이 소강상태를 보이면서 피난 갔던 농민들도 속속 돌아와 둔전도 활기를 되찾고 있었다.

19일에는 통제사가 조카 해의 혼례 준비로 분주하다. 1580년 세상을 떠난 둘째 형의 둘째 아들, 둘째 형이 39세의 나이로 세상을 떠나면서 첫째 봉과 더불어 10년이 넘도록 자식처럼 맡아왔다. 통제사는 1587년 큰 형 이희신이 사망하자 역시 네 명의 조카를 데려다 길렀다. 아들과 조카들은 의병으로 참전, 본가를 오가거나 척후에 나서면서 통제사를 배후에서 그림자처럼 도왔다. 온 집안의 장정들이 전란의 한 가운데 서 있는 것이다. 조카와 아들은 통제사에게 절대적인 존경과 믿음을 보였다. 이는 10여명이 넘는 아이들을 묵묵히 보살핀 통제사 부인의 숨은 조력이 있었기에 가능했을 것이다. 통제사가 정성스럽게 청혼서와 사주단자를 쓴다. 그리고 해의 사모관대와 단령포, 예물 등 혼례 물품 목록을 작성한다. 역시 부인의 일이 될 것이다.

이영남이 한양에서 내려온 뜻밖의 장계 회답을 20일 가져왔다. "군령을 어긴 남해 현령을 효수하라."는 것. 통제사가 다소 의외라는 표정이다. 하지만 현령의 처벌은 도원수부의 몫인 만큼 그 결과가 어떻게 될지 관심거리다. 그리고 이영남은 이날 하직 인사를 했다. 원균을 따라 육지로 임지를 옮긴다는 것이다. 기약이 없는 전쟁터, 언제 이 젊은 장수를 다시 만날지 알 수 없다. 통제사는 이영남에게 새로운 임지를 담담하게 묻고, 서늘한 눈매로 물끄러미 바라보며 가벼운 미소로 무훈을 기원한다. 전장의 장수에게 '몸조심하라'는 말은 할 수 없기 때문일 것이다. 그리고 언젠가 이영남이 바친 짧은 왜검을 꺼내와 허리에 채워준다. 이영남은 이날 마음 속 깊이 담아 두었던 이야기를 통제사에게 어렵사리 꺼냈다.

왜군 포로의 탈주도 가끔 일어나는 일, 기약 없는 종전을 기다리다 지쳐 목숨을 건 도박을 하게 된다. 이미 자신들의 병영으로는 돌아갈 수 없다. 본국의 가족과 고향에 대한 그리움은 조선의 수군과 다를 바 없다. 어쩌면 머나먼 타국의 기약 없는 포로살이가 애절함을 더욱 부추길 것이다. 24일에는 두 명의 포로가 탈주를 시도했으나 수군진도 빠져나가지 못하고 발각되었다. 조선수군의 관리와 감시도 만만치 않았다. 한 명은 물에 빠져 죽고 다른 한 명은 인근 풀숲에서 숨어있었지만 결국 수색병에게 붙잡혀왔다. 왜군 망기시로가 통제사에게 압송된다. 통제사는 항복한 왜군을 모두 모아놓고 머리를 베도록 지시한다. 망기시로는 조금도 두려운 기색 없이 형장까지 성큼성큼 걸어와서 무릎을 꿇고 머리를 내민다. 그리움과 체념, 절망, 원망, 분노 이런 감정이 모두 뒤죽박죽 섞인 모습이다. 망기시로는 칼날이 떨어지는 순간에도 눈을 부릅뜬 채 머리가 떨어진다. 솟아나는 피가 독하다는 느낌마저 자아낸다. 삶과 죽음 모두에게 적의를 품고 있는 모순이었다. 25일 왜대선 50척과 중선 등 50척이 웅천에서 나와 진해로 향한다는 첩보, 약탈한 조선 물자와 도공을 비롯한 조선의 포로들이 가득 실려 있을 것이다. 왜병 망기시로와 가족과 삶의 터전을 이별하고 왜국에 끌려가는 조선 백성, 누구의 한이 더 깊은지는 알 수 없었다.

29일에는 하동과 해남 현감이 군사 작전의 기일을 어겨 곤장을 맞는다. 이달의 마지막 날, 날은 맑았지만 통제사의 심기는 어두웠을 것이다. 도원수 권율이 선조에게 보내는 장계의 사본이 도착했다. 여전히 수군에 대한 질책과 비난이 가득하다. 대책 없는 권율의 비난과 끊임없이 대책을 수립중인 통제사, 모두 나랏일을 하고 있다.

통제사는 오후에 화살을 쏘고 있다. 해안에는 어제 노윤발이 따서 가져온 미역 99동이 주렁주렁 늘어진 채 바닷바람을 맞으며 말라간다. 도원수부에서 기효근에 대한 처벌 소식은 아직 들려오지 않았다.

5월

통제사의 소금장사

본가의 화재

소금은 국가의 전매 물품, 통제영에서도 둔전과 더불어 재정을 마련하는 주된 수단이다. 그해 농사의 풍년과 흉년에 따라 다르지만 통상 소금 2석은 쌀 1석 정도와 교환되는 이른바 바다의 '백금'이다. 생산은 가마솥을 가열해 얻어내는 자염(煮鹽) 방식, 소금을 굽는 '염한(鹽漢)'은 백성이나 수군 병사들로 충당되었다. 통제사는 장맛비가 주춤해지자 이달에만도 17일, 19일, 24일에 바닷물을 끓여 소금을 얻어 낼 가마솥을 주조 하도록 연거푸 지시했다.

순백의 소금을 얻는 과정은 상당히 번거로웠다. 일단 갯벌의 염전에서 써레질을 하면서 염도가 아주 높은 개흙을 얻은 뒤 이를 말린다. 높은 염도지만 아직 갯벌의 흙이 섞여 있다. 여기에 바닷물을 다시 부어 짜디짠 함수를 추출하면서 개흙은 걸러낸다. 가마솥은 이것을 끓여서 마지막 불순물을 걷어내고 순백의 소금을 얻어내는 최종 공정의 필수품이다. 소금은 고열의 가마솥에서 볶아지면서 간수의 쓴 맛이 사라지게 된다. 하지만 희미하게 남은 쓴 맛은 삶의 애환을 여전히 닮아 오히려 미각을 자극한다. 개흙만 충분하면 가마솥 하나에 몇 섬이 구워지고 염전의 주인과 염한에게 일정한 몫이 돌아간 뒤 나머지는 통제영의 살림이 된다. 염한 중에서 강막지의 소금 맛이 으뜸이었다.

어머니가 계신 본가에 화재가 났다는 전갈이 8일 당도하면서 통제사의 안색이 변했다. 종의 실수로 집 10칸이 불탔지만 어머니와 가족은 무사하다는 기별에 가까스로 안도한다. 화재 이후 통제사는 여수 본영에서 척후선이 도착했는지 연일 묻는다. 하지만 장마철, 기다리는 소식은 닿지 않았다. 여드레가 지난 뒤에야 한산도에 편지가 도착했다. 이번에는 화재에 놀란 아내의 몸이 좋지 않다는 것. 다시 닷새가 지나도 본가의 전갈이 주춤하자 초조해진 통제사는 말린 전복과 밴댕이젓, 알젓을 직접 챙겨 집으로 보낸다. 어머니에 대한 정성은 헌신적이었다.

15일에는 진중에 작은 소동이 벌어진다. 순천 출신 김두검은 복병으로 나가면서 순천과 광양 두 군데에서 월급을 받아오다 적발이 되어 수군에 일시적으로 좌천되었다. 무과에도 급제한 군관 출신, 수군 병영 생활에 충실할리 없었다. 불만이 가득했고 병사들에게 오만했다. 비리에 대해 유독 엄격한 통제사, 이날은 하필 칼도 활도 없이 군복을 풀어 헤친 채 군영을 어슬렁거리다 통제사의 눈에 띈 것이다. 군장을 내팽개친 연유를 추궁하자 우물쭈물 핑계를 대면서 통제사의 심기를 건드리고 말았다. 곤장 70대가 떨어진다. 지켜보는 수군 병사들의 표정에서 안쓰러움은 보이지 않는다. 입술을 깨물고 먼 산을 바라본다.

18일에는 충청수사 선거이와 만났다. 지난 3월 화재로 사망한 이계정의 후임이었다. 통제사와는 함경도 북쪽 변방의 녹둔도 시절부터 맺어온 인연이다. 더구나 거제 현령, 전라수사를 거치며 수군에 대한 지식도 풍부했지만 전란 이후 전라병사로 행주 전투에도 참여했던 무장이자 통제사의 오랜 지기였다. 교지에 숙배하는 충청수사를 바라보는 통제사의 표정에 반가움이 역력했다. 이달 말에는 경상우병사 김응서와 도원수 권율이 장수들 사이에서 화제에 올랐다. 김응서가 고니시 유키나가와 강화 협상을 위해 접촉했고 도원수는 이를 묵인했다는 후문이었다. 권율과 김응서에 대한 조정의 탄핵여론이 전해진다. 이 소식은 27일 도착한 영의정 유성룡의 편지에서도 확인된다. 왜군은 한 하늘 아래에서는 살 수 없는 영원한 불청객, 물러가지 않으면 죽기로 싸워야한다. 남의 땅을 점령하고 약탈과 살인을 일상처럼 저지르는 자들과 어떻게 강화를 말할 수 있는가, 이런 적대감이 통제사의 얼굴에 번져간다.

하순에 접어들면서 비바람이 거세지며 본격적인 장마철을 예고했다. 통제사가 앉은 대청에서 탄식이 들린다.

"장수의 직책을 받은 군인의 몸으로 부끄러울 뿐이다."

범접하기 어려운 기운에, 제장들과 아전들이 차마 다가서지 못한다.

6월

생존을 위한 삶, 매춘

하루 10홉, 1되의 원칙

장마가 길어지면서 충청수사 선거이를 비롯해 병영에 이질 환자가 속출했다. 빠듯한 살림살이, 변변한 치료조차 못한 채 통제사는 새롭게 출현한 적과 싸워야 했다. 뼈가 검은 오골계가 특효약이라고 하지만 황계마저 씨가 마른 상태다.

2일에는 의병장 출신의 김개가 지난 3월 사망했다는 소식이 전해진다. 진주성 전투에 손자와 함께 참여했던 의병, 통제사의 비통한 표정이 쉽사리 가시지 않는다. 4일에는 진주의 서생이 군량미를 대고 계원유사가 되고 싶다고 통제사를 찾았다. 공명고신, 백성의 군량과 허울뿐인 관직을 바꾸는 문서지만 그래도 조정의 권위가 걸려있다. 통제사는 군량미가 도착할 때까지 발급을 미루어 둔다. 형식상의 문건이지만 정확한 거래를 원했다. 군관 송희립이 흥양현감 배흥립이 관리하는 도양장의 농사가 튼실하게 지어졌다고 보고한다. 지금까지 상황으로 미루어보면 올해 둔전은 조심스레 풍작을 예고했다.

9일에는 도원수의 군관이 한양의 소식을 가져왔다. 비변사의 낭청 조형도가 영남 일대를 둘러본 뒤 선조에게 전황을 전했고 여기에 대한 선조의 질책이 내려온 것이다. 통제사는 자신도 모르는 사이에 사방에서 표적이 되어 있었다. 한산도 수군 한 사람이 하루에 양식 다섯 홉을 가지고 연명하면서 해골이 다 되었고, 시체가 한산도를 뒤덮어 귀신 마을이 되었다는 평가였다. 또 식수가 부족해 바닷물을 마시고 있으며, 굶주린 격군들이 헤아릴 수조차 없이 도망갔다면서 이순신이 군사들과 동고동락(同苦同樂)하는 의리를 저버리고 있다고 결론지었다. 의기 넘치는 고발장이었고 통제사는 씻을 수 없는 죄인처럼 보인다.

하루에 지급하는 쌀 10홉, 1되, 통제사가 지독한 춘궁기에도 늘 지키려고 애써온 한산도의 원칙이었다. 이와 함께 김과 미역, 전복과 물고기 등 해산물도 먹을거리 충당을 위해 하루도 빠짐없이 살펴왔다. 둔전의 경작과 고기잡이, 우물을 파기 위해 쏟아온 무수한 시간들, 그리고 예기치 못하게 발생하는 전염병과의 사투, 이 모든 것이 한순간에 '의리 없는 장수'라는 몇 줄의 글로 비난받고 있었다. 현실을 외면하고 보고 싶은 것만 본 뒤 적어내린 비변사의 말장난, 통제사는 한마디로 일축한다.

"사람이 참으로 놀랍다."

전염병보다 더욱 힘겹다는 의미일 것이다. 진중회의에서 통제사는 이 말만을 도원수의 군관에게 남긴다. 어머니마저 이날 이질에 걸렸다는 소식이 전해진다.

13일에는 다시 경상우수사 배설을 잡아갈 금부도사와 나장이 전라좌수영에 도착했다는 기별이 당도했다. 후임은 동지사 권준, 든든한 날개를 얻었지만 통제사의 표정은 그리 밝지 않다. 전란 중에 무원칙하게 뒤바뀌는 일선의 장수, 왕실의 종친인 전라우수사 이억기만이 가까스로 표적에서 벗어나 있다. 충청, 경상수사의 자리는 끊임없이 요동친다. 장계만으로 사실 여부에 대한 조사 없이 뒤바뀌는 자리, 그렇다면 권준도 그 자리를 지키기 위해 전쟁터보다 조정을 먼저 의식해야 한다. 그리고 남해 현령 기효근은 효수를 면한 데다 제자리로 돌아왔다. 놀랍지도 않다는 통제사의 무덤덤한 반응이었다. 다음날 권준은 숙배한 뒤 교지를 받았다. 어쨌든 당장은 믿음직스러운 장수를 얻었다.

15일 배설이 진중을 떠났다. 통제사가 이례적으로 포구까지 나서서 배웅을 한다. 그동안 경상 우수영 관할 지역에서 끊임없이 둔전을 개척하고 관리하면서 통제사의 방침에 응해준 보답일 것이다. 무인의 용맹은 알 수 없어도 전시 행정에는 유능했다.

19일에는 어머니의 병환이 완쾌되었다는 전갈, 다음날에는 충청 수사의 병환이 깊어 말이 어눌해졌다는 소식이 엇갈리며 들린다. 적과의 전투가 아니라 질병과 전염병이 하루하루 통제사의 희비를 결정한다. 인간의 의지로 어찌할 수 없는 자연마저 통제사를 시험한다. 통제사는 직접 문병을 갔다. 전시의 거처, 벌레가 들끓는 장마철의 습하고 어두운 초막, "뼈마디마저 저리고 아프다."면서도 선거이는 일어나서 통제사를 맞았다.

전시의 여인들, 더구나 왜군의 포로가 되었다가 돌아온 경우에는 제 고향에 돌아갈 수 없다. 양민 여인이 하루아침에 유랑민의 처지로 전락한다. 주위에서는 끊임없이 무책임하게 손가락질하지만 그렇다고 죽을 수는 없다. 먹어야 구차한 목숨이라도 이어갈 수 있다. 사당패의 여자, 여사당만이 종종 몸을 팔아 물의를 빚던 조선의 매춘이 급격하게 확산되었다. 노비와 기생, 천민 여성에 국한되었던 매춘에 양민 여성이 가세한 것이다. 이미 왜군에게 사로잡힌 순간부터 천민과 다름없는 처지가 된다. 보리 한 됫박을 위해 몸을 팔아야할 만큼 목숨은 모질었다.

매춘의 대상은 명나라 군사와 조선의 병사 및 관리, 이들 또한 전란 통에 가족과 고향을 떠난 외로운 처지다. 24일 여인 12명과 이들의 뒤를 봐주던 포주격인 색인이 붙잡혀 왔다. 이 여인들을 음탕하다고 처벌할 자격이 누구에게 있을지, 통제사의 얼굴에 문득 회의감이 스쳐간다. 질책하는 소리가 동헌을 쩌렁쩌렁 울렸지만 통제사의 눈매에는 동정심이 감돌았고 결국 처벌은 가벼웠다. 양민을 창녀로 만든 색인만 곤장 몇 대를 맞고 모두 방면되었다. 후방에서도 여전히 살아남기 위한 전쟁을 벌이고 있는 것이다.

25일에는 도원수부에서 고니시 유키나가가 명나라와 화친을 결정했다는 전갈이 왔다. 실제로 화친은 아주 간단하다. 왜군이 이 땅에서 물러가면 저절로 성립된다. 그렇지 않다면 화친은 있을 수 없다. 한산도가 서로의 무덤이 될 터이다. 다음 날은 경상수사 권준의 생일, 함께 국수를 먹고 술을 마신 통제사가 가야금과 피리 소리를 들으며 수심을 달래고 있다.

30일 그물과 함선의 닻줄에 요긴하게 사용되는 생마, 즉 날삼을 사기 위해 척후선 한척이 쏜살같이 한산도를 빠져 나간다. 준비 없이 전쟁을 치를 수는 없다. 그 준비를 위한 자금은 끊임없이 필요했다.

7월

동량이 없는 나라

쓸개라도 있으면 자진하라!

인종의 제삿날인 1일에는 잠시 빗줄기가 보인 뒤 날이 갠다. 통제사는 공무를 쉬면서도 걱정거리는 내려놓지 못한다. 홀로 누각의 다락방에서 글을 쓰고 있다.

"나라의 위태로움이 아침 이슬과 같은데 안팎으로는 다시 세울 기둥이나 주춧돌이 없다."는 문구가 뚜렷하다. 강화 협상에 대한 불신과 불만이 엿보인다. 초순경에는 충청수사와 경상 수사를 만나 공무를 살피고 역시 활쏘기를 한다. 함선을 만들 목재와 화포에 쓰일 철근이 끊임없이 한산진으로 실려 왔다.

7일 경상우병사 김응서를 질책하는 임금 선조의 입장이 비변사의 낭청 김용을 통해 전달되고 그 내용이 공문을 통해 통제영에도 도착했다.

"전쟁이 나라를 참혹하게 만들고 원수들은 아직 여전해 귀신도 부끄러워하고 원통함이 천지에 사무친다. 원수들과 아직도 한 하늘을 지고 있으니 통분한다. 혈기가 있는 자라면 원수들의 살점을 저미고 싶지 않겠는가. 그런데 왜적과 마주해 진을 치고 있는 경이 적과 마주하고 사사로이 편지를 주고받아 적의 기세를 높이고 조선과 명군을 혼란에 빠뜨리니 군율로 다스려도 아까울 것이 없다."

단호한 선조의 태도, 통제사는 만족한 눈치다. 하지만 공문의 후반부에 이르자 통제사 표정이 굳는다.

"그러나 오히려 관대히 타이르고 용서하기로 하였다. 경은 앞으로 더 이상 죄의 구렁텅이로 빠지지 말라."

용서한다는 나약한 결론, 그렇다면 강화 협상도 용인되는 것인지, 장수들은 혼란스러워했다. 통제사는 간단하고 단호하게 자신의 입장을 언급했다.

"김응서라는 자가 쓸개라도 있다면 반드시 자진해야 할 것이다."

추수를 앞둔 군영의 식량 사정은 여의치 않았다. 좌수영과 통제영, 전라우수군 사정도 별반 다르지 않았다. 통제사가 누각의 다락위에 올라 잠을 못 이룬다. 9일에는 이따금 서늘한 가을 기운이 느껴진다. 말복이었다. 한 밤중 누각의 다락에 달빛 받은 통제사의 눈초리가 아이를 굶기는 어머니의 수심을 닮아있다. 다음날 저녁에도 통제사는 다락에 올랐다. 통제사가 고민에 빠질 때 마다 오르는 장소, 이날은 초승달 빛마저 굶주린 듯 위태롭게 희미하다.

하루하루가 빠듯한 군량미 속에서도 통제사는 14일 녹도만호 송여종에게 쌀 2섬을 내주면서 사망한 병사들의 제사를 지내라고 지시한다. 산 사람이 먹을 군량미가 부족하다고 해서 죽은 이를 팽개치면 살아 있는 병사들이 죽음을 외면한다. 이날 공태원이 들어와 좌수영 본영의 소식을 전한다. 어머니는 평안했다. 통제사는 다음날 씨름판을 열어 장수와 병사들을 위로한다.

16일에는 강진에서 살다 전란이 발생하자 통제사 휘하에 들어와 전투에 참여했던 김대복이 병환에 시달린다는 소식이 겹친다. 군관 송희립에게 병문안을 지시한다. 수심이 가득하다. 묵묵히 자신의 곁에서 오랫동안 소임을 다하던 사람들이 하나둘 떠나간다. 산적한 현안을 해결하고 전투에 나설 장수를 다시 찾아 호흡을 맞추는 일도 통제사의 몫이다. 다음날 거제의 왜군들이 대부분 철수했다는 거제

현령 안위의 전갈이 도착했다. 한산도의 머리에 진을 치고 있던 왜군들과, 하루도 빠짐없이 견내량을 통과해 왜성을 바라보는 조선 수군 사이에서 팽팽하던 대치상태가 기울어갈 조짐을 보인다. 섬에 갇혀 늘 감시받던 왜군의 신경이 먼저 쇠약해진 것이다. 통제사는 다음날 대장선을 띄워 직접 확인에 나선다. 지도에 정박하자 자정 무렵 거제현령이 통제사를 찾았다. 안위는 "장문포 일대의 왜굴이 거의 비었고 서른 여명 정도만 관찰된다."면서 "이중 사냥하던 왜군 한 명은 화살로 맞혀 목을 베었고 한 명은 사로잡았다."고 보고했다.

장문포 왜성, 지난해 9월 말 출정해 10월 초순까지 격전을 치른 거제의 북단으로 왜군의 최전선이다. 왜군은 해발 100m 정도의 구릉 정상과 능선에 석축을 빙빙 둘러 쌓아놓고 1만여 명이 주둔하며 수군과의 전면전은 회피한 채 한산도의 머리를 겨눠왔다. 이곳이 빈다면 조선 수군은 한 발 더 동쪽으로 압박해 진영을 펼칠 수 있다.

통제사는 다음날 견내량으로 돌아와 전라우수사, 경상수사, 충청수사 등 세 명의 수사와 더불어 전략회의를 가졌다. 몸이 아픈 선거이도 보인다. 통제사는 오후 4시쯤 본진에 도착, 공무를 돌본 뒤 마음이 자꾸 걸리는지 결국 김대복의 거처로 향한다. 25일에는 충청수사 선거이의 생일, 수사와 장수들이 모여 이런 저런 이야기를 나눈다.

28일 어사 신식이 한산도에 도착해 늦게까지 이야기가 오간다. 며칠 동안 관찰한 어사의 시선이 한산진의 과거와 현재를 오가며 실질적인 삶에까지 닿을 수 있을지 의문이 든다. 눈은 보고 싶은 것만 향하고 글은 쓰고 싶던 것으로 채워질 것이다. 상대의 흠결을 잡아낼 때 비로소 높은 지조와 용기를 가졌다고 칭송받는 조정의 문신들, 한산도를 운영할 능력은 없지만 비난할 글재주는 넘친다. 29일 누각에서 나지막한 목소리로 대화를 나누는 통제사와 어사 사이에 어쩔 수 없는 거리감이 느껴진다.

8월

괴물이 뱉어 놓은 진주성 촉석루

전쟁속의 조선 국론

초하루부터 비바람이 거세게 불었다. 통제사는 곧바로 순천 등 다섯 고을, 다음 날은 전라우도, 그 다음 날은 경상도 수군이 정박한 포구에서 배를 점검한다. 홀로 무료하게 사흘을 지내던 어사 신식은 4일에는 직접 통제사를 찾았고 여러 제장들이 자리를 함께한다. 다음날 신식은 통제영을 떠났다. 통제사는 무심하게 작별하고 이어 조방장들과 여러 가지 현안에 대한 논의로 바쁘다. 어사와의 자리보다 참모들과의 회의에 열성을 보인다. 7일에는 선전관 이광후가 선조의 비밀스런 작전 명령서를 가져왔다. 이제 그 내용은 모든 장수들이 잘 알고 있다.

"삼도 수군을 거느리고 적의 퇴로를 끊어 소굴로 들어가라."

10일, 통제사는 홀로 다락방에 오른다. 온갖 상념에 젖어있다. 한가위를 이틀 앞두고 둔전에 대한 비리가 또 보고된다. 사천 해전의 거북선 돌격장 이기남을 둘러싼 의혹이었다. 전란이후 숱한 해전에 참전한 무과 별시 출신의 장수지만 통제사가 둔전에 대한 비리를 눈감을 리는 없다. 전공과 비리는 별개의 문제다. 추수철이 다가오면서 수확량을 계산해 전세(田稅)를 산출하는 과정에서 둔전을 관리하는 책임자들은 절대적인 영향력을 행사한다. 수확량을 결정하는 간평이 실시되면 그것은 곧 세금의 양이 된다. 여기에 아전 등 관리의 농간이 개입한다. 우후를 파견해 사실 파악에 나선다. 둔전 백성을 불러 연유를 캐물을 것이다.

올해 농사가 풍년을 예감케 하면서 을미년 한가위는 제법 풍요로웠다. 전선도 소강상태, 전라우수사 이억기를 비롯해 첨사, 현감 등 여러 장수들이 본진에 모였다. 삼도의 잡색군들도 차례상을 받는다. 통제사는 잔치가 파하자 한가위 달빛이 비추는 누각에서 모처럼 휘파람을 불며 시를 읊었다.

19일, 체찰사 이원익이 이틀 뒤 진주성에 도착한다는 통지가 도착했다. 진주성, 전라도로 동진하는 왜군을 육지에서 맞이하는 전초기지로 수만 명의 조선 병사와 백성들의 원혼이 깃든 곳, 이를테면 육지의 한산도인 셈이다. 그리고 전란을 떠안기에는 지나치게 선량한 재상 이원익, 여러 가지 상념이 통제사의 얼굴을 스쳐간다. 20일 자정 배를 띄운 통제사는 곤이도에 이르렀다. 다음날 소비포를 지나 저물 무렵 함선은 사천 땅 침도에 이르러 정박한다. 22일 오후 진주 남강을 거슬러 올라간다. 포위된 진주성의 백성들이 북쪽 성벽이 무너지기 시작하자 몸을 던진 성벽이 어렴풋하게 보이는 곳에서 척후선이 다가와 체찰사가 진주에 들어왔다고 전한다. 23일 체찰사 이원익을 만난다. 여전한 모습에서 성품이 드러난다. 중앙의 권신이 소박한 시골 양반의 옷차림에 행장을 손수 지고 있다. 진주 군민의 살림살이를 먼저 둘러본 기색이다. 백성의 부담을 줄이고 어떻게든 농사와 생계를 지원할 방안을 마련하라고 지시한다. 얼굴에는 자책감과 안타까움이 가득하다. 살육을 겨우 벗어났지만 굶주리고 헐벗은 백성에 대한 측은지심(惻隱之心)과 이 모든 일에 대한 관리의 부끄러움이 느껴진다. 코앞에 적이 도사리고 앉아 추수철이면 여지없이 총칼을 들이댈 지역에서 백성들이 마음 놓고 농사를 지을 리 없다. 울타리를 잃은 백성들이 떠나면서 논밭은 폐허로 변했다. 산과 언덕에는 아직 풀도 나지 않은 붉은 무덤만이 끝도 없이 늘어선 채 텅 빈 고을을 지킨다.

체찰사의 이런저런 당부에 호남순찰사 홍세공은 마뜩찮은 표정을 노골적으로 드러낸다. 편이 갈라지면 상대의 말은 소음에 불과하다. 전란은 국론을 통합시킨다. 다만 이를 극복해내자는 추상적 차원에서만 그러하다. 구체적인 방법론은 더욱 치열하게 생사를 걸고 갈라진다. 생사를 가르는 전란이 생사를 건 분열을 낳기도 한다. 전란은 조정 신료와 장수들의 적대감에 날을 세우고 있었다.

체찰사 이원익, 우의정과 4도의 체찰사를 겸임하고 있었다. 통제사와는 자손 간 혼맥이 닿아 있고 유성룡과 더불어 편지를 주고받는 막역한 사이다. 유성룡, 통제사, 이원익은 각각 2살 터울로 마음을 털어놓는 전란기의 동시대인이었다. 그리고 생사를 건 다툼의 한 자락에 같이 서 있었다.

이날 오후 통제사는 경상우병사 김응서와 촉석루를 향한다. 통제사는 아무런 표정의 변화도 보이지 않고 무너진 돌길을 오른다. 보수를 했다지만 군데군데 무너진 성벽, 불에 타다만 뼈대를 얼기설기 복구한 촉석루, 왜군에 의해 함부로 메워진 해자, 마치 거대한 괴물이 통째로 집어 삼킨 뒤 다시 뱉어 놓은 느낌이다. 동문의 성벽은 아예 평지에 가깝다. 촉석루 기둥과 성벽에는 검붉은 얼룩이 남아 한 서린 핏물임을 쉽사리 짐작케 한다. 성벽의 잔해 아래로 한 치만 파내려가도 한 맺힌 시신이 눈을 부릅뜨고 일어설 것이다. 진주성을 남쪽에서 감싸고 있는 남강은 목 없는 시신을 이미 집어 삼키고 묵묵히 흐르고 있다. 전란 이듬해인 계사년 6월 전라좌수영에서 애타게 기다리던 승전보를 함락 소식이 대신했고, 전사한 조선 장수의 명단을 받아 쥔 통제사는 장수들 앞에서 눈물을 보였다. 수만 명의 병사와 백성들이 저승길로 흘러갔을 진주성과 남강에서 통제사와 우병사는 말이 없다. 말을 누르는 현실의 무게감.

통제사는 이날 진주에서 먼저 출발해 소비포에 함선을 정박했다. 24일 늦은 시간에 체찰사도 소비포에 도착한다.

25일 오전부터 체찰사 이원익을 태운 함선은 부지런히 한산도 최전선을 오갔다. 여러 섬들의 지리적 위치와 특성, 접전할 장소, 합병할 지역 등에 대한 통제사의 설명이 이어진다. 미조항, 삼천진, 소비포, 사량, 당포, 조라포, 웅천, 옥포, 가덕진 등 각 진의 관할 지역과 병력의 주둔, 척후와 복병 등에 대한 상세한 논의가 오간다. 지리적 특성과 군사적 전략이 맞물린 수군 주장의 작전 설명에 체찰사는 성실하게 귀를 기울인다.

27일 체찰사 이원익은 수군진영에서 잔치를 베풀었다. 중앙 관리의 행차, 백성의 입장에서는 늘 대접해야 하는 부담거리에 불과했다. 나아가 빼앗아가기만 하던 조정의 권신이 병사들에게 베푸는 잔치는 생소했다. 군사 5,480명에게 음식과 술이 차려진다. 아마 통제영에서도 보탰을 것이다. 조정이 자신들의 공로를 인정해준다는 사실만으로 병사들이 감격한다. 이날 술자리에서는 한양에서 떠도는 이런 저런 이야기가 안주거리로 회자된다.

"조정에서 속일 수 없는 사람이 두 사람이 있는데 하나는 유성룡이고 또 하나는 이원익이다. 유성룡은 속이고 싶어도 도저히 속일 수 없고 이원익은 속일 수 있어도 차마 속일 수 없다."

유성룡의 총명함에 이원익의 넉넉한 인품이 대비된다.

통제사와 이원익은 이날 한산도의 망루 역할을 하는 상봉에 올라 주변 해역을 살펴보고 있었다. 통제사는 한산진 수로와 인접한 육지를 손가락으로 하나하나 가리켰고 손끝을 따라 시선을 돌리는 이원익의 표정은 진지했다. 잔치를 벌이던 병사들에게 남해의 외딴 섬 상봉에 서 있는 우의정과 통제사의 풍경이 깊은 감동을 주었던 모양이다. 이날부터 한산도 최고봉은 병사들 사이에서 한순간에 정승봉으로 통했다. 한 밤중에 이들은 헤어졌다. 다음날 새벽부터 누각에서 회의가 한

창이다. 여러 장수들이 체찰사에게 수군의 현실적인 문제를 거침없이 토로한다. 이원익은 불편한 이야기를 편하게 끄집어 낼 수 있는 재주를 가지고 있었다. 29일 경상수사 권준이 체찰사를 따로 만난 뒤 통제사를 찾아왔다. 모두 전란에 방비하지 못한 무거운 책임을 어깨에 짊어지고 살아가고 있었다.

9월

벗과의 이별, 그리고 유자 서른 개

불타버린 한산도 누각

　본격적인 추수철, 도양장 등 둔전에서는 가을걷이가 한창이다. 함선의 건조도 지속되었다. 2일에는 군사 1,283명이 한꺼번에 동원되어 그동안 벌목한 나무를 하루 종일 끌어내려 배에 실었다. 3일에는 영등포 일대의 왜군들이 누각과 왜옥을 태우고 주둔하던 소굴마저 메운 채 사라졌다는 첩보가 도착했다. 이날 통제사는 웅천에서 왜군에게 부역했던 공수복 등 17명을 설득해서 한산도 본진으로 데려왔다. 모두 왜군의 진지를 구축하고, 길안내를 하거나 살아남기 위해 자신이 가진 천대받던 재주를 왜군에게 보태면서 이른바 '의리'를 저버린 자들이다. 하지만 통제사는 애초에 이들을 저버린 책임은 누구에게 있는지 잘 알고 있었다. 그렇다면 먼저 손을 내밀어야 조선 수군을 위해 자신의 재주를 보탤 것이다.

　태조 신의왕후 한씨의 제삿날인 23일, 공무를 쉬고 있는 가운데 포로로 잡혀있었던 웅천사람 박녹수, 김희수가 찾아와 통제사에게 적정을 보고했다. 세심하게 듣고 난 통제사는 무명 한 필씩을 주며 정착지를 마련한다. 통제사가 준 무명은 면죄부와 다름없다. 이들은 둔전에서 따뜻하게 환대받을 것이다. 27일에는 안골포 출신으로 왜군에게 부역했던 230명이 22척의 배를 끌고 무더기로 한산도를 찾았다. 소문을 들었을 것이다. 통제사가 귀환한 포로를 박대하지 않는 또 다른 이유가 확인된다. 어쩔 수 없이 적이 된 조선의 백성을 영원한 적으로 돌릴 이유는 없다. 이들은 둔전을 나누어 받고 절망의 나락에서 벗어나면 국난을 이기는 굳건한 토양이 된다. 초순부터 중양절인 9월 9일까지 경상수사 권준, 충청수사 선거이, 전라우수사 이억기 등 수사 및 참모들과의 만남은 잦았다. 서로 각 진을 오가며 회동하는 모습이다. 그리고 9일에는 영내의 군사들에게 떡이 돌려진다.

14일 충청수사 선거이가 한산도에서 본영으로 귀환키로 결정된다. 무엇보다 선거이의 건강상태가 점차 악화되고 있었다. 이날 저녁 통제사와 세 명의 수사들은 이별주를 나누어 마셨다. 통제사가 못내 섭섭한 듯 송별시를 건넨다,

"북쪽에서, 함께 일하고,

남쪽에서, 함께 죽자던 벗,

오늘 밤, 달 빛 아래 한 잔 나누면

내일은 이별하고 정은 남으리."

계사년 5월부터 바다에서 진을 치고 2년이 넘는 세월을 한산도에서 보내면서, 가족 소식은 여수 본영의 척후선을 통해 전해 듣고 숱한 병사와 장수를 떠나보낸 통제사가 이날의 이별에는 유독 깊은 회포를 드러냈다.

선거이와 작별한 통제사는 17일 유자 서른 개를 영의정 유성룡에게 보냈다. 유자는 고흥과 거제 일대에서 재배되는 특산물이었지만 무엇보다 마음의 절실함이 담겨져 있다. 임금이 잔칫상에서 유자를 내리면 효심 깊은 신하는 이를 몰래 소매에 감추어 부모에게 가져간다는 귀한 과일, 선거이와의 이별이 또 다른 벗에 대한 그리움으로 피어오른다. 사도 첨사 김완이 20일 헌관으로 나서 치우천황의 잘린 머리와 이를 호위하는 깃발에 둑제를 지냈다. 생사의 기로에 선 병사들에게 삶과

죽음이 하나라는 사실을 알리는 전선의 종교의식, 죽은 자에게 제를 지내면서 산 자들이 죽음을 받아들인다. 새벽 2시에 향불이 오른다.

이달 하순경에는 병사들에게 목화가 배분되었다. 겨울철 방한을 위한 군수물자인 셈이다. 그리고 25일 녹도 하인의 실수로 통제사가 즐겨 찾는 수루에 화재가 발생, 대청과 다락방이 모두 타버렸다. 군량, 화약, 군기를 쌓아놓은 창고로 옮겨 붙지 않아 천만다행이었다. 자칫 군수물자를 모두 태워버릴 뻔했던 아찔한 사고였다. 통제사는 오히려 다락위에 있던 장전과 편전 200여개만 타버린 사실에 안도한다. 적을 살피는 최전선 수군 사령부 망루에 일어난 불, 불안감이 일순간 통제영을 엄습했다.

하지만 화재는 그동안 쌓인 통제사의 객수와 회한까지 불살랐다. 27일 불 탄 누각에 오른 통제사는 인근의 터를 다지라고 지시한다. 수루는 넓어지고 목수들이 깎을 서까래는 굵어진다. 숙달된 목수들은 기둥과 서까래를 시원시원하게 잘라내고 있었다. 통제사가 가장 아끼는 장소, 이를 잘 알고 있는 목수와 병사들이 몸을 사리지 않는다. 한산도에서 통제사와 시름을 나눌 누각이 조만간 완성될 것이다.

30일 맑은 날씨에 수루 건립을 지휘하고 정성을 다하는 병사들이 여전히 강인하다.

10월

장수의 조건

임진란의 상징물, 왜병이 세운 한산 수루

이달 3일에는 육군진영에서 일어난 소동이 통제사에게 전해졌다. 윤두수의 동생인 해평군 윤근수의 공문을 한 유생이 필사해서 의병 소식을 알린다. 갑오년 9월 수군 전선이 교착 상태에 빠지자 기꺼이 수륙합동 작전에 동참하면서 적진에 주저 없이 상륙한 의병장 김덕령에 대한 장계였다. '김덕령과 전주의 김윤선 등이 죄 없는 군사를 중벌로 다스리다 죽인 뒤 수군 진영으로 도망쳤다'는 내용이 담겨 있다. 통제사가 서둘러 진상 파악에 나서자 공문과는 다른 내용이 곧바로 보고된다. 지난달 10일쯤 수군 진영에 오기는 했지만 보리씨를 바꾸어 곧 돌아갔다는 것이다. 그렇다면 겨울 보리를 심기위한 통상적인 병영 일과일 뿐이다.

윤근수는 공문에서 "용맹은 있으나 형벌이 중도에 지나치면 처음에는 군세가 강하지만 결국 따르는 자가 없어 외롭게 된다. 병사에게 혹독하고 중한 형벌만이 장수의 길은 아니다."라고 지적한다. 하지만 공문의 내용 중 수군 진영으로 도망 갔다는 내용은 이미 거짓, 공문은 사실상 신뢰를 잃었다. 통제사는 김덕령이 통제 영을 찾지 않은 사실에 못내 아쉬움을 드러낸다.

전란이 일면서 수없이 일어난 의병들과 의병장에게 '왜적을 막는 일'은 공통의 목표지만 그 과정은 제각각 처해진 여건과 환경에 따라 다를 수밖에 없다. 인자하고 청렴한 장수, 지혜롭고 용병에 능한 장수, 용맹하나 형장이 과중한 장수, 신중하게 후일을 경계하는 장수, 이들의 허와 실을 가까이 보기 전에는 실전에 무능한 관리가 평가할 수 없다. 지난 6월 비변사의 공문에서는 한산도 수군은 거의 해골이 되었고 무용지물이라는 가혹한 평가를 받았다. 진정한 장수의 조건에 대한 제 장들의 논의를 통제사는 듣고만 있었다.

통제사는 일단 김덕령이 무사히 귀환했다는 사실을 확인한 뒤 별다른 반응 없이 누각을 세우는 일에만 전념한다. 누각을 짓는 일이 급속도로 진행되었다. 2일에는 대청에 대들보가 서면서 서서히 뼈대가 만들어졌다. 이날 대장선을 연기로 그을려 목재의 부패를 막고 방수를 하는 작업도 이어진다. 통제사는 빠짐없이 관리하고 일일이 지시한다. 5일에 이르러서는 용마루대에 서까래가 이어졌다. 지붕이 모습을 드러내면서 골조가 완성된다. 목재를 다듬고 깎는 일은 조선 목수의 몫이지만 이를 옮기고 세우는 일에는 왜병이 동원된다. 또 서까래와 지붕사이에 흙을 채우는 치받이도 왜병의 몫이다. 왜말에 능한 공태원이 통제사의 지시를 받아 왜병들을 부리고 있었다. 12일에는 서쪽에 행랑이 들어서고 13일에는 대청에 흙이 붙여진다. 지붕이 엮이면 완성되는 사실상 마무리 단계, 통제사는 거의 매일 왜병을 불러내 일을 시켰다. 적진의 망루를 짓는 왜병의 심정은 어떠했을까. 하지만 놀랍게도 이들은 일에 열중한다. 대청에 흙을 바르는 모습이 마치 제 집을 짓는 듯하다. 한 치의 틈과 균열도 허용하지 않는 애정과 열의가 묻어난다. 창조하고 만들면서 학습하는 일은 인간의 보편적인 본성과 본능, 이국에 대한 이질감도 녹아내릴 것이다. 통제사는 16일 새로 지은 다락방에서 회의를 주재했다. 그리고 그날 밤은 다락방에서 잠을 잔다. 통제사와 애환을 같이 할 한산도의 두 번째 누각은 이렇게 보름여 만에 완성되었다. 통제사의 설계와 목수들의 솜씨, 왜병의 노동력이 모두 결합된 전란의 상징물이었다.

하순경에도 통제사는 끊임없이 장수와 참모를 만나 논의하고, 해결하고 지시한다. 통제사는 특히 참모들과의 술자리를 꺼리지 않는다. 이달에는 군량미가 속속 한산도에 도착했다. 그리고 겨울이 성큼 다가오면서 띠풀 베는 일도 잊지 않는다.

28일 밤 사흘전에 군사 80명을 태우고 나간 배가 띠풀을 산처럼 싣고 귀항했다. 이날 밤 우레가 여름철 같이 쏟아지자 통제사는 안도한 표정이다. 하루만 늦었어도 띠풀을 가득 실은 배는 무게를 감당하지 못했을 것이다.

11월

진중의 왜병들

청어 26만 마리

　왜군 포로에 대한 통제사의 강경과 유화책은 이달에도 꾸준히 계속되었다. 1일에는 이들을 불러 누각 세운 공로를 치하하며 술상을 마련했다. 왜병들은 자신들이 세운 새 누각을 바라보며 오랜만에 술 맛을 보았고 시선에는 자랑스러움이 차 있다. 어쩌면 군인 이전에 인간이 지닌 자연스러운 모습이다. 자신의 손으로 만든 지상의 흔적, 생명이 꺼진 뒤에도 한동안 이승에 남아 자신을 증명해 줄 것이다. 16일에는 투항한 야여문과 신시로가 왜군의 탈주 움직임을 전했다. 주모자 준시 등 2명의 목이 한산도 통제영 누각 앞에서 떨어진다. 그 시선은 한산도 앞바다를 건너 왜국으로 향하고 있다. 감목관 김탁이 투항한 왜군 8명을 26일 데리고 왔다. 가덕도에서 빠져나온 왜군이었다. 이들은 술과 밥을 정신없이 먹어치운다. 굶주림은 왜병과 조선 수군 모두의 적이었다. 조선의 백성이 왜군을 두려워한다면 왜군들도 사방의 조선 백성을 경계한다. 누구도 편안히 농토를 가질 수 없다. 주인 없는 조선의 토지는 서로에게 위험한 덫이었다. 인솔자에게는 상으로 무명이 주어졌다.

한 해의 농산물과 어장의 해산물이 모두 집결되고 있다. 청어는 조선 바다에서 사계절 내내 잡히는 대표적인 어종, 아무리 가난한 조선의 백성도 밥상에 청어 한 마리를 올릴 수 있을 만큼 흔했다. 11월부터 이듬해 2월까지는 통제영에 수만 마리 단위로 도착했다. 군영의 수군이 직접 잡아들인 것과 관아에서 어민들에게 받아들인 수산세까지 더해진 몫이었다. 21일에는 이종호가 청어 1만 3천 240두름, 26만여 마리를 가지고 본진에 도착했다. 해풍에 말려진 청어는 육지의 고개를 넘어 군량미와 교환될 것이다. 청어는 겨울에는 경상도 연안에 집중된 뒤 봄이 되면서 전라, 충청도로 확산된다. 정월이 되면 알을 낳으려는 청어가 바다를 덮는다. 바닷가 전란민의 요긴한 식량이며 논밭의 거름으로도 활용되었다. 청어 떼가 덤비면 배가 청어위에 얹혀 항해하는 형상이 된다. 이달을 시작으로 매달 수만 마리 단위로 본진에 도착할 것이다. 또 전복, 굴과 홍합, 조기 등 다양한 어종이 수군의 살림살이에 요긴하게 쓰인다.

도양장에서 벼와 콩 820섬도 도착했다. 본격적인 겨울나기 준비가 진행되고 있는 것이다. 부지런한 군관 송희립은 6일에는 띠풀 400동, 칡 100동을 실어왔다. 통제사가 내색하지 않고 신임하는 불혹(不惑)을 막 넘긴 군인, 통제사와 마찬가지로 홀어머니를 모시고 있다. 싸움이든 농사든 말없이 실무에 집중한다.

이달에도 왜군은 조용했다. 왜선 2척이 3일 청등을 거쳐 흉도에 이른 뒤 해북도에 불을 지르고 춘원포를 거쳐 도주한 사실이 신경을 자극할 뿐이다. 척후선이 부지런히 오가며 하루도 빠짐없이 왜군의 동향을 보고한다. 18일에는 무게 있는 첩보가 당도한다. 고니시가 왜선을 끌고 바다로 나섰다는 급박한 전갈이다. 경상우수사에게 전령이 가고 대대적인 수륙정탐이 실시된다. 이 일대 해역은 조선 수군의 영역, 첩보망에 걸리면 살아남기 어렵다. 별다른 징후가 추가로 포착되지 않았지만 통제사는 21일 송희립에게 견내량 출항을 다시 지시한다. 인근을 샅샅이 뒤

질 것이다. 송희립이 없다면 없는 것이다.

통제사는 30일 투항한 왜병 야여문, 신시로를 반갑게 맞는다. 어느덧 왜군의 동향을 함께 분석하는 참모가 되어 있었다.

12월

달려가고 싶은 사람

체찰사 이원익, 그리고 어머니

4일에도 청어 7천여 두름, 14만 마리가 도착했다. 즉시 곡식을 사러 가는 군량선에 실렸다. 6일 아들 울이 들어와 어머니가 건강하다는 소식을 알린다. 통제사는 어머니에 관해서는 가볍게 지나치는 법이 없었다. 울의 인사를 받자마자 세세한 질문을 쏟아낸다. 식사와 거동이 모두 편하다는 사실을 확인하고 마냥 기뻐한다.

수사와 참모를 만나고 적의 동향을 탐지하는 통상적인 일이 중순까지 이어졌다. 13일에는 왜선 3척과 소선 한척이 등산 바깥바다에서 나타나 합포에 정박했다는 첩보가 당도했다. 통제사는 왜군이 사냥에 나선 것이라고 판단한다. 경상우수사 권준과 방답첨사 장린에게 수색 명령을 내린다. 조선 수군 또한 '왜군 사냥'에 나섰다.

15일에는 체찰사가 '삼천포에서 18일에 만나자'는 전갈을 보내 왔다. 16일 새벽에 출항한 함선은 달빛을 타고 당포에 이르러 아침을 먹은 뒤 사량도에 이르렀다. 17일에는 겨울비가 내렸다. 삼천포진에서 기다리던 전령이 체찰사가 사천에 왔다고 전한다. 약속장소가 구체적으로 정해졌다. 맑게 갠 17일 한 낮, 체찰사와 통제사는 한가롭고 외딴 군막에서 만났다. 이야기는 차분했고 길게 이어진다. 정오에 시작되어 초저녁을 거쳐 새벽 2시쯤 헤어진다. 병사의 증원과 함선의 건조, 적정의 동향 등에 대한 이야기가 구체적으로 오갔을 것이다.

체찰사는 19일 함대의 병사들에게 음식을 베푼다. 함선이 한산진을 떠나면 병사들의 음식은 거칠 수밖에 없다. 잡곡을 말린 뒤 빻아서 휴대와 보관이 용이한 미숫가루나 나물과 소금, 혹은 채소 장아찌로 간을 한 주먹밥이 고작이었다. 때때로 한산도에서 쉽사리 구할 수 있는 각종 젓갈이 곁들여져 병사들의 입맛을 돋우었다. 장기간 출전의 경우에만 솥과 장작 등 취사도구가 동원되었다. 체찰사는 병사들에게 이번에도 먹고 남을 만큼 넉넉하게 소고기를 전해준다. 아마 사재를 털었을 것이다. 꼬챙이에 꼬인 육적을 장작불에 구워가며 병사들은 추위도 달래고 이날만은 마음껏 허기를 채울 수 있었다. 이들이 없으면 나라도 없다. 누구나 알고 있지만 좀처럼 실천하지 않는다. 체찰사는 먼저 떠나고 함대는 사나운 바람으로 출렁인다. 통제사는 잠 못 이루며 판옥선의 봉창 옆에 앉아 체찰사의 마음 씀씀이를 고마워한다. 이날 논의를 어떻게 실현해 나갈 것인지 고민하는 일은 통제사의 몫이다. 이제 을미년도 저물었다. 전란이 터진지 벌써 3년이 지났다.

동이 트면 전란이 터진지 4년째를 맞게 될 을미년의 마지막 날, 캄캄한 자정 무렵에 통제사의 대장선은 어머니에게 향한다. 전란에 고통 받는 조선의 어머니, 전장의 자식을 감싸는 인자함이다. 그리고 전란을 이기라는 엄한 꾸지람보다 더욱 깊숙하게 내면의 부끄러움을 끄집어낸다.

1596년
병신년

1월

전장에서 맺어진 기녀(妓女)의 사랑

통제사가 빚는 메주

병신년 새해 새벽 1시쯤, 삼도수군통제사 이순신(52세)이 본가에 들어섰다. 자지 않고 기다리는 어머니, 흰머리가 성성한 어머니가 자식의 흰머리를 안타깝게 바라본다. 삼도의 수군을 다스리는 통제사, 하지만 어머니를 바라보는 통제사의 눈은 소년시절의 모습으로 돌아간다. 저녁 무렵까지 친지의 인사를 받은 통제사는 본영으로 향했다. 익숙하고 담담한 이별, 그리고 통제사의 좌수영 내아에는 늦게까지 촛불이 꺼지지 않는다.

'부윤옥 덕윤신 (富潤屋德潤身)'

'덕불고 필유린 (德不孤必有隣)'

"부유함은 집을 윤택하게 하고 덕은 몸을 윤택하게 한다."

"덕이 있으면 반드시 따르는 사람이 있어 외롭지 않다."

대학과 논어의 구절을 되새기면서 새해를 맞는 마음가짐을 다 잡는다.

2일은 명종 인순왕후 심씨의 제사, 공무는 보지 않았으나 대신 본영의 병기들을 검열한다. 3일 새벽 통제사는 한산도로 향했다. 곡포 바다에서 샛바람을 받은 함선은 힘겹게 상주포를 거친 뒤 사량에 정박했다. 4일 먼동이 트면서 배를 띄우자 이여념의 함선이 마중을 나온다. 본진에는 별다른 일이 없었다는 보고, 이어 걸망포에 이르니 경상우수사 권준이 반갑게 맞는다. 군관 송한련이 청어 1,800여 두름을 잡아 1,000여 두름은 매달아 놓았다고 전했다. 진중의 지휘관이 누구냐에 따라 진영의 분위기는 결정된다. 장수들은 통제사가 진중의 살림살이에 민감하고 이를 꾸려나가는 일에 열중한다는 사실을 잘 알고 있다. 그렇다면 장수들 또한 진중의 살림살이가 자신의 업무가 되는 것이다. 그리고 구체적이고 명확한 보고를 원한다는 사실도 잘 안다. "청어를 많이 잡았다."가 아니라, "청어를 얼마나 잡아 어떻게 보관하고 있다."고 알려야 살림살이에 대한 규모를 가늠할 수 있다. 장수들이 통제사의 방식에 길들여지고 있는 것이다. 세찬 겨울비 속에서 통제사는 본진에 도착했다. 비는 다음날까지 계속되었고 본진에는 새해 문안 인사를 위해 찾아오는 장수들이 줄을 이었다. 7일에는 사도첨사 김완이 술을 가져와서 군량 500섬을 마련해 놓았다고 보고했다. 전란 전과는 확연히 다른 행정가의 모습, 함선의 정비와 물자 확보에도 부지런하다.

7일 오전 젊고 고운 기녀 한 명이 통제사를 찾는다. 군관 이영남과 정이 통했던 여인, 이영남에게 전해들은 바가 있었던 듯 통제사는 내아에 들인다. 전란 중 통제사의 거처에 발을 들인 첫 여인이었다. 통제영의 종과 아전들이 어리둥절한 표정이다. 기녀는, 임지를 옮긴 이영남을 찾아 갈 수 있도록, 통제사의 허락을 구한다. 다른 군관의 수청을 들 수 없다는 것. 관청에 매인 관기는 나라의 재산이며 수청은 벗어날 수 없는 숙명과도 같다. 마냥 흐르는 눈물 속에 자신의 운명에 대한 원망과 한스러움이 가득 담겨있다. 통제사가 허락해도 아직은 겨울철, 폐허로 변한 전시의 조선 땅을 여인 홀로 헤매고 나녀야한다.

통제사는 묵묵히 통행첩을 내어준다. 삼도수군통제사의 관인이 선명하다. 또 현지 수령들에게 여인의 신변을 당부하는 서찰 네댓 개를 써서 건네준다. 조만간 기녀는 한산도를 떠나 육지의 전쟁터로 정인(情人)을 찾아 길을 떠날 것이다. 설령 만나도 지금은 전시(戰時), 함께 하지 못하고 먼발치에서 바라볼 뿐인 사랑이었다.

이날 오후 견내량 복병장인 삼천포 권관이 부산에서 탈출한 왜군 5명이 투항했다고 보고했다. 부산 본진의 상황을 파악하기 위해 다음날 본영에 압송했으나 가덕도에 주둔한 시마즈 요시히로(島津義弘) 휘하의 살마군이었다. 장수가 성격이 모질고 노역이 심해 도망쳤다는 것. 투항 당시 긴 칼과, 짧은 환도 등 무기를 모두 조선 수군에게 순순히 건넸고 심문과정에서도 거짓이 없다고 판단한 통제사는 이들을 곧 왜군 포로에 합류시킨다.

유래 없는 한파로 한산도가 얼어붙은 12일 통제사가 오랜 만에 꿈 이야기를 한다. 어떤 암시가 담겨있을 것이다.

"유성룡과 함께 어떤 곳에 이르러 나라를 걱정하는 논의를 하였다. 하지만 나라 현실에 분노가 치밀어 서로 말하기를 그만두었다. 곧이어 폭풍우가 다시 불었고 끝까지 서로 자리를 떠나지 않았다."는 것. 나랏일과 유성룡에 대한 걱정, 그리고 전란의 전면적인 재발에 대한 우려가 엿보인다. 이날 오후 웅천현감이 왜선 14척이 거제 금이포에 정박해 있다고 알린다. 견내량을 건너면 지척의 거리, 경상수사 권준에게 즉각 출전 명령이 내려진다. 역시 바다는 텅 비어있다. 왜선은 함포의 사거리를 허용하면 좀처럼 살아남기 어렵다는 사실을 잘 알고 있었다. 짧게 정박하고 이내 사라진다.

15일은 정월 대보름이다. 날은 맑았고 달빛은 풍성했다. 풍년의 조짐이기를 바랄 뿐이다. 통제사는 투항한 왜군들에게도 술과 음식을 나눈다. 타국에서 경험하는 명절, 전란은 왜군의 일상도 파괴했다. 그리고 18일 오전 군복 만드는 일을 지시하고 통제사도 열심히 끼어들어 일하고 있었다.

19일은 맑고 이른 봄볕이 제법 따사로웠다. 통제영의 가마솥 수백 개에서 일제히 김이 오른다. 무쇠 솥 아래 잘 마른 장작이 훨훨 타오르고 병사와 아낙들이 분주하게 움직인다. 한 참이 지나자 구수한 냄새가 병영을 온통 덮고 있다. 누렇게 익은 콩이 돌절구에 담기고 이를 빻고 으깨는 병사들의 모습에서 평온한 조선의 모습이 잠시 겹친다. 이때만큼은 장수나 병사가 아니라 농부이자 남편, 조선의 백성들이다. 넉넉한 됫박에 베가 깔리고, 이어 으깨진 콩이 수북하게 담긴다. 꾹꾹 발로 밟은 뒤 됫박에서 베를 꺼내 풀자 네모진 메주가 나왔다. 통제사도 병사들 틈에서 부지런히 메주를 만든다. 모두가 메주련만 "잘생겼다, 못생겼다."는 핀잔이 오가고 유독 통제사가 만든 메주에 "못생겼다."는 병사들의 타박이 무성하다. 통제사와 병사들의 웃음소리가 전란을 잠시 잊게 했다. 엄하지만 소탈한 성품이었다. 만들어진 메주는 따뜻한 행랑의 한 구석에서 짚에 쌓여 말려진다. 마르는 과정에서 메주에는 하얀 꽃이 핀다. 짚의 발효균이 메주로 옮겨와 자리를 잡는 것. 조선 여인들의 겨울 농사, 며칠 뒤 이 메주들은 짚으로 만든 새끼에 매여 통제영 곳곳에 널어지고 겨울 바닷바람을 맞으며 익어갈 것이다.

이날 오후에는 부산에 잠입했던 척후 4명이 돌아왔다. 심유경과 고니시 유키나가, 왜국 승려 현소 등이 16일 새벽에 바다를 건너갔다고 알린다. 전날 동래 현령이 보고한 내용과 일치한다. 양식 서 말을 받아들고 척후는 다시 길을 떠났다.

23일 통제사는 옷이 헐어버린 병사 17명을 불러온다. 아직 가시지 않은 겨울 추위속에서 기우기 조차 힘들게 헤진 군복은 솜이 다 빠져나와 이미 홑옷이 되었다. 오소소 떨고 있는 통제사의 병사들, 며칠 전부터 부지런히 만들었던 두툼하게 솜을 넣은 새 군복이 이들에게 우선 지급되었다. 그리고 이날 밤 아들 면이 어머니가 평안하다는 편지와 함께 한산신에 도착했다. 내리 사랑, 면을 바라보는 통제사의 눈에서 정겨움이 선명하게 드러난다. 간밤에 눈이 내려 10cm가량 쌓이면서 한산도가 온통 하얗게 변했다.

경상우수사 권준은 통제사가 신임하는 통제영의 버팀목이다. 그렇지만 실수하고 잘못을 범하며 논란과 다툼의 소지를 일으키는 것이 사람의 일이다. 11일에는 거제 현령 안위가 경상우수사 권준의 잘못을 통제사에게 과감하게 털어놓았다. 22일에도 경상 우후 이의득이 경상수사 권준의 잘못을 고한다. 통제사는 이 말이 사실이라면 권준을 질책해서 바로 잡을 것이다. 그러나 먼저 사실을 확인한다. 통제사의 일 처리 방식이었다.

28일에는 경상우도순찰사 서성이 한산진을 찾았다. 활터에서 활쏘기와 함께 군무에 대한 대화가 오간다. 거센 바닷바람에 익숙하지 않은 순찰사가 연거푸 지고 있다. 얼굴에 화가 잔뜩 나 있다. 지기 싫어하는 전형적인 무장의 성격이다. 통제사는 빙그레 웃을 뿐 다음날 활쏘기에도 사정을 두지 않는다. 순찰사는 전날보다 더 크게 지고 말았다. 이제 화를 내지 않는다. 같이 웃으며 나지막하게 한산진의 운영에 대한 이런 저런 이야기를 나눈다.

2월

고향을 그리는 병사들, 다그치는 군기

통제사의 부엌일

이달 들어 봄기운이 완연하다.

병사들의 가슴에는 아지랑이와 더불어 봄기운의 신명이 지핀다. 바로 밭을 갈고, 보리에 거름을 주고, 파종을 준비하는 농사꾼의 본능이 주체할 수 없이 솟아오른다. 하지만 병영에 매인 몸, 집안일은 모두 아내의 몫이다. 전란 통에 겨우 지켜낸 아이들을 건사하며 하루 종일 논과 밭을 오가며 먹지 못한 얼굴은 노랗게 떠있을 것이다. 몸은 군영에 있지만 마음은 고향의 논밭과 가족으로 향한다.

병사들의 이런 마음은 결국 훈련에도 영향을 미쳤다. 5일에는 믿었던 전라우수사조차 훈련기한을 늦추자는 편지가 왔다. 통제사의 표정이 굳어있다. 13일에는 강진현감 나대용이 함선을 기한 내 진수하지 못하면서 결국 처벌을 받았다. 가리포 첨사 이응표에게도 질책이 이어진다.

통제사는 투항한 왜군에게 관대했지만 이들의 동향은 늘 주시했다. 3일에는 부산에서 투항한 왜병들이 왜군의 포로였던 조선 사람들과 함께 상사를 하고 싶나는 의견을 전했다. 통제사는 믿지 않는다. 전란의 와중에서 장사를 한다는 말이 터

무너없다. 다시 도망친다면 왜군은 전력과 정보를 동시에 얻는다. 13일에는 왜군의 탈주 모의가 사전에 발각, 심문을 거쳐 엿새 후 진중에 주모자의 목이 걸린다. 왜군에게도 봄철은 고향에 대한 향수를 자극하는 때일 수밖에 없다. 이들 또한 군인이 되기 전에는 농부나 어부였을 것이다.

6일에는 사도첨사 김완이 조도어사의 장계로 파면되었다. 파면된 덕에 사도첨사는 작전구역을 벗어나 사도로 돌아갈 수 있었다. 나태한 수령은 잘 살아남는다. 단 한군데, 조정에 대한 시선만 게을리 하지 않으면 된다. 하지만 제 몫을 다하려는 수령들은 자주 갈린다. 시선을 힘겨운 백성과 복잡한 병영의 현실로 돌리면 조정을 잠시 잊게 된다. 이 틈을 어사들은 금방 비집고 들어오는 것이다. 6일에는 군관 송한련이 숭어를 잡아왔다. 임진년 2월에도 바다를 가득 메웠던 숭어 떼, 봄철 들어 새로운 어획의 신호탄인 셈이다. 11일에는 소금을 실은 군량선이 빠져나간다. 이후 둔전의 군량이 오가면서 척후선이 교대하는 한산진의 일과는 이달에도 빠짐없이 되풀이된다. 제주목사 이경록에게 보내는 청어와 대구, 전죽, 부채가 실려 나가고 제철이 다가오는 조기를 잡기 위해 군관과 어부도 부지런히 바다로 향한다.

통제사는 14일 새로 지은 곳집에 지붕을 잇도록 했다. 이어 강진현감 나대용이 찾아오자 술을 권하며 위로한다. 지난번 엄한 질책을 마음 한 편에 담아 두었던 것이다. 그리고 통제사는 나대용과 함께 그동안 염두에 둔 일을 실행에 옮긴다. 물을 부엌까지 끌어 물 긷는 일을 편하게 하는 일, 삼도 수군을 지휘하는 통제사의 업무라기에는 지나치게 사소하다. 부엌의 병졸들과 아낙들이 당황해한다. 하지만 통제사는 미리 머릿속에 설계도를 그려둔 모양이다. 샘터에서 부엌까지 대나무 수로가 순식간에 연결되고 이제 샘에서 물을 길어 수로에 부으면 부엌까지 흘러왔다. 선소를 지휘하는 나대용의 손재주가 한 몫을 단단히 했다. 신이 난 모습이다. 물을 길어 지고 나르는 일이 한 사람의 힘만으로 넉넉하게 해결된다. 통제사의 성격을 잘 엿볼 수 있는 대목이었다. 이러한 '지나친 사소함'으로 매일매일 삼도의 수군을 관리하고 있는 것이다. 샘물을 찾은 병사들은 이 수로를 볼 때마다 최고 사령관의 손길이 미치지 않는 곳이 없다는 사실을 실감할 것이다. 다음날 통제사는 약간 아쉬웠던 듯 대나무 통 몇 개를 더 챙긴다.

17일은 아들 면이 본영으로 돌아가는 날, 통제사는 담담하게 면을 떠나보낸다. 그런데 이틀 뒤 맑았던 날씨가 오후 들어 흐려지면서 거센 바람이 일자 초조한 기색을 감추지 못한다. 밤새 숙소와 누각을 오가며 바람이 언제쯤 수그러들지 조바심을 내면서 하늘만 쳐다본다. 통제사의 표정에 '이제 그만 멈춰 달라'는 간절한 기원이 깃들어 있다. 절실하게 애태우는 통제사의 모습이 낯설다. 통제사 이전에 아버지였던 것이다.

통제사의 성격은 둔전에서 받은 쌀을 관리하는 과정에서도 잘 드러난다. 군량미는 부엌일의 시작, 통제사는 둔전에서 벼가 오면 보고된 숫자대로 기록하지 않았다. 반드시 다시 되질을 해서 정확하게 그 양을 파악했다. 23일에도 문서보다 48섬이 줄어든 167섬을 창고에 쌓았다. 24일에는 30섬이 줄어든 170섬이 창고에 들어갔다. 되질을 다시 해서 군량미가 도중에 축이 난 이유를 따지거나 책임자를 문책하려는 의도가 아니었다. 가난한 형편에 주는 쪽의 되질이 빠듯한 것은 어쩔 수 없는 일이다. 되질을 다시 하는 이유는 병사들에게 지급할 수 있는 양을 정확히 측정해야 하기 때문이다. 되질이 잘못되어 공백이 생기면 실제 군량미를 받는 군사들이 결국 손해를 본다. 17,000여명의 병사, 하루 두끼 10홉의 원칙, 비록 넉넉하지는 않지만 이 약속은 충실하게 지켜지고 있었다. 한산진에서 2홉이 10홉으로 변질되고 벼에 모래가 뒤섞이는 비리는 상상도 할 수 없다. 참수에 해당하는 죄목이다. 26일에는 백성에게 횡포를 부리는 아전들의 비리가 알려졌고 통제사는 지체 없이 잡아들여 아전 네댓 명에게 곤장을 때린다. 27일에도 되질은 있었고, 수량은 역시 줄어든다.

28일에는 장흥부사 배흥립을 잡아갈 군관들이 한산도에 도착했다. 또 제주와 진도에 왜군이 상륙할 수 있다는 조정의 우려가 전달된다. 통제사는 두 가지 조정의 조치에 대해 헛되고 허황된 처사라고 못 박았다. 배흥립은 지난해 탄핵되어 복직되었다가 전공이 인정되어 장흥부사로 옮겼으나 다시 탄핵의 대상이 되었다. 최전선의 상황을 한 번도 들여다보지 않아 갈수록 허황된 사헌부의 꾸준한 붓놀림에 불과하다. 통제사는 제주와 진도에 대한 왜 수군의 상륙설도 조선 수군을 분산시키려는 왜군의 거짓 첩보, 반간계(反間計)에 불과하다는 판단을 내린다. 사기와 군세가 위축된 왜수군이 넓은 바다에서 조선 수군과 일전을 치를 의사가 있을리 없었다. 이와 함께 웅천현감 이운룡의 경상좌수사 임명도 모호한 상태, 비록 왜군이 장악하고 있어도 경상수영은 조선 수군에게 상징적인 장소이다. 조정에서는 공문에서 이운룡을 임명했다고 알렸지만 승정원의 공식적인 유서와 밀부는 두 달째 오지 않았다. 통제사는 이날 장수들에게 "조정에서 세운 계책이 하나같이 쓸모없으니 나랏일이 어찌될 것인가."라면서 노골적으로 우려를 드러냈다. 최전선의 현실과는 무관한 탁상공론이 계속되고 있었기 때문이다.

마침내 30일에는 봄기운과 함께 한산진에 잠복해 있던 문제가 터졌다. 전라우수사가 군관들의 의견을 종합해서 통제사에게 본도로 회군할 수 없겠느냐는 의향을 물어왔다. 적군의 별다른 동향이 감지되지 않고 날이 따뜻해졌으니 본영에 돌아가 함선을 정비하겠다는 것. 전라우수군은 견내량을 견제하는 주력 함대의 한 축, 지금의 교착상태는 왜군이 한산도의 군세를 잘 알기 때문에 유지되고 있다. 한 치의 틈만 보여도 전면적인 교전상태로 변모할 것이다. 왜군이 해전을 회피한다고 해서 전쟁마저 포기한 것은 아니다. 결국 회군을 제안한 우수군의 군관 및 도

훈도에게 곤장이 떨어진다. 이제 군기는 한순간에 다잡아질 것이다. 그러나 하루
내내 시달린 통제사도 힘겹고 외로워 보인다. 밤새 잠자리에서 식은땀을 흘린다.

3월

곤장, 엄격한 형벌의 기준

통제사의 화해 방식

봄볕이 무르익는 3월의 첫 날, 장수들의 군기를 다잡는 통제사의 잣대는 엄격했다. 새벽녘 망궐례를 마친 통제사는 오전에 경상우수사 권준을 불러 혹시라도 해이해 질 수 있는 경계를 더욱 강화하라고 지시한다. 이어 오후에는 군량미나, 함선 동원의 시일을 맞추지 못한 해남현감 유형, 임치첨사 홍견, 목포만호 방수경이 붙들려 왔다. 그리고 여지없이 곤장을 맞는다. 지난 1월 부임한 해남현감 유형은 새로 부임했다는 이유로 제외되었으나 다른 현령들에게 곤장이 떨어지는 순간마다 가볍게 진저리를 친다. 한산진을 벗어나고 싶은 것인지, 수령에게 서슴없이 떨어지는 곤장에 놀란 것인지, 앞으로 제 소임을 제대로 하겠다는 결심인 것인지, 표정이 어수선해 보인다. 4일에도 같은 이유로 보성군수 안홍국이 곤장을 맞는다.

이달 11일 방답 첨사 장린이 물을 긷는 수군 노비에게 곤장을 쳤다는 사실이 통제사에게 보고된다. 통제사는 곧바로 노비를 불러 사실 파악에 나선다. 사소한 오해에서 비롯되었고 곤장을 칠 사안은 아니다. 통제사는 방답첨사의 군관과 아전을 이내 잡아들인다. 사실을 제대로 파악해서 첨사에게 보고하지 못한 책임을 묻는다. 각각 곤장 20대와 50대에 처해지면서 노비의 곤장을 친 대가를 군관과 아전이 갑절로 돌려받았다. 방답첨사에게도 그 의미가 충분히 전달되었을 것이다.

한산진에서 곤장은 노비나 천민만의 몫이 아니라 누구든 제 본분을 다하라는 질책이다. 통제사에게 매를 맞는 이들은 주로 현령과 군관, 아전들이었다. 친소(親疎)도 가리지 않는다.

3일은 삼짇날, 음양이 조화를 이룬다는 명절이지만 벌써 5년째 이 조화는 깨지고 언제 회복될지 알 수가 없다. 통제사는 여러 장수들과 가볍게 술과 떡을 나누며 명절의 아쉬움을 달랜다. 아무리 기다려도 전라우수사 이억기는 오지 않았다. 지난달 말 회군을 요청하는 우수사의 군관들을 매로 다스린 부담감이 어쩔 수 없이 통제사의 가슴에 남아 있을 것이다. 통제사는 아끼는 군관 송희립을 우수영에 보낸다. 그리고 4일 통제사는 대장선을 띄운다. 소근포를 돌아 경상우수사 권준을 만났다. 경상좌수사 이운룡이 함께 한다. 하지만 부산포가 왜군에게 떨어진 이상 경상좌수사는 명목상의 직책일 뿐, 경상우수영이 경상도 해역의 핵심 방어 수영이다. 만류하는 권준을 뿌리치고 통제사는 자리도로 대장선을 몰아 정박했다.

5일 새벽 해뜰 무렵 견내량, 작전 중인 이억기 진영 앞에 대장선이 모습을 드러낸다. 아침 식사 이전의 이른 시간, 이억기가 화들짝 놀란다. 식사는 술상으로 대신한다. 통제사와 우수사의 술자리가 길어지고 있다. 봄날의 꽃들이 맑은 날씨에 분분하게 뿌려지고 있다. 바닷가의 날씨가 변덕을 부리며 비를 뿌리자 통제사는 비로소 함선으로 발을 돌린다. 취한 듯 미끄러져 넘어진다. 아무리 술에 취했다 한들 자중하던 통제사, 오늘 처음으로 흔들리는 모습이 목격된다. 통제사는 장수 및 병졸들과의 술자리를 꺼리지 않았다. 술자리는 회의를 부드럽게 하거나 묵은 앙금을 털어내며 화해를 매개하고 거친 전쟁터의 삶을 위로하는 등 여러 가지 역할을 했다. 다만 통제사는 취해서 주정을 할 정도로 과음하지 않았고 술을 마신 뒤에도 하루의 일과를 정리한 이후 잠자리에 들었다. 술에 흠뻑 취한 모습은 보이지 않았던 것.

그리고 우수사는 군막에서 아예 쓰러져 있었다. 이날 자정 무렵 대장선은 본진에 돌아왔다.

8일은 통제사의 생일, 안골포만호 우수와 가리포첨사 이응표가 큰 사슴을 한 마리씩 보내왔다. 생일에 맞추어 사냥을 한 듯 배를 가르자 붉은 피가 선연하다. 본진에서 미리 잡아 놓은 사슴 3마리에, 전날 녹도만호 송여종이 보낸 노루 2마리가 더해진다. 공무를 마친 전라우수사, 경상좌우수사, 첨사, 만호, 우후, 현감 등이 몰리면서 통제영이 북새통을 이룬다. 병사들의 문안 인사가 줄을 잇는다. 전선에 핀 꽃들과, 한산도를 가득 메운 억센 장수와 병졸들이 기묘한 조화를 이룬다. 술자리는 늦게까지 이어졌다. 통제사는 앞으로 얼마나 더 많은 생일을 전쟁터에서 맞을 것인가.

견내량 복병이 "왜선이 잇따라 출몰하고 있다."고 13일 보고한다. 한산도 외항의 선봉 함대가 곧바로 출항한다. 14일에도 거제 세포와 고성에 각각 왜선 5척이 정박했다는 첩보, 조선함대의 본진 일부가 연이어 출전하면서 다소 전운이 감돈다. 바라던 전투지만 실현되지는 않았다. 왜선은 판옥선의 돛대만 보여도 종적을 감춘다.

체찰사 이원익의 군사 작전은 명확하지 못했다. 그는 함대의 지휘관이 아닌 인덕을 갖춘 문관일 따름이다. 그의 지시는 조정의 명에 따라 내리는 군인의 흉내일 뿐 생사가 오가는 최전선의 현실과는 거리가 멀었다. 함대 및 함진 이동에 대한 잦은 명령, 그리고 자신의 잘못을 곧바로 인정하는 솔직함이 돋보인다. 자신의 과오를 고집하지 않고 선선히 한계를 시인한다. 체찰사의 장점이다. 명령과 수정, 곧바로 잘못을 인정하는 공문이 이 달에도 서너 차례 거듭된다. 통제사의 함대는 선부르게 움직이지 않았다. 체찰사는 이 때문에 자존심이 상해 다른 사람을 모함하는 유형의 사람이 아니다. 어쩌면 통제사가 가장 마음 편하게 선박을 지휘할 수 있는 시기였는지도 모른다. 척후와 적선의 동향, 구체적인 정보가 확인될 때 조선 함대는 움직인다. 옥포해전부터 통제사가 전란 내내 지켜온 함진의 운용 방식이다.

중순경까지 비바람이 거세다. 16일에는 통제사 숙소의 창문 창호지가 찢기고 방안으로 비가 몰아친다. 아침에는 비바람에 이엉이 벗겨진 군막이 군데군데 눈에 띄었다. 비는 18일부터 잦아들었다. 통제사는 최전선의 상태를 확인하면서 드문드문 휴가를 허락한다. 육지의 농사일도 시급하기 때문이다. 21일 장대비가 퍼붓자 군관 송희립과 종정도 내기를 한다. 사소한 실랑이가 벌어진다. 우직한 군관 송희립이 통제사를 속일 리 만무하다. 통제사가 장난을 걸었을 것이다. 장수들에게도 엄격하게 적용되는 통제사의 군기, 그럼에도 권위를 내세우는 지휘관과는 거리가 멀었다. 권위를 앞세우면 대화는 단절된다. 소통을 위한 전제는 서로의 관계이다. 감성의 교감이 있을 때 대화는 비로소 깊어진다. 이후에 감성을 걸러낸 이성이 제대로 된 판단을 내리는 것이다. 통제사는 다시 군관 오철과 종정도를 하고 있다. 송희립은 오철의 편을 든다.

22일 한산도에 고래가 뭍으로 떠밀려 와 바다로 가지 못하고 죽었다는 소식이 전해진다. 통제사는 곧바로 군사를 보낸다. 기름을 얻고 백성과 군사들에게 고기를 먹일 수 있는 기회였다. 23일과 24일에는 통제사도 바닷가에서 병사들과 어울려 미역을 따고 있었다. 전란을 지운다면 평화로운 어촌과 어부들의 일상이었다. 전란 후 통제사가 원하는 삶이 그려진다.

25일부터 다시 빗발이 오락가락한다. 통제사가 수루에 홀로 앉아있다. 머리와 옷이 모두 젖은 것도 알지 못하는 듯 깊은 상념에 빠져, 내항으로 향하는 좁은 포구 너머 봄비로 어두워진 외로운 섬을 하염없이 바라본다. 수루 옆에 우뚝 솟아

오히려 쓸쓸한 소나무가 통제사를 닮아 있다. 이달 말 봄비가 뿌리면서 병사들은 한산도 곳곳에서 가끔 목책을 쌓고 교대로 휴식을 즐긴다. 29일 부체찰사 이정형이 한산진에 도착할 것이라는 전갈이 왔다.

4월

초파일, 병영의 연등과 살생

어사가 짓는 밥

4월의 첫 날은 큰비가 쏟아졌다. 그리고 3일에는 견내량에서 왜인 4명이 붙잡혔다. 부산에 장사하러 가던 대마도 상인이며, 배가 표류했다는 변명을 했다. 실제 상인인지 심문이 이어졌고, 곧 정탐병이라는 사실이 드러나 목이 달아난다. 이달 들어 지난해 2월 탄핵을 받고 사도첨사에서 물러난 김완이 조방장으로 임명돼 한산진에 합류했다. 전란을 통해 확인된 죽음에 초연한 몇몇 되지 않는 조선의 맹장, 통제사에게 필요한 동료였다. 척후의 참모로, 최전선의 지휘관으로 통제사와 함께 할 것이다. 7일에는 명나라 사신 정사 이종성이 심유경 등과 함께 강화협상을 위해 왜국에 건너가려다 왜군의 기세에 눌려 겁을 집어 먹고 도망쳤다는 사실이 부산 사람을 통해 전달되었다. 조선 땅을 놓고 벌이는 명과 왜국의 강화, 통제사가 애초부터 불신하는 협상이었다.

8일은 부처가 태어난 날, 종일 비가 오락가락했다. 관등, 즉 연꽃을 형상화한 종이 등에 불이 켜져 한산도 수군 병영 처마 곳곳에 걸렸다. 음산한 날씨에 연등이 켜지면서 몇몇 병사들이 합장하며 절을 하고 있다. 연꽃, 진흙 속에서 피어나지만 아름다운 자태와 연못을 온통 휘감는 깊은 향기를 지녔다. 처절한 전쟁터는 분명 연꽃이 힘겹게 꽃을 피우는 속세의 진흙탕임에 분명하다. 여기에서 어떻게 살아가야 연꽃 같은 향기를 낼 수 있을까. 이날 부체찰사 이정형을 만난 통제사는 직접 연등 하나에 불을 붙여 운주당 처마에 매단다. 살생을 금하는 불교의 교리, 자신이 지은 업보에 따라 끊임없이 윤회하는 이승의 삶, 통제사는 며칠 전에도 왜군의 목을 베었다. 더 큰 죽음을 막기 위한 살생은 불가피한 것인지, 이정형과의 대화는 불교의 이법으로 옮겨간다.

10일에는 어사 정경세가 한산진에 도착해 밤늦게까지 대화가 이어진다. 젊고 진지한 인물이었다. 다음날 어사는 통제사에게 가져온 은자를 꺼내놓고 군량미를 산다. 12일에는 어사 정경세가 병사들의 식사를 장만하는 자리에 나타난다. 아침 일찍부터 물을 긷고 직접 장작에 불을 지피고 밥을 짓고 반찬을 장만하는 일에 관여한 뒤 병사들과 함께 밥을 먹는다. 통제사의 맏아들 회보다 조금 어린 나이, 소탈한 어사에게 병사들은 다시 한 번 놀란다. 체찰사 이원익이 남긴 중앙 관리의 선례가 큰 힘을 발휘하고 있었다. 통제사는 어사와 활을 쏘고 종일 병영을 둘러보며 젊은 문관에게 수군의 전략과 전술, 수군진의 상황을 깊이 있게 설명한다. 젊은 어사는 신중하게 경청하고 예의를 갖추어 되묻는다. 모처럼 실무에 관심을 갖는 현실적인 어사가 온 것이다. 13일은 어사가 출발하는 날, 포구의 바람이 거세지자 이별이 잠시 미루어진다. 통제사와 어사는 선인암으로 향한다. 석양이 깔리면서 어사가 배에 오른다. 마중하는 통제사에게 허리를 깊이 숙인다. 통제사가 드물게 포구까지 나와 배웅한 몇 안 되는 어사 중 하나였다.

19일에는 투항한 왜군 남여문이 "도요토미 히데요시가 죽었다."는 소식을 가져왔다. 통제사는 별 반응을 보이지 않는다. 믿지 않는 눈치다. 확인되지 않은 정보에 대해서는 쉽사리 반응을 보이지 않는 성격이었고 뜬소문에 불과하다는 사실이 곧 드러났다. 23일에는 병영에서 씨름 대회가 열렸다. 병사 성복이 힘과 기량이 뛰어났다. 막판까지 휩쓸어 통제사에게 상으로 쌀말을 받는다. 칭찬과 포상만은 절대 거르지 않는 성격이기도 했다. 22일에는 병영에 작은 소동이 일어났다. 조방장 김완이 사건의 전말을 보고한다. 술에 취한 장수 노천기가 부하 군관들과 다툼을 벌이다 결국 모욕을 받은 것이다. 진중의 술은 여러 가지 의미로 사용된다. 병사와 장수의 사기를 높이고 대화를 원활하게 끌어내고 화합을 가능하게 한다. 술기운을 빌어 부하 장수나 병사는 그동안 마음에 숨겨 놓았던 이야기를 과감하게 꺼내 놓을 수 있다. 상관 역시 호탕하게 자신의 실수나 잘못을 인정하면 이를 통해 갈등이 봉합된다. 하지만 지나치면 역시 말썽을 일으킨다. 여하튼 하극상이다. 통제사는 비교적 가벼운 장형 30대를 때린다.

이달 하순부터 통제사의 목욕재계가 잦아진다. 다음 달 단오에는 죽은 혼령을 위로하는 진중 제사가 있을 것으로 보였다. 29일에는 거짓 항복한 왜군의 목이 베어졌다. 더 많은 죽음을 막는 불가피한 살생, 통제사는 이날과 다음날 연거푸 목욕재계를 한다. 내달 단오제에서는 죽은 왜군도 제상을 받을 것이다. 그리고 이날 부산에서 고니시 유키나가가 철수할지 모른다는 소식이 당도했다. 통제사는 왜군이 모두 조선 땅에서 사라져야한다는 확고한 신념을 지니고 있었다. 어떠한 협상에도 별다른 관심을 보이지 않았다.

5월

한산도를 찾아 온 군관 이영남

요동치는 부산 왜군

    지난달 중순부터 이어지던 봄 가뭄이 이달 초에도 계속되었다. 둔전의 보리밭에 대한 통제사의 근심이 깊어진다. 1일에도 목욕재계를 하고 단옷날 바칠 제사를 준비한다. 아울러 가뭄을 풀어달라는 기우제도 겸할 것이다. 4일은 통제사 어머니의 생신, 한산진에서 마음만으로 건강을 염원하는 수밖에 없다. 이날 오후에는 전라우수사 이억기의 거처에서도 불이 났다. 가뭄으로 한산도 전체가 불만 대면 타버리는 바짝 마른 장작처럼 변해 갔다.

    4일 자정부터 단오제가 진행되었다. 한산도 봉우리에서 제사를 받지 못하고 떠도는 여귀에게 제사를 올린다. 억울하게 죽은 혼령들, 그리고 이승에는 피붙이 하나 없거나 생사조차 알지 못하는 이들을 위해 제상에 향이 피어오르고, 우후 이몽구가 제문을 읽는다. 아울러 이들의 맺힌 원혼이 풀려 비가 오기를 기원한다. 5일은 단옷날이다. 장수와 병사들이 한 자리에 모였다. 술이 돌고 씨름판이 펼쳐진다. 낙안군수 임계형이 이날의 장사로 뽑혔다. 병사들도 즐겁게 마시고 흥에 겨워 있다. 밤이 깊도록 통제영은 잔칫집 분위기였다. 그리고 다음날 오후 마침내 큰 비가 쏟아져 군사와 백성들이 논의 물꼬를 막기 위해 정신이 없다. 가뭄이 한 순간에 해갈 되었다. 여귀가 맺힌 한을 풀어서일까, 다만 한밤중에 총통을 만들 때 사용하는 숯을 보관하는 창고에서 불이 났다. 숯에 남은 불씨가 문제였던 것. 성능 좋은 숯들은 빗속에서도 모두 타버리고 말았다. 감독관들에 대한 질책이 떨어진다. 이 것만은 여귀가 아니라 사람의 문제였다.

7일 저녁나절에 비가 개었다. 봄비와 함께 포구가 생기를 되찾고 있던 어스름에 젊은 군관이 배에서 내린다. 운주당을 향해 능숙하게 말을 달린다. 그동안 육지로 나가있던 군관 이영남이 통제사를 찾아온 것. 지난해 4월 원균을 따라 육지로 간 뒤 1년여 만이다. 5일간의 짧은 휴가 일정, 통제사의 표정이 자식을 맞는 아비와 흡사하다. 이영남은 통제사가 기녀에게 준 통행첩과 서찰에 깊은 고마움을 전한다. 기녀가 결국 육지에서 이영남을 만난 것이다. 전쟁터에서 맺어진 군관과 기녀의 사랑, 그 끝이 어찌될지는 알 수 없었다.

다음날은 공무조차 미룬다. 오후에야 대청에 나와 공무를 본 뒤 활을 잡는다. 9일 오후에는 보슬비가 새벽까지 내렸다. 여전히 통제사는 이영남에게 육지의 상황을 묻느라 바쁘다. 황해도, 평안도의 사정을 속속들이 캐묻는다. 새벽까지 통제사의 방에 촛불이 밝혀져 있다. 11일에는 거제 현령 안위 등이 찾아와 이영남과 함께 묵었다. 젊은 군관은 짧은 일정을 마치고 12일 귀환 길에 나선다. 포구에 나간 통제사는 이영남의 어깨를 감싼다. 젊은 군관은 군례를 갖춘 뒤 배에 올랐고 통제사는 배가 사라질 때까지 포구에 서 있다. 통제영에 돌아온 통제사는 잠시 자리에 눕는다.

부산 왜군의 움직임에 대한 보고가 갈피를 잡지 못하고 있다. 12일에는 김해부사 백사림의 긴급 보고와 함께 왜군의 포로였던 김필동의 편지가 왔다. "도요토미 히데요시가 비록 명나라의 사신 정사는 도망쳤으나 부사 양방형이 있으므로 강화를 결정하고 군대를 철수키로 했다."는 첩보를 보냈다. 다음날인 13일에는 부산의 척후에게서 전언이 왔다. "적장 가토 기요마사가 지난 10일 자신의 군사를 이끌고 본토로 돌아갔고 각 진의 왜군도 곧 철수할 것이며, 부산에 머문 왜군은 명나라 사신과 함께 바다를 건널 예정"이라는 것이다. 통제사는 일단 순천부사 배응경에게 이 같은 내용의 전통을 보내면서 다른 고을에도 차례차례 통지하도록 지시한다. 한산진 수군들 사이에 종전에 대한 기대감이 잠시 번져나갔다.

15일 새벽 통제사는 말을 타고 한산도 봉우리에 올랐다. 맑은 날씨에 왜국의 대마도가 시야에 잡힌다. 통제사는 분명 왜군이 사라져야 전쟁도 끝난다는 원칙을 대마도를 보며 되새겼을 것이다. 16일 오후부터 내린 비는 다음날까지 이어진다. 통제사는 이날도 늦게까지 홀로 수루에 앉아 있다. 이제 논과 밭은 모두 해갈이 된 상태, 시름 하나를 덜어낸 가벼운 표정이다. 18일에는 본영의 척후선이 들어와 "어머니가 평안하시다."는 전갈을 전한다. 하지만 "드시는 식사가 줄었다."는 말에 금세 안타까움이 얼굴에 스친다. 새로 지은 통제사의 군복 한 벌이 고이 접힌 채 전해지자 이번에는 눈시울이 붉어진다.

보릿고개의 막바지, 웅천현감 김충민이 양식이 떨어졌다는 전갈을 보내온다. 통제영의 군량미가 우선 지급된다. 웅천 뿐 아니라 조선 일대의 식량 사정은 최악으로 치닫고 있을 것이다. 이어 24일 부산에서 다시 전언이 도착한다. 경상도의 적들이 모두 물러가고 부산에만 남아있다는 것. 다음날 군수 창고를 점검하는 통제사의 손에 역사서가 들려 있다. 숱한 침탈과 고통의 흔적이 담긴 책, 전란 속에서 파괴된 백성들의 과거 삶이 고스란히 기록되었을 것이다. 그리고 지금 이 순간도 미래에는 다시 아픈 역사서로 남을 것이다. 제작중인 무기를 일일이 점검하는 통제사의 표정에 전란이 끝나지 않았다는 확신이 깃들어 있다. 그리고 28일 "가토 기요마사가 부산으로 다시 돌아왔다."는 소문이 들린다. 결국 종전은 요원한 것이었다

6월

높아진 한산진의 피로도

젊은 관리, 신임 남해 현령 박대남

견내량을 정점으로 한산도에는 늘 팽팽한 전운이 감돈다. 한 치의 긴장도 늦출 수 없는 수군의 최전선, 긴장을 늦추는 순간, 한산도는 왜선과 왜군으로 뒤덮일 것이다. 반대의 경우도 마찬가지, 바다에서 한시라도 방심한 채 조선 수군에 포착된 왜선은 살아남기 어렵다. 이 때문에 일정한 함대가 주요기지에 포진한 상태에서 척후선이 규칙적으로 운영되고, 함선의 진영은 각 지역의 수령이나 장수들이 교체되면서 그 틀을 유지하고 있다. 본진인 한산도가 그 중추 역할을 담당한다. 하지만 이는 전투의 승전보만큼 자극적이지도 않고 지루한 하루하루의 연속이다. 당사자는 물론 이를 지켜보는 조정도 점차 초조함속에서 느슨해지는 모순에 빠진다. 오직 통제사만이 이 팽팽한 신경줄을 한 시각도 놓지 않고 있다.

함진의 교체 과정에서 일부 지방 수령이나 현감들은 일정을 제대로 맞추지 못하는 한계를 부단히 드러낸다. 일단 자기 본영에 들어간 수령들이 다시 전선에 배치되는 것을 최대한 회피하는 것이다. 수군 전체를 운영하는 통제사의 입장에서는 한 두 곳의 함대가 기동을 미루면 한산도 일대의 수군 경비망이 허술해지는 결과를 감당해야한다. 하지만 현령들은 자신의 함대가 빠진다고 해서 한산진에 결정적 허점이 생기지는 않을 것이라고 치부한다. 더구나 전선은 소강상태가 아닌가, 또 본영에 귀환하면 수군이나 격군들은 생계 현장으로 돌아간다. 이들을 불러모아 함대를 운영하는 일이 쉽지만은 않을 것이다. 지난달에도 비인현감 신경징, 순천 격군 감관 조명 등이 기일을 어긴 죄로 처벌을 받았다. 매번 되풀이되는 악순환이었다. 20일, 평산포 만호 김축에게 진에 제때 도착하지 않은 책임을 추궁한다. 김축의 대답이 어이없다.

"기일을 정해주지 않아 나름대로 판단했다."는 것. 통제사는 곤장 30대로 마무리했다.

장맛비가 여전한 가운데 신임 남해현령 박대남이 1일 부임했다. 경상 수영의 중요한 전략적, 군사적 요지. 더구나 넓은 둔전 등으로 통제영에서는 늘 관심을 쏟고자 했지만 전임 현령 기효근과는 원활한 협력이 불가능했다. 한번 남해로 돌아가면 좀처럼 한산진에 나타나지 않았던 것. 통제사가 아무리 애를 써도 현지 수령과 관계가 소원하면 정책은 실질적인 힘을 발휘하지 못했다. 통제사는 박대남이 부임한 직후부터 남해 둔전의 관리와 피난민의 정착, 함선의 확대 등 현안을 본격적으로 끄집어냈다. 부임인사를 한 뒤 남해로 돌아간 박대남은 12일에는 전반적인 상황을 보고하는 편지를 보내고, 20일 한산진을 찾았다. 그리고 이 날부터 연거푸 회의를 갖는다. 22일은 통제사 할머니의 제삿날, 공무를 멈춘 통제사는 하루 내내 남해현령과 남해의 군사 동원 및 진지 정비와 둔전 관리를 상의하고 있었다. 23일 오후에야 신임 남해현령은 직속상관인 경상수사를 만나러 갔다. 그리고 29일 남해 현령이 다시 편지를 보낸다. 남해가 점차 체계를 잡아가는 듯 통제사의 표정이 밝다. 누가 다스리느냐는 결코 사소한 문제가 아닌 것이다. 그리고 다스리는 자와의 관계 또한 중요한 일이었다. 젊은 현령이 부임한 직후부터 자신에게 보여준 수군 최고 사령관의 섬세한 관심과 배려, 조언에 대해 어떤 생각을 가졌을지는 분명하다. 백전노장의 통제사가 미숙한 자신을 동반자로 인정해 주었다. 젊은 사람은 경험이 부족한 대신 흡수력이 뛰어나며 자신만을 고집하지 않는다. 첫 만남의 순간부터 남해에 대한 통제사의 통치 방향을 마음에 새겼을 것이다. 통제사의 꼼꼼한 계획이 박대남을 통해 남해에 전파되면 남해는 한산진의 든든한 전략 거점으로 거듭날 것이다.

26일에는 역시 진중에 사소한 분란이 발생한다. 한 목수의 아내가 왜군 남여문 등에게 험한 욕설을 내뱉었다. 조선말을 제법 알아듣는 남여문이 통제사에게 억울함을 호소한다. 조선의 백성 중 왜군에게 원한을 가진 이가 비단 이 목수의 아내만은 아닐 것이다. 사태의 전모를 살핀 통제사는 남여문의 편을 들어준다. 현재는 왜병 출신의 조선 수군, 일의 잘잘못이 우선이다. 결국 목수의 아내가 장을 몇 대 맞으면서 사태는 매듭 되었다. 29일 왜군들은 조선수군내 자신들의 진영으로 돌아갔다. 띄엄띄엄 조선말을 하면서 조선 병사들과도 잘 어울리고 있었다.

지난달 말부터 시작된 장마는 이달에도 계속 이어졌다. 장맛비는 농사일을 알리는 신호이기도 하다. 비가 개면 둔전에는 종자 콩이 부지런히 공급되었다. 통제영의 소는 쉴 틈 없이 논과 밭으로 출장을 나갔다. 19일에는 발포 보리밭에서 26섬이 수확되었다는 전갈이 왔다. 장마와 찌는 듯한 무더위 속에서 통제영이 본격적인 농업 기지로 변모해 간다.

7월

왜란과 민란, 안팎의 혼란

왜국으로 가는 통신사

1일은 인종의 제삿날, 날은 맑았다. 지난 1월 방문했던 경상우순찰사 서성이 한산진에 도착했다고 알린다. 통제사는 만남을 하루 미룬다. 다음날 통제사는 순찰사가 머문 곳을 찾아 한동안 이야기를 주고받았다. 그리고 새로 지은 통제영 누각으로 함께 걸어온다. 통제영 인근의 활터와 과녁을 보자 서성이 역시 승부사 기질을 발휘한다. 지난 1월의 설욕전을 제안했으나 통제사는 이번에는 편을 갈라 겨루자고 제안한다. 순찰사 편의 완패, 활쏘기는 다음날에도 이어졌고 순찰사와 군관들은 통제영 군사를 좀처럼 이기지 못한다. 서성은 통제영 군사들에게 칭찬을 아끼지 않았다.

4일은 순찰사가 떠나는 날, 통제사가 함께 포구로 나선다. 선암 앞바다에서 통제사와 경상수사 권준, 우수사 이억기가 탄 배가 함께 출항한다. 한참을 동행하다 순찰사와 통제사, 그리고 두 명의 수사가 서로 함상에서 마주보며 군례를 갖춘다. 통제사의 배는 서서히 우회하면서 활처럼 포구로 돌아온다. 순찰사는 멀어지는 한산진에서 눈을 떼지 못하고 있다.

7일은 칠석, 비는 오지 않았고 맑았다. 경상, 전라우수사를 비롯한 여러 장수들이 모여 활쏘기로 가벼운 명절 분위기를 낸다. 9일부터 왜국으로 갈 배를 정비하는 일로 통제영이 분주해졌다. 경상수영에서 돛을 준비하기로 했으나 재료인 돛자리가 부족하다고 하소연한다. 다음날은 체찰사 이원익의 전령이 도착했다. 황신이 명나라 사신을 따라가는 사신의 정사로, 권항이 부사로 임명되어 가까운 시일에 왜국으로 떠난다는 것. 함선 3척을 정비해서 필요한 물자를 실어 부산에 정박시켜 달라는 요구였다. 깨끗한 함선 3척이 가려지고 격군이 선발되었다. 사신단과 수행원이 먹을 백미를 다시 방아로 찧는다. 백미가 정제되면서 23섬이 21섬 1말로 줄었다. 그리고 격군이 먹을 중미 40섬이 식수 등과 함께 배에 실린다. 13일 오전 10시 배가 출항하면서 모든 준비는 끝이 났다. 준비는 차질 없이 진행되었지만 통제사의 얼굴에 기대감은 엿보이지 않는다. 심유경과 통신사 일행이 왜군을 전쟁터에서 끌어내릴 수는 없을 것이다.

　왜군의 움직임은 이달에도 잠잠했다. 10일에는 춘원포에 왜선 1척이 정박했다는 보고에 곧바로 수색명령이 전달되었지만 역시 도주한 뒤였다. 포로가 된 왜군들이 13일 어스름 달빛 아래 장작불을 피워놓고 광대놀이를 했다. 병사의 사기를 북돋는 왜국의 전통 가면극으로 보인다. 왜군의 가면에 본능적인 공포와 적개심을 지닌 군사들이 통제사에게 제지해달라면서 달려왔다. 하지만 통제사는 물끄러미 가면놀이를 지켜보기만 할 뿐, 말릴 생각은 없어 보인다. 병사들의 성화에도 미소를 띠고 한동안 바라본다. 이미 항복한 왜병들이라면 그들의 문화와 풍속을 한번쯤 느껴본들 어떤 문제가 있을 것인가, 이런 여유가 느껴진다. 조선 수군에서 적극적인 활동을 하고 있는 남여문 등 왜군포로는 왜군 진영에서도 적지 않은 부담이 되고 있었다. 장기화된 전투와 부족한 식량, 끊임없는 노역 속에서 지지부진한 왜군의 사기, 여기에 조선에 협조하는 동료들의 소문은 묘한 궁금증과 패배감을 안겨 주었을 것이다. 왜장들도 이를 의식할 수밖에 없다. 18일에는 레나기 등 왜군 3명이 투항해왔다. 하지만 이들이 남여문을 암살하라는 밀명을 받고 위장 투항했다는 사실이 곧 드러난다. 19일 진중에 이들 세 명의 목이 매달렸다.

17일에는 전란으로 신음하는 조선에서 또 다시 곪은 상처 하나가 터졌다. 충청도 홍산에서 이몽학이 봉기를 일으켜 홍산현감 윤영현과 서천군수 박진국이 잡혔다는 것. 전란과 굶주림 속에서 백성들은 불씨만 대면 활활 타오르는 시커먼 숯 덩어리 같은 심정으로 하루하루를 살아간다. 윤영현은 통제사와도 혼맥으로 맺어진 관계, 안팎의 혼란에 통제사의 시름도 깊어 보였다. 20일 본영에서 이몽학이 포수의 총에 맞아 즉사하면서 소요가 종식되었다고 알렸다. 22일 순천 관리의 편지는 사태의 전말을 비교적 소상히 담았다. 이몽학이 홍산 땅에서 동갑계회를 결성, 700여명을 모아 한 때 홍산 서천을 점령했다는 것. 이후 홍주를 공략했지만 진압되었다는 설명이었다. 현감 윤영현은 살아남아도 파직을 면치 못할 처지였다.

21일에는 배를 건조할 철과, 목수를 지원할 군량을 실은 함선이 한산도를 부지런히 오갔다. 통제사는 통신사가 아니라, 한 척이라도 더 만들어낸 거북선과 판옥선이 전란을 끝내리라고 확신한다. 24일 우물의 정비를 지시했다. 샘 줄기를 깊이 파내려가 마침내 쉽사리 마르지 않는 수원을 잡아낸다. 대나무 수로와 함께 한산도 샘물은 병사들에게 생명수 역할을 하고 있다. 다음날 통신사를 통해 왜국에 보낼 표범 가죽과 화문석이 부산을 향해 출발한다. 29일 한산도에 과거 시험 보는 곳을 설치하라는 체찰사의 공문이 도착했다. 일자는 윤 8월 10일, 한달 열흘 남짓 남았다. 이제 수군만의 시험으로 지휘관을 충당하는 과거가 기정사실로 자리 잡았다. 한산도에는 한동안 병사들의 설렘이 가득 찰 것이다.

30일, 셋째 아들 면에게 줄 선물이 한산진에 도착했다. 전투용 군마(軍馬)였다. 자식에게 소홀할 수밖에 없는 전쟁터의 아버지가 무인을 꿈꾸는 아들에게 해 줄

수 있는 선물, 기운이 억세고 새로 박은 편자는 가지런했다. 통제사는 말을 어루만
진 뒤 마구간에 묶어둔다.

8월

의승장, 의능과 8대 천민(賤民)

아들과 조카들의 무술 수업

1일 아침은 맑았으나 점차 어두워졌다. 통제사는 오후에 활터에서 말을 달리다 돌아왔고, 다음날 새벽부터 세찬 비바람이 일었다. 이후 날씨는 오락가락했지만 샛바람은 중순까지 불어왔다. 동쪽으로 출항이 힘들 정도, 본격적인 추수가 시작되는 8월의 샛바람은 벼를 눕히고 상하게 한다. 통제사는 둔전 관리에 더욱 부심한다.

통제사는 전란이 발생한 직후 여러 절에서 의승군을 모집해서 육지의 유격 부대로 활용해 왔다. 이중 순천 승려 삼혜를 표호별도장, 흥양 승려 의능을 유격별도장 등으로 삼아 수전과 육전, 또는 수륙합동 작전을 전개했다. 이와 함께 의승군은 평상시에는 육지의 전황을 알리며 군수물자를 지원, 육지와 바다를 오가는 별동 부대로 거듭났다. 이중 의능은 전라 좌수 본영을 중심으로 활동하는 의승병장, 8일 생마 120근을 가지고 한산도를 찾아 육지 상황을 상세히 보고했다. 초췌한 옷차림, 승복은 군데군데 헐었고 조총에 스친 듯 어깨 한 편에 구멍이 나있다. 다음날 의승장 수인이 생마 330근을 가져온다. 역시 초라한 행색이지만 사려 깊은 군인이자 승려였다. 한 평생 낙인찍힌 천민의 신분, 통제사는 그러나 이들과 늘 식사 자리를 함께 하고 포구까지 배웅한다.

기생과 함께 조선의 8대 천민으로 박해 받았던 승려들은 임진란 발발 이후, 전란 극복의 한 축으로 뚜렷하게 부각되었다. 임진년 7월 의주로 피난 간 선조는 부랴부랴 승통(僧統)을 설치, 의승군을 모집한 뒤 묘향산(妙香山)의 옛 승관(僧官) 휴정(休靜)을 불러 의승군 사령관을 맡겼다. 여기에 호응해 유정과 처영은 관동과 호남 지역에서 각각 수천 명의 의승군을 일으켜 전란의 전면에 나섰다. 의승군은 활과 창검을 다루는데 서툴렀지만 무엇보다 강한 단결력으로 이들 천민의 진영만은 쉽사리 무너지지 않았고, 마지막까지 죽기로 싸웠다. 또 척후와 노역에도 충실했다. 천대받던 나라에서 가장 끈질기게 왜적에 저항하는 의승군은 이번 전란의 불가사의(不可思議)한 현상 중 하나였다. 통제사는 의승병들이 절실하게 원하는 것은 자신들을 받아들이는 따스함이라는 사실을 잘 알고 있었다. 의승군이 가져 온 생마 중 40근은 군관 송한련에게 주어져 그물을 만드는데 쓰인다. 이날 통제영에서는 두터운 장지(壯紙) 등 각종 공문서에 쓰이는 종이 83권이 조정으로 실려 나갔다. 역시 하동에서 만들어진 군수물자의 하나였다.

11일 초저녁에 거제 현령이 왜선 한척이 등산에서 송미포로 향한다고 보고했다. 밤 11시에는 아자포로 옮겼다가 결국 견내량을 넘어갔다는 연락이 왔다. 여전히 전선은 소강상태인 것이다. 15일은 팔월 한가위, 아침부터 비가 내린다. 통제사는 저녁에 두 수사와 여러 장수들을 불러 식사를 하고 이야기를 나눈 뒤 헤어진다.

샛바람이 여전한 20일, 군관 송희립은 전라우도 군사 300명, 경상도 100명, 충청도 300명, 전라좌도 390명을 이끌고 함선을 건조할 목재를 끌어내기 위해 출발했다. 함선에 대한 끊임없는 통제사의 욕심, 이것은 전란의 종결을 위한 염원일 것이다. 명나라나 통신사가 아닌 조선 수군의 힘으로 왜군을 몰아내는 일이었다.

그리고 이날 늦은 아침 본영에서 조카 봉, 해, 완, 그리고 아들 회, 면이 한산도에 도착했다. 다음 달에 시행되는 무과에 응시하기 위한 것, 지난번 무과 별시는 통제사가 주관한 만큼 이들은 모두 응시하지 않았다. 하지만 이번 무과는 부체찰사 한효순이 주관, 통제사가 마침내 응시를 허락했다. 지난 3일 조카와 아들들은 과거 응시자 명단에 포함되었다. 21일 아침 식사를 마치고 통제사는 활터에 앉아 아들과 조카들이 활 쏘고 말달리는 모습을 바라본다. 셋째 아들 면은 이날 처음 자신의 말을 통제사에게 선물 받았다. 뛸 듯이 기뻐하며 한시도 말 옆에서 떨어지지 않는다. 조카와 맏아들 회는 이미 몇몇 실전을 치른 풋내기 의병들, 조방장 배흥립, 김완 등 조선 최고의 장수들이 함께 자리해서 이런저런 훈수를 둔다. 아이들을 바라보는 통제사의 표정에 아버지의 인자함과 자식에 대한 기대감이 스쳐간다. 장수와 아이들은 우물가에서 점심을 먹고 조카와 아이들은 저녁 늦도록 훈련에 열중이다.

통제사는 26일 일찍 출항하여 사천에 이른 뒤 27일 진주성에서 체찰사 이원익을 만났다. 이날 진주목사 나정언의 처소에 머문다. 다음날까지 진주 목사와 밤늦도록 이야기를 나눈다. 진주성, 목숨을 건 전투가 두 번이나 벌어지며 이번 전란의 상징적인 전쟁터가 되었다. 진주 목사의 어깨도 무거울 것이다. '이와 입술'처럼 연결된 육지와 바다의 최전선을 지키는 두 장수의 마음이 잘 통할 수밖에 없다. 29일 출항한 통제사는 사천에 도착, 포구 깊숙이 자리 잡은 인근 선소에 이르렀다. 전투를 예비하는 장소, 승패는 여기에서 시작된다.

윤 8월

육지의 순찰(1) -울돌목을 바라보다

헐벗은 백성들

윤 8월의 첫날, 날은 맑았고 달이 해를 잠시 스친 듯 지난다. 일식이었다. 가을 기운이 완연하다. 통제사는 아침에 나루를 점검하고 저물어서는 두 명의 수사와 만난다. 5일과 6일에는 가끔 활터를 찾아 아이들과 조카들이 활을 쏘고 말 타는 모습을 한 동안 물끄러미 지켜보았다. 마치 지나는 객이 구경하는 듯 무심하면서도 모처럼 평화롭다. 이제 막 약관을 넘은 셋째 아들 면의 모습을 보며 무과 급제 이후 숨 가쁘게 살아온 자신의 삶을 되돌아보고 있는지도 모른다.

7일에는 아산에서 가을보리와 봄보리 수확량을 알려온다. 나쁘지 않은 평작 수준이었다. 8일에도 통제사는 활터에 나갔고 광양현감과 고성현령이 시험관으로 한산도에 도착한다. 이번 과거에 통제사는 관여하지 않는다. 과거 이튿날에는 체찰사를 만나기 위해 출항한다. 10일에 예정대로 과거시험이 실시되고 아이들의 첫날 활쏘기 시험 성적을 군관이 귀띔해 주었다.

통제사는 11일 한산도를 떠나 당포에 도착, 다음날 여수 본영의 본가를 찾는다. 두 달여로 계획한 경상, 전라 일대 순찰의 첫 출발점은 어머니가 계신 곳, 밤 10시에 도착했지만 어머니는 잠들지 않고 있다. 흰머리가 무성해진 어머니가 아들을 부여잡고 놓지 않는다. 모자는 밤새 떨어질 줄 모른다. 13일 어머니를 모시고 아침 식사를 한다. 어머니에게 통제사는 여전히 어린 자식일 뿐 밥 위에 반찬이 놓인다. 통제사는 묵묵히 받아 먹는다. 어머니가 기뻐한다. 오후에 하직인사를 한 통제사는 소선을 몰고 본영으로 향했다.

14일 새벽 두치를 지나, 광양현에 이른다. 전란에서 다소 비껴난 지역이건만 쑥대밭이다. 정갈하던 논밭은 온데간데없고 얼기설기 던져 넣은 벼가 잡초 속에서 가까스로 익어가고 있다. 장정은 찾아볼 수 없는 마을에는 늙은이와 여자들만 누더기 같은 천으로 간신히 몸을 가린 채 일을 하고 있다. 아이들이 삼삼오오 떼를 지어 놀다가, 통제사의 행렬을 보고 서둘러 몸을 숨긴다. 태반이 다 낡아 빠진 상복을 입고 있다. 전란의 와중에 가족을 잃지 않은 아이들이 있을까, 상복을 입지 않은 아이들은 이를 마련해줄 친척조차 없을 것이다. 헝클어진 머리에 절뚝거리는 아이, 어린 동생을 부둥켜안고 무너진 담벼락에 숨는 어린 소녀, 텅 비어 버린 집들은 활짝 열린 대문으로 시커먼 내부를 드러내며 언제 사람이 살았었느냐는 듯 무너져 내리기 직전이다. 차마 둘 수 없는 시선을 멀리 돌리면 붉은 황토가 가시지 않은 무덤이 끝없이 줄지어 통제사를 바라본다. 죽음의 그림자가 마을 안팎을 감싸고 있다. 이들에게 군량미를 받고 함선의 건조와 정비를 맡겨야한다. 통제사가 좀처럼 말을 달리지 못한다. 고뇌와 연민이 고스란히 드러난다.

15일 순천에서 통제사는 체찰사 이원익과 합류했다. 이날 아이들이 무과 초시에 합격했다는 전갈이 왔다. 일행은 17일 낙안에 도착했다. 수군으로 인한 백성의 고통, 특히 격군 등 징병으로 농사의 어려움이 극심하다는 이야기가 들린다. 이 고통을 감내하지 않는다면 더 큰 고통이 끝없이 연장된다. 통제사는 자신이 치르는 전란의 이중성을 실감한다. 이날 통제사는 고흥산성에 올라 이 일대 지리를 머릿속에 새겨 넣고 있었다. 체찰사와 함께 여러 섬과 포구를 둘러 보면서 혹시 모를 군사작전을 미리 설계한다. 이날 홍양현 향소청에 머문 일행은 다음날 녹도의 도양 둔전에 도착했다. 순찰 후 처음으로 보는 희소식, 둔전의 관리 상태는 황폐해진 일반 농지와는 비교할 수 없을 정도로 정연했다. 체찰사는 둔전을 보면서 비로소 기쁜 내색을 드러낸다.

20일 배를 띄운 일행은 저녁 무렵에 백사정에 이르러 늦은 점심을 먹고 장흥부에 도착했다. 숨 가쁜 일정이었다. 22일 통제사는 강진 병영에서 전라병마절도사 원균을 만났다. 반가움도 잠시, 여전한 모습이다. 구체적인 전략에 대한 논의는 한 시각도 이어지지 않는다. 비분과 의기, 장수의 용맹에 대한 이야기만 늘어진다. 통제사는 대화를 포기한다. 24일 통제사는 가리포 남쪽의 망루에 올랐다. 동서의 해상 수로가 한 눈에 잡히는 요충지, 그러나 그만큼 적들에게도 한눈에 띌 것이다. 고립되면 위태로운 지형이었다. 결국 군사의 이동이 탄력적인 육지 이진이 중심 전략 거점으로 선택된다. 25일 이진을 거친 일행은 해남으로 향했다. 이날 밤 늦게 해남현에 도착한 뒤 다음날 일찍 전라우수영에 이른다. 통제사는 이날 내내 진영과 마을을 살펴보고 태평정에서 잠을 청했다. 27일에는 체찰사가 진도에서 다시 우수영으로 합류, 28일까지 우수영에 함께 머물렀다.

전라우수영, 남북으로 5km 남짓한 거리에 해안을 따라 흙과 돌로 성벽이 쌓여 있었고 성벽의 돌은 아래에서부터 위로, 큰 돌과 작은 돌이 차곡차곡 채워져 있다. 4개의 성문은 가지런히 정비되어 있다. 남문 밖에는 돌로 쌓은 4개의 포구가 함선을 고루 정박할 수 있도록 나뉘어져 있다. 우수사 이억기의 차분한 성격을 잘 보여준다. 객사와 동헌, 연못, 그리고 망루와 누각이 군데군데 자리 잡고, 성 안팎의 민가 천여 채는 전란에서 얼마쯤 떨어진 평화스런 모습이었다.

이날 새벽 통제사는 남문을 나와 3km남짓 말을 달려 주위를 둘러보다 명량해협 울돌목에서 잠시 말을 멈춘다. 거센 조류가, 급속하게 좁아지는 해협에 한꺼번에 밀어닥치면서, 희미한 울음소리를 쉬지 않고 토해 낸다. 물길은 단번에 흐르지 않고 좁은 해협에서 서로 사납게 부딪쳐 부서진 뒤 빙빙 원을 그리면서 빠져 나갔다. 회오리바람이 끊임없이 바다를 휘젓는 착각마저 일으킨다.

29일 통제사는 해남현 남리역을 향해 길을 잡았다. 조용히 이슬비가 내린다.

9월

육지의 순찰(2) - 전라도 내륙을 살피다

조선의 고아들, 그리고 여진(女眞)

1일 가을비 속에서 통제사는 석제원을 거쳐 영암의 향사당에서 잠을 청한다. 3일에는 북쪽으로 발을 돌려 나주 판관 어운급을 만나 사흘을 머문다. 들판은 이미 추수를 마친 상황, 전란의 상처를 직접 받지 않은 조선 농촌의 한가로움이 아직 곳곳에 남아있다. 6일 통제사는 먼저 무안으로 길을 잡으면서 체찰사와 헤어진다. 고기원에서 나주 감목관 나덕준과 둔전 일을 상의한 통제사는 길을 재촉해 이날 무안에 당도했다. 7일 오전에는 무안현감 남언상에게 현지 실정을 보고 받고 저녁에 영광군수와 자리하고 있었다. 8일은 세조의 제삿날, 조반에 오른 고기반찬에 젓가락을 대지 않은 채 상을 물린다. 감목관 나덕준과 영광군수가 잠시 국화 밭으로 통제사를 이끈다. 국화주에 취하는 중양절을 하루 앞두고 통제사의 객수를 잠시 풀어주고 싶었을 것이다. 정갈한 국화주 한 병이 놓여있다. 차가운 서릿발 속에서 꽃을 피워 아름다운 지조가 칭송받는 국화꽃 몇 송이가 아직 가을 서리를 견디고 있었다. 통제사는 국화주 몇 잔을 마신 뒤 동산원에서 말의 여물을 먹이고 임치진에 이르렀다. 이번 순찰에서 꼭 들르고자 마음먹었던 곳이었다.

북방시절부터 인연을 맺었던 이공헌의 딸아이와 계집종 수경이 나와 통제사에게 인사한다. 이공헌은 전란의 와중에 세상을 떠났고 여덟 살배기 아이는 아비 없는 세상을 살아가야 한다. 모든 조선의 아이들은 사지에 떠밀린 부모가 돌아오기를 한 가닥 부질없는 희망처럼 간직한다. 통제사 자신도 전란 통에 목숨을 맡긴 아버지, 예외는 아니다. 또 부모를 조선에 남겨둔 채 왜국에 포로로 잡혀가 이역만리(異域萬里)를 떠도는 아이들, 조선 땅과 왜국에 조선 고아가 넘쳐나고 있었다. 계집종 수경 또한 부모를 잃고 떠돌다 이공헌의 눈에 띄어 제 한 몸을 의탁해 왔으나 다시 울타리를 잃었다. 두 아이는 이제 서로를 의지하며 겨우 외톨이 신세를 면하고 있다. 짙은 슬픔이 통제사와 아이들 곁을 안개처럼 감싼다.

9일에는 임치 첨사 홍견을 불러 함선과 군비 상황을 점검하고 성벽에 올라 사방을 둘러본다. 서쪽 바다의 사실상 마지막 군사적 관문, 여기가 뚫리면 한양까지는 거칠 것이 없다. 통제사는 말머리를 북으로 돌려 함평, 영광을 거쳐 12일에는 무장에 이른다. 가는 곳곳마다 유생들이 통제사에게 몰려들어 고통스런 백성들의 삶을 탄식한다. 가난과 질병, 전란의 폐해가 예외 없이 피폐한 삶의 공통분모로 자리 잡고 있다. 통제사가 여진족(女眞族)과 맞서 싸우던 북방 시절부터 인연을 맺었던 병사와 군관들도 순찰소식을 듣고 연일 통제사를 찾는다. 가난하고 옹색한 삶, 통제사는 이들에게 짐을 풀어 나누어 주고 이중익에게는 자신의 옷을 벗어 건넨다. 통제사는 아픈 심정을 감추고 싶었을 것이다. '여진(女眞)'이라는 말로 간단히 압축해서 이들과의 만남에 대한 회포를 기록한다.

15일에는 체찰사가 무장현에서 다시 합류했다. 다음날 헤어진 통제사는 고창을 거쳐 장성에 이르러 반원을 그리면서 순천으로 향한다. 17일에는 진원현감과, 19일에는 광주목사 최철견을 만났다. 때마침 아버지를 찾아온 최철견의 딸 귀지가 통제사에게 인사를 한다. 장성한 아들을 둔 아비의 마음일 것이다. 귀지의 인사를 받는 통제사의 표정에 정겨움이 흐른다. 21일에는 능성에 도착, 최경루에 올라 연주산 일대를 살핀다. 영산강 줄기가 한가하게 휘감고 있는 연주산은 가을단풍이 한창이었다.

22일 보성에 도착한 통제사는 23일에는 하루 일정을 미룬다. 태조 신의왕후 한씨의 제삿날이었다. 24일 통제사는 병사 선거이 집에 도착한다. 한산진에서 이별주와 함께 시 한수를 나누며 헤어진 벗, 병세는 듣던 것보다 훨씬 심각한 중태였다. 이날 통제사는 다시 말을 달려 낙안에 도착한 뒤 다음날 아전들의 잘잘못을 캐묻는다. 오랜 여정, 그러나 한 치의 빈틈도 보이지 않는 체력이다. 26일에는 순천부사와 자리한다. 부사와 백성들이 오랜 여정을 위로하기 위해 고기와 술을 차려 놓았으나 통제사는 잠깐 자리를 함께 하고 음식을 모두 백성들에게 들려 보낸다.

27일 통제사는 본가의 어머니를 뵙고 있다. 여정의 종착지는 역시 어머니이다. 통제사는 다음날 여수 본영에 돌아와 동헌에서 업무를 시작한다. 30일에는 선유사의 군관 신석과 함께 군사들을 위로할 군영 잔치 날짜를 논의했다.

10월

어머니와 보낸 열흘

어머니가 짓는 솜옷

1일, 비가 오면서 바람이 세차게 분다. 통제사는 새벽에 망궐례를 갖추고 여수 본영에서 어머니에게 향했다. 온통 백발이신 어머니가 셋째 아들 통제사의 성성한 백발을 어루만진다. 어머니에게 통제사는 여전히 전쟁터에 내놓은 안쓰러운 자식일 뿐이다.

2일에는 바람이 불어 출항이 어려웠다. 내일은 통제사 아들 회의 생일, 통제사가 어머니에게 고집을 부린다. 손자의 생일에 함께 하자는 것. 어머니는 아들이 머무는 좌수영 본영에는 아예 발을 들이지 않았다. 어머니의 발걸음이 주위 사람에게 부담이 될 것이기 때문이다. 아들 곁에 살면서 조용히 아들을 지켜보는 울타리가 되고 싶을 뿐이다. 어머니가 있다는 것이 자식에게 어떤 의미인지, 천지간에 홀로 되어도 변치 않는 내 편이 있다는 영원한 믿음이다.

3일, 날은 다시 맑아졌다. 이번에는 통제사의 고집이 이겼다. 마침내 어머니가 통제사의 함선을 타고 본영으로 향한다. 통제사는 본영의 잔치에 어머니를 모시고 싶을 것이다. 먼발치에서 보았겠지만 전란이 터진 후 통제사의 본영에는 처음

들어오신 어머니, 즐겁게 자식의 뜻을 받아들이고 사랑스런 손자 회의 생일을 축하한다. 이곳저곳 자식의 근무처를 둘러보는 어머니 시선에는 하염없는 애정이 서려있다.

4일, 통제사는 애써 동헌에서 공무를 보았다. 남해 현령 박대남이 찾아온다. 애매하던 남해의 상황이 하루하루 통제사의 머릿속에서 구체적인 수치로 확인된다. 이제 남해는 조선 수군의 중추 기지로 자리 잡고 있다. 어머니를 찾아뵙는다. 일거리를 찾은 듯하다. 통제사의 군복을 짓는다. 장수의 철릭이 아니라 곧 다가올 겨울철 솜옷이다.

5일에도 남해 현령과의 논의는 길어졌다. 산적한 현안이 해결의 가닥을 잡아간다. 어머니는 옷 짓는 일에 푹 빠졌다. 공무를 모두 마치고 어머니를 찾는다. 그렇지 않으면 어머니는 본가로 돌아갈 것이다. 늦은 시각 찾아간 통제사에게 어머니는 잠자리에 들라고 채근한다. 어린 시절 형들과 이불에서 잠들지 않고 장난을 칠 때마다 꾸중하던 그 모습, 그대로일 것이다. 늘 이곳에 있어온 듯 평온하다.

6일에는 바람이 크게 불었다. 본영 잔치를 하루 미루었다. 흥양현감, 순천부사와 회의를 갖고 역시 어머니를 찾아뵙는다.

7일, 오전부터 본영 잔치를 열고 기어코 어머니를 모신다. 이미 자식이 벌인 일, 조용히 응한다. 종일토록 잔치에 화답하고 장수들의 손을 어루만지며, 전란을 견뎌내는 조선의 아들들에게 고마움과 안쓰러움을 전한다. 조선의 어머니이다.

8일에는 순천부사 배응경을 만난 뒤, 어머니를 찾았다. 겨울 솜옷을 마무리하는 어머니 손길이 바쁘다. '어서 가서 자'고 손사래를 친다, 끝을 내겠다는 표정이다.

9일에는 통제사가 고집을 부린다. 한산진으로 출항하는 내일은 어머니와 이별해야한다. 공무를 중단하고 하루 종일 어머니를 모신다. 좌수영 곳곳을 오가며 여러 장수들의 이야기를 어머니에게 전한다. 정운, 어영담, 권준 등 자식을 도운 동료들의 이야기에 어머니는 친자식 같은 애정을 느꼈을 것이다.

다음날, 통제사는 어머니와 이별하고 한산진으로 향했다. 솜옷을 입은 통제사가 눈물을 보인다. 전란이 끝나면 다시 한 번 어머니와 꿈같은 시간을 나눌 수 있을 것이다. 순풍이 불고 노를 재촉하면서 함선은 이날 한밤중에 통제영에 도착했다. 다음날 날씨는 맑았다.

12월

불타는 부산 왜영

장계 2편

이달 중순, 거제 현령 안위의 공문이 한산진에 도착했다. 반가운 소식이었다. 안위 및 군관 급제 김난서, 군관 신명학 등이 박의검과 더불어 12일 야간에 부산 왜영에 불을 지르는 후방의 교란 작전에 성공했다는 것. 이날 마침 된하늬바람이 불어오자 바람을 타고 부산 왜영에 불길이 번져 적의 가옥 천여 채와 화약 창고 두 곳, 군량 2만 6천여 섬을 모두 불태웠다는 보고였다. 군기와 잡물, 화포 및 왜선 20여척도 이 불길에 휩쓸렸고 화재의 와중에 왜군 24명이 불에 타 죽는 전과를 올렸다고 알렸다. 특히 통신사 군관 김난서가 부산진을 자주 오가면서 부산 왜영의 허실을 사전에 잘 파악해서 계획을 수립했고, 안위가 이들과 더불어 과감하게 적진에 상륙, 성공을 거둘 수 있었다는 내용이다. 또 왜국을 왕래하는 경상수영 도훈도 김득이 부산에 머물다 왜영에 불길이 치솟자, 왜군 진영 서북쪽에서 맞불을 놓아 피해를 확대했다는 설명이었다.

통제사는 "이들의 전공이 비록 전투를 벌여 왜군을 모조리 죽인 것은 아니지만 왜군의 사기를 크게 꺾은 가상한 일이니 포상하고, 격려해 달라."는 장계를 작성,

27일 한양으로 보냈다. 또 통제사는 이달 말에는 조선 수군을 모두 발진시켜 사기가 떨어진 부산 본영을 공격하겠다는 장계도 동시에 올렸다.

　장계는 파발마를 타고 한겨울의 눈보라 속에서 한양으로 향했다.

1597년
정유년

1월

충돌한 장계

분노한 선조, 급박한 어전회의

　지난해 말 삼도수군통제사 이순신(53세)이 올린 장계는 새해 첫날 조정에 도착했다. 부산 왜영의 화재와 조선 수군의 출동 보고를 접한 조정은 기쁨에 술렁거렸다. 하지만 그것도 잠시, 2일에는 이조좌랑 김신국의 장계가 도착하면서 조정은 혼란에 빠진다. 지난해 12월 왜군의 본영을 불태운 것은 도체찰사 이원익이 조방장 정희현에게 지시한 작전이라는 것. 정희현은 왜군영의 지리에 밝은 허수석과 더불어 12일에 작전을 전개했다는 내용이었다. 이 때 통제사의 군관이 부찰사의 짐을 실어 나르는 복물선을 타고 부산 인근을 지나던 중 우연히 불타는 왜영을 목격, 마치 자신이 불태운 것처럼 통제사에게 알렸고, 통제사는 사실여부에 대한 확인도 거치지 않은 채 장계를 올렸다는 취지였다. 2개의 장계 내용이 정면으로 충돌하면서 조정에서는 진위 여부를 놓고 논란이 일었다.

　이 무렵 조정에는 왜군 진영의 첩보가 잇따라 도착하면서 혼란을 부추겼다. 고니시 유키나가가 부산포를 왕래하던 간자(間者), 요시라를 통해 정치적으로 대립하고 있던 가토 기요마사의 군사 동향을 경상우병사 김응서에게 알려온 것. 가토의 군대가 조선에 건너올 때 조선 수군이 그를 제거하라는 것이었다. 선조는 결국 이 정보를 신뢰, 도원수 권율을 통해 수군의 출정을 다그치고 있었다. 마침내 14일에는 도원수가 직접 한산도에 달려와 수군의 출정을 독촉한다. 하지만 통제사는 "적의 간계일 뿐, 우리가 많은 배를 끌고 나가면 적이 모를 수 없을 것이고, 적게 끌고 나가면 분명 기습을 받을 것"이라면서 출전을 정면으로 거부했다. 김응서가 그동안 보여 온 왜적과의 강화협상에 대해 통제사는 불신이 깊었고, 나아가 왜군 장수의 주문에 따라 조선 함선을 움직일 수는 없다는 지극히 간단한 군사 작전의 원칙이 있었을 뿐이다. 이는 정보의 사실 여부와는 무관하게 함대를 적의 포위망에 고스란히 내놓을 수밖에 없다. 견내량 저편은 이미 왜적의 소굴, 조선 수군에게도 자칫 사지가 될 수 있었다. 한산도와 달리 넓은 바다에서 은폐할 곳이 적어 야간 기습에 쉽사리 노출된다.

23일 마침내 경상좌도 방어사 권응수가, "이달 13일에 왜선 150여 척이 다대포에 정박했는데 바로 가토의 군대"라고 보고하면서 선조의 분노는 돌이킬 수 없는 지경이 되었다. 가토는 도원수가 한산진에 도착하기 전날 상륙했던 것이다. 내막이야 어떻든 일단 가토가 상륙한 것은 분명했다. 여기에 같은 날 도착한 경상도위무사 황신과 김응서의 장계가 불을 질렀다.

"왜장 고니시가 '손바닥처럼 상세히 일러줬는데도 가토를 놓친 조선이 매우 안타깝고 용렬하다'고 조롱했습니다."

이제 전면적인 전란의 재발은 시간문제, 선조의 분노는 무엇인가 표적을 찾고 있다.

이날 선조는 아군과 적군의 구분을 잠시 잊은 듯했다. 중신을 불러 모은 자리에서 자신의 감정을 노골적으로 내보인다.

"한산도 장수는 편안히 누워 있으니 고니시보다 못하다."

판중추부사 윤두수가 사태를 금방 알아차린 듯,

"이순신은 왜구를 두려워해서가 아니라 이제 싸우기에 싫증이 난 모양입니다."

여기에 영중추부사 이산해와 좌의정 김응남이 거든다. 일단 방향이 정해지면 사실은 오간데 없다. 사실은 이를 떠받드는 시녀일 뿐이다.

"겁이 많은 이순신은 정운과 원균에게 싸움을 대신 시켜왔는데 이제 이들이 진영에 없어 스스로는 출전하지 못하고 주저할 뿐입니다."

"지금까지 해전에서 이긴 것은 대개 정운의 격려 때문입니다. 정언신이 항상 정운의 사람됨을 칭찬해 왔습니다."

선조는 이날 "조선의 사직(社稷)은 이제 끝이다. 어찌할 것인가."라고 장탄식을 내놓으며 일단 회의를 매듭지었다.

28일, 통제사의 처리 문제가 최대 현안으로 급부상했다. 선조는 "전라도 등은 전혀 방비가 되지 않고 한 사람도 수군으로 들어오지 않는다, 어찌할 것인가?"라며 조선 수군의 현실을 암울하게 진단한다. 회의 방향이 정해진 것이다.

"전쟁에 나가는 것을 싫어해서 한산도에 물러나 있으니 모든 신하들이 통분해 하고 있습니다."

윤두수의 지원.

판중추부사 정탁은 이 상황에서 선조의 뜻을 거슬러봐야 아무런 의미도 없다는 사실을 잘 알고 있는 듯 말을 아끼고 있다.

"이순신은 참으로 죄가 있습니다."라고 짤막하게 답한다.

선조는 이제 지난달 부산 왜영의 장계 문제를 끄집어내면서 쐐기를 박는다. 조정을 속인 죄가 커서 그동안의 전공도 믿을 수 없다며 논의를 확대한다.

"이제, 이순신이라는 자가 가토의 목을 베어오더라도 결코 그 죄를 용서할 수 없다."

회의가 거듭될수록 통제사의 죄는 눈덩이처럼 불어난다.

영의정 유성룡이 진화를 시도한다.

"한 동네 사람으로 신이 어릴 적부터 알아온 장수입니다. 성품이 강직하고 굽힐 줄을 모르는 자입니다. 다만 임진년의 공이 높아 벼슬이 높아진 탓에 교만하고 게을러 질 수 있습니다."

벼슬을 깎아내리고 통제사를 구하려는 시도, 논의의 초점을 다소 돌려본다. 하지만 선조는 이미 그럴 생각이 없다. 대안을 모색한다.

"이순신을 용서할 수 없다. 한낱 무장이 어찌 조정을 능멸하는가. 평화로운 시절에는 적합지 않더라도 전시에는 원균의 용맹이 더 필요하지 않은가?"

모두들 입을 다문다. 선조는 말 잘 듣는 장수를 택했다.

"수군의 선봉을 삼고자 한다."

"지당하십니다."

"임진년 수전을 할 때에도 원균과 이순신이 서서히 장계를 하기로 약속을 했다고 하온데 전공에 눈이 먼 이순신이 몰래 혼자 장계를 올려 원균의 공까지 가로채었습니다."

김응남이 화답하고, 이산해가 거든다.

윤두수가 구체적인 방안을 제시한다.

"이순신을 전라충청통제사로 삼고 원균을 경상통제사로 삼아 선봉을 맡겨야합니다. 위급할 때 비록 어려운 일이지만 이순신을 갈아야합니다."

통제사 함대의 일부가 서서히 원균에게 넘어가고 있었다.

정탁이 모처럼 입을 열었다.

"이순신은 참으로 죄가 있습니다. 그러나 위급한 순간에 전선의 장수를 바꿀 수는 없습니다."

선조는 이날까지는 타협안을 택하고 있었다. 두 사람을 나누어 통제사로 삼더라도 조절하고 지휘하는 사람이 필요하다면서 원균에게 내려갈 비망기를 전교한다.

"우리가 믿는 바는 오직 수군인데 통제사 이순신은 속임이 많고 적을 토벌하지 않아 가토가 바다를 건너도록 했다. 잡아서 국문하고 용서하지 않아야하겠지만 우선 공을 세우도록 내버려 둔다. 원균을 경상우도수군절도사 몇 경상도 통제사로 삼으니 나라를 위해 최선을 다하라. 두 장수는 우선 합심하고 이순신은 전장에서 그 죄를 씻도록 하라."

사실상 원균을 조선 수군의 사령탑으로 인정하는 전교였다.

2월

대장선에 갇힌 통제사, 연일 파직되는 수군 장수

원균, 수군을 장악하다

통제사를 둘러싼 논의는 결국 절충안에서 끝나지 않았다. 기호지세(騎虎之勢), 일단 호랑이 등에 타면 그 끝은 어찌될지 알 수 없다.

1일에는 체찰사 이원익의 장계가 도착하면서 잠시 통제사에게 유리한 공론이 일었다.

"우리가 믿는 것은 오직 수군입니다. 그런데 가토 기요마사가 바다를 건넜으니 이순신은 그 죄를 면할 수 없습니다. 다만 임진년 이후 영남과 호남의 수군이 있었기에 흩어지지 않고 지킬 수 있었습니다. 그리고 현재 수군의 형세로 왜군을 단번에 요격해 길을 끊기는 어렵습니다. 이순신은 그동안 군사를 끼고 머무르지 않고 일관성 있게 수군을 이끌어왔습니다. 지금 이순신을 바꾼다면 일을 그르치지 않을까 염려됩니다."

하지만 4일 사헌부의 탄핵으로 대세는 결정되고 통제사는 죄인이 되어 이날 함대 지휘권을 잃고 말았다.

"통제사는 나라에서 입은 막대한 은혜를 생각하지 않고, 섬 속에서 5년을 허비하며 거짓으로 남의 공만 빼앗아 군사들은 기운을 잃었으며 방비는 모두 무너졌습니다. 적선이 바다를 덮어도 길모퉁이 하나 지키지 못하고 적을 오히려 놓아주어 나라를 저버린 죄인입니다. 잡아와 국문하기를 청합니다."

다음날에는 사간원이 가세했다. 나주 목사 권준이 순천 부사로 일하면서 탐욕을 내어 관고(官庫)의 물품을 공공연히 자기 집으로 실어갔다는 과거 어사의 장계를 다시 끄집어내 파직을 요청했다.

결국 한산도를 한 번도 보지 않은 사헌부의 간언이 체찰사 이원익을 이기고 말았다. 여기에 이덕형이 "원균은 바르고 통제사는 잡스럽다."고 아뢰자 마침내 6일 통제사를 압송해오라는 신표와 밀부가 선전관에게 내려갔다. 왜군과 전투를 벌이고 있다면 전투가 끝난 틈을 잘 살펴서 잡아오라는 상세한 지침도 전달된다. 후임 삼도수군통제사는 원균.

7일 의금부도사가 출발한다. 그리고 이날 사간원은 다시 권준의 후임이었던 경상우수사 배흥립을 탄핵했다. 흥양 현감 시절의 이야기가 재론된다. 백성의 고혈을 짜고, 관고의 물건을 자기 집으로 실어가 부유한 고을을 하루아침에 황폐하게 만들었다는 고발이 권준과 똑같이 되풀이된다. 선조의 허락이 떨어진다. 후임 경상우수사는 배설, 금부도사와 나장이 꼬리를 물고 한산진으로 향한다.

이 시기 통제사의 함대는 부산 절영도에서 연합 작전을 수행하고 있었다. 9일 경상우병사 김응서의 육군, 경상우수사 배흥립의 함대와 연합한 조선군은 함선 63척을 동원해서 해 뜰 무렵 장문포를 출항했다. 오후 2시에는 부산 앞바다에 조선함대가 모습을 드러냈고 왜군은 해안에 집결한 왜선을 보호하기 위해 병력 300여명을 집결시켰다. 왜선을 띄우지 않고 해안의 웅덩이에 숨어 총포로만 소극적인 응전을 계속할 뿐이었다. 조선 함대는 화망에 걸리는 왜선을 차곡차곡 불태우며 사거리를 점차 좁혀나갔다. 썰물이 시작되면 조선함대의 바닥마저 드러날

정도로 해안 가까이에서 근접전을 펼치던 나흘 째, 한산도에서 출발한 전령이 부산 전선에 도착하면서 통제사는 작전을 접고 회항한다. 14일에는 원균이 도착, 마침내 통제영을 접수하면서 수군지휘권이 이양되었다. 통제영의 대다수 장수들이 노골적으로 불만을 드러냈지만 인수인계는 차분하게 진행되었다. 신임 통제사 원균에게 군량미 9,194섬, 화약 4,000근, 총통 300자루 등이 전달되었다. 거북선을 비롯한 함선은 300여척에 달했다.

26일, 전임 통제사 이순신은 백의를 입고 죄인이 되었다. 자신이 그토록 아끼던 대장선의 선실에 갇혀 흔들리는 파도에 몸을 내맡겼다. 금부도사도 이순신을 차마 보지 못하고 외면한 채, 아무 말이 없다. 격군들의 노 젓는 소리와 병사들의 흐느낌만이 가끔 들려올 뿐이다. 이날 오후 사천의 한 포구에 도착한 이순신은 선상에 일제히 도열한 수군들과 판옥선을 물끄러미 바라보며 마지막 작별인사를 한 뒤 죄인을 가두어 황소가 이끄는 죄수의 수레, 함거의 형틀에 자리 잡는다. 한양으로 함거가 향하는 길목에서 보여주는 백성들의 충격과 탄식은 의례적인 것이 아니라, 절박한 생존의 문제였을 것이다. 통제영 인근의 피난민이나 정착민 중 통제사의 도움을 받지 않은 이가 없다. 전란 통에 집과 가족을 잃고 거리를 떠돌다 둔전에 정착한 백성들에게는 둔전의 공정한 관리만으로도 통제사는 은인이었다. 길거리에 쏟아져 나온 백성들은 파직된 통제사를 보내면서 자신들의 고단한 삶에 드리워질 어두운 그림자를 직감했을 것이다.

함거가 한양으로 향하고 있던 28일 영의정 유성룡은 사직 상소를 올린다. 이순신을 도저히 마주 볼 수 없었을까, 간곡하게 사직을 호소한다.

"마음의 병이 심해 홀로 기동을 할 수 없는 정도이며 두 눈은 사물을 제대로 보지 못하고, 온 몸은 아프지 않은 곳이 없다. 그리고 오랫동안 중한 자리에 있으면서 한 가지 공도 세운 바 없으니 영의정과 도체찰사 자리를 거두어 달라."는 요청이었다.

선조는 이것만은 허락하지 않는다.

3월

투옥과 형문

정탁의 상소, 신구차(伸救箚)

4일 함거에 실려 피폐해진 도성에 모습을 드러낸 통제사, 한산도에서의 모습과 별반 다름이 없었다. 지천명(知天命)의 나이, 생사에 대한 초연함이 담겨져 있다. 매번 목숨을 걸고 전쟁터에 출전하던 그대로이다. 홍철릭을 벗어서일까, 오랜 여정 때문일까, 다소의 초췌함이 얼굴에 묻어난다. 곧바로 의금부에 투옥된다.

선조는 13일 우부승지 김홍미(金弘微)에게 비망기를 전교하였다.

"이순신은 조정을 속여 임금을 업신여기고 적을 놓아주었으며, 남의 공로를 빼앗고 모함한 방자한 죄상이 있으므로 죽어 마땅하다. 이제 형벌로써 끝까지 실정을 캐어내려 하니 어떻게 처리할지 대신들은 논의하라."는 것. 그리고 첫 번째 형문이 가해졌다. 상대적으로 가벼운 형벌, 두 번째부터는 통제사의 육체가 무너져 내릴 수 있을 정도로 가혹해질 것이다. 역모를 다스리는 수순인 마지막 형문을 거치면 살아남기 어렵거나 살아남아도 뼈가 으스러져 반신불수, 육체는 제 구실을 할 수 없게 된다.

통제사가 압송되면서 조정의 여론은 쉽게 통일되지 않았다. 호조 정랑 장경달은 "싸우고, 싸우지 않는 것 모두 병법의 한 가지이다. 기회를 살피고 싸우지 않는 다고 죄가 될 수는 없다. 이순신의 재주에 맞설 왜군이 없다. 전하께서 이 사람을 죽여 사직이 망하게 되면 어찌하시겠느냐."는 탄원을 올린다. 치기어린 신하의 직소에 옅은 미소를 짓는 선조가 불편해 보인다.

20일에는 신임 통제사 원균의 장계가 올라오면서 조정의 여론은 다시 분분해졌다. 원균은 장계에서,

"전임 통제사 이순신이 지난달 부산과 가덕도 일대에서 전투를 벌이는 와중에서 조수가 밀려 간 뒤 대장선이 홀로 갯벌에 갇혀 움직이지 못했습니다. 이 때문에 적들이 몰려오자 선상의 장졸들이 구원을 청했고 안골포만호 우수가 급히 노를 저어 통제사 이순신을 등에 업고 간신히 배에서 빠져 나왔습니다. 대장선도 격군들이 힘을 쓰고 우수의 배가 끌어 당겨 겨우 빠져나왔지만 조선수군의 시체가 바다를 가득 메웠습니다. 또 주판관 어운급은 배에서 실수로 불을 내어 병장기와 식량 등을 일시에 태우면서 왜적들의 좋은 구경거리가 되고 모멸을 받아 적병의 사기만 높여 주었습니다."라며 보지도 못한 해전의 양상을 그림처럼 그려낸다.

원균은 이어 자신이 부임한 직후 "적선 3척을 포획하고 수급 47개를 베었다."며 함께 보내왔다. 25일에는 원균의 공훈을 논상하고 장병들을 격려하는 방안을 논의하라는 선조의 재촉이 비변사로 내려간다.

또 다시 원균과 달리 용맹이 부족한 전임 통제사 이순신에 대한 처벌 논의가 들끓고 있을 때 원로대신 정탁의 상소, '신구차(伸救箚)'가 올라간다. 모두 1,298자였다.

"큰 죄를 지은 이순신을 아직 살려두고 추궁만 하시니 인(仁)을 베푸는 성상의 은혜는 죽어 마땅한 자도 감싸고 있어 감격스럽다. 그런데 또다시 형문이 가해지면 이순신이 목숨을 보전치 못하고 성상의 자비가 훼손될까 두렵다. 지난 임진년

왜적선의 기세가 바다를 덮을 때에 모든 장수가 도망을 갔지만 이순신이 그 예봉을 꺾어 민심이 겨우 되살아났다. 용기로는 원균에 못 미친다는 말들이 있으나 원균은 그 때 자신의 배를 침몰시킨 장수다. 이후 원균도 큰 공로를 세워 두 장군이 힘을 합치면 좋겠지만 마음이 맞지 않아 이순신에게 바다를 맡겼고, 그는 병사들과 생사를 나누면서 그 군세를 높여 왜적도 우리 수군을 늘 겁내왔다. 이순신이 이번에 출전하지 않은 연유나 지난 장계의 내용도 그 내막을 보다 면밀하게 살펴야한다. 이순신이 제 정신을 잃지 않았다면 남의 공로를 훔치고, 남을 속이겠는가. 인재는 나라의 보배이다. 통역관이나 산가지 셈을 하는 자까지 재주를 지닌 자를 아껴야한다. 하물며 장수의 재질을 가진 자는 말해 무엇 하겠느냐. 이순신은 수륙전에 능해 왜적이 두려워하니 이런 사람을 쉽게 얻지 못한다. 공로와 죄를 면밀히 따지지 않고, 능력을 생각지 않고, 사리를 살필 겨를도 없이 큰 벌을 내린다면 능력이 있어도 앞으로 나라를 위해 애를 쓰는 백성이 없을 것이다. 이로 인해 인심이 떠날까 위태롭다. 왜적만 다행스럽게 생각할 것이다. 진나라 목공은 패장인 맹명을 감싸 결국 나라를 일으켰다. 성상의 은혜가 깊으면 죄수 가운데에서도 공신각에 초상이 걸릴 수 있는 공훈을 세우는 자가 나올 것이다. 성상이 인재를 쓰는 방법을 고쳐 죄수가 스스로 죄를 씻도록 길을 열어주면 난리를 평정하는 정치에 도움이 될 것이다.”

결국 이 상소가 선조의 마음을 돌렸다. 전임 통제사 이순신은 더 이상 국문을 받지 않고 파직되어 백의종군(白衣從軍)의 명을 받았다. 백성의 흰 옷을 입고 아무런 직책이 없는 일개 병사의 신분으로 전란에 참여하게 된 것이다. 하지만 양민보다 못한 신분, 이순신에게는 군왕을 속인 죄인이라는 굴레가 씌워져 있었다.

4월

백의종군

길거리 조문객들

1일, 무르익은 봄날이 맑다. 전임 수군통제사는 둥근 담장이 둘러친 옥문을 나선다. 조카와 아들들이 옥문에서 맞아 윤간의 종 집에 도착한다. 지사 윤지신, 비변랑 이순지, 윤기헌, 이순신이 함께 위로한다. 영의정과 판부사 정탁, 대사헌 노직, 동지사 최원 등이 사람을 보내 안타까움을 대신 전한다. 선조의 시선에 아랑곳하지 않고 중신들이 죄인에게 보이는 반응이 제법 놀랍다. 이순신의 표정은 어두웠다.

2일에는 종일 비가 내렸다. 조카들과 이야기하며 이순신은 뛰어난 손재주로 붓을 만들고 있었다. 전란이 다시 터졌다. 손을 놓을 수 없다. 편지는 전황을 듣고 수집하고 분석한 뒤, 전쟁의 경험을 공유하는 효과적인 수단이다. 통제사를 지낸 자신의 책무라고 느꼈을 것이다. 영의정 유성룡이 이날 밤 이순신을 찾았다. 선조에게 다시 사직을 청했다는 것. 이순신은 언젠가 한산진의 꿈속에서 비바람이 치는 가운데 나라의 앞일을 함께 걱정했다는 이야기를 전한다. 그리고 둘이서 끝까지 그 자리를 떠나지 않았다고 담담하게 말한다. 이순신을 위로하러 찾아온 유성룡이 위로 받고 있었다.

3일에 이순신은 남쪽으로 일찍 길을 잡는다. 의금부 도사 이사빈과 나장들은 수원부로 들어가고, 이순신은 도성에 들지 못하고 경기관찰사 홍이상의 이름도 모르는 한 병사집에 머물게 되었다. 수원부사 류영진이 이곳을 찾았다.

다음날 이순신은 독성과 진위를 거쳐 오산 황천상 집에서 점심을 먹었다. 주인이 이순신의 짐이 무겁다면서 기꺼이 부담마를 내 준다. 저녁에는 평택현 이내은손 집에 머문다. 방은 좁았지만 군불을 때서 서늘한 기운을 잡아 놓았다. 주인의 정성은 은근했다. 소박한 민심의 한 가닥이었다.

5일에는 새벽길을 재촉해 아산의 선산에 이르렀다. 한산도 시절, 산불이 두 번이나 일어나면서 선산 주위의 나무들은 시커먼 모습으로 앙상하게 말라 있었다. 백의를 입은 이순신이 검게 변한 나무 사이에서 절을 하며 곡을 한다. 통곡 소리가 을씨년스러운 주변 풍경을 맴돈다. 곡을 하던 이순신이 묘 앞에서 좀처럼 일어나지 못한다. 절망스런 현실이 그리움의 무게를 더했을 것이다. 석양 무렵 하산한 이순신은 조카 뇌의 집에서 조상의 사당에 절했다. 이어 남양 숙부의 부음이 전해진다. 다음날 이순신은 한산진에 머물며 오랫동안 보지 못한 친척과 친구들을 맞았다. 이순신은 8일 숙부의 상복을 입었다. 전날 도착한 금부도사 이사빈은 출발 일자에 잠시 여유를 준다. 아산으로 오고 있는 어머니를 뵙고 가라는 배려, 동네 사람들이 먼 길을 가야하는 이순신 앞에 연일 술병을 들고 몰려왔다. 이들과 소탈하게 술을 나누는 금부도사는 흐트러짐이 없었다.

11일 새벽 이순신이 잠자리에서 일찍 일어난다. 안색이 좋지 않다. 아들 울을 불러 어머니 소식을 묻는다. 다음날 사내종이 편지를 가지고 먼저 이순신에게 당도했다. "어머님 숨이 곧 끊어질 듯하다."는 전갈에 창백해진다. 하지만 편지는 "법성포에서 닻이 풀려 잠시 고생했지만 9일 안흥량에 정박했고 모두 무사하다."고 매듭지어져 있었다. 이제 아산 해암포구까지는 지척이다. 13일에는 해암포구에 배가 들어오는지 시시각각 신경을 곤두세운다. 그리고 이날 배에서 달려온 종 순화가 "어머니께서 돌아가셨다."는 부음을 알린다.

상투를 풀어 내린 백발의 아들이 가슴을 치며 해암 포구로 뛰어갔다. 뒤따르는 종이 따라 잡지 못한다. 포구의 잔파도 속에서 정박한 배에 흰 천이 둘러진 칠성판이 보인다. 아들이 갯벌에서 무너져 내린다. 새카만 어둠속 파도 거센 갯바위에 혼자 서 있는 소년의 절망감이 느껴진다. 차마 옆으로 가지 못하고 뱃머리만 움켜쥐고 울고 있다. 가까스로 칠성판에 손을 대본다.

다음날 관이 마련되었다. 이순신이 관의 구석구석을 만져본다. 한 치 한 치 어루만지며 흠집이라도 있는지 살핀다. 관은 금세 눈물로 얼룩지고 만다. 15일에 입관식이 치러진다. 이순신은 입관을 돕는 이들에게 무릎 꿇어 예를 갖춘다. 관의 모서리에 솜과 천이 채워진다. 몇 가지 기물이 정성스레 관속에 놓여지고 이순신이 어머니 손을 놓자 뚜껑이 닫힌다. 눈물이 쏟아져 관 뚜껑을 두드린다. 상복을 만들고 상가 일을 돕고자 나선 백성들이 포구 인근에 넘쳐났다. 이순신은 16일 영구를 수레에 올린 뒤 본가로 향했다. 수많은 사람들이 빗속에서 수레를 따라 나선다. 빈소가 차려지고 폭우가 쏟아진다. 이제 남쪽 군영으로 출발해야 한다.

"죽기만 기다릴 뿐이다."

이순신의 입에서 절망적인 말이 새어나왔다.

17일에는 의금부 서리 이수영이 공주에서 왔다. 늦어도 이틀 뒤에는 길을 나서자며 조심스레 알린다. 18일에는 내내 비가 내렸다. 빈소는 조문객으로 가득 차 있지만 이순신은 죄인의 몸, 조문객을 직접 맞지 않았다. 날카롭던 눈매는 설움에 뒤덮인 채 빈소 앞에 우두커니 앉아있다. 삼도의 수군을 지휘하던 장수의 모습은 오간데 없었다. 가끔 눈물은 통곡으로 이어지다 멈춘다. 여기에 맞추어 상가에 곡소리가 메아리친다. 그리고 다시 되풀이 된다. 추억의 한 조각, 한 조각이 그를 스치고 있을 것이다. 지난해 10월 좌수영에서 보낸 열흘, 전란이 터진 후 가장 오랫동안 어머니를 가까이에서 모신 나날들이다.

19일 이순신은 백의종군의 길에 나섰다. 어머니 영연(靈筵)에 마지막 인사를 올리고 신위(神位)를 두고 길을 떠난다. 몇 발자국을 떼지 못하고 수 없이 돌아본다. 본가가 보이지 않자 비로소 말에 오른다. 안색이 창백하다. 천안 군수와 임천 군수가 일행을 맞아 '길거리 조문'을 한다. 이순신은 말에서 내려 조문객을 맞으며 결국 눈물을 보인다. 이날 일행은 일신역에서 머물렀다. 보슬비가 내리는 밤이었다.

20일 공주와 이산을 거쳐 다음날에는 여산의 관청 종 집에서 일행은 자리 잡는다. 이순신은 몸과 마음이 모두 지쳐 보인다. 이후 일행은 삼례역과 전주, 임실현을 거쳐 24일에는 남원 인근의 한 종 집에서 짐을 푼다. 오는 길에 판관, 부윤, 현감의 길거리 조문이 끊이지 않는다. 선조의 명으로 백의종군하는 일개 병사에 대한 조문은 아니었다. 이순신이 통제사로 지난 5년 동안 살아온 삶에 대한 인사일 것이다.

25일 장대비가 쏟아지고 도원수 권율이 순천으로 향했다는 기별이 들어오자 구례로 길을 잡았다. 다음날 금부도사가 합류해 구례에 당도했다. 현감 이원춘이 이순신을 찾아 정성스런 조문이 한동안 이어진다. 일행은 27일 순천에 도착, 정원명의 집으로 향했다. 도원수 권율이 군관을 보내 조문했다. 삼가고 조심하는 말투가 역력하다. 권율의 주의를 단단히 받았을 것이다. 저녁에는 순천부사 우치적이 찾아왔다. 백의종군, 그리고 상중의 옛 상관 앞에서 백전노장이 소매로 눈물을 훔친다. 그리고 한산도의 어두운 소식들이 이어진다. 이순신은 조용히 듣고 있다. 28일 도원수 권율은 "아직 상중이니 기운이 나면 병영에 복귀하라."고 전한다. 또 한산도 시절 통제사를 잘 모신 군관을 곧 보낼 것이라며 호의를 감추지 않았다.

　30일 해질 무렵부터 비가 내린다. 전라병사 이복남이 찾아왔다. 한산도 수군 진영의 기강이 허물어지고 있다는 우려가 더해진다. 빗속에서도 이순신의 눈물이 뚜렷했다.

5월

무너지는 한산진의 기강

소복 입은 체찰사

1일부터 내린 비는 다음날 저녁에야 개었다. 도원수는 보성으로 가고 동헌이 텅비어있다. 순천부사 우치적이 이날 이순신을 다시 찾아 하소연한다. 수군이 무너지고 있다는 탄식이다. 격군들부터 서서히 빠져나가 감당할 수 없는 지경이라는 것. 아산에서 종 끝돌이가 왔다. 어머니 장례를 잘 치르고 영연은 평온하다는 전갈. 3일 오전부터 화창하다. 이순신은 스스로의 마음을 다잡으려는 듯 둘째 아들 울(蔚)의 이름을 열(艹[초두머리] + 悦)로 고친다. "무성하다."에서 "무성하게 자라난다."로 의미가 변했다.

4일 비가 내린다. 어머니의 생신일, 전란이 터진 뒤 생신 상을 함께 한 적이 거의 없다. 이제는 그 상을 받을 분이 세상에 없다. 새벽부터 방안에 촛불이 켜진다. 오후 들어 비는 더욱 거세게 쏟아진다. 묘소조차 찾아 갈 수 없는 처지, 어머니가 돌아가시고 처음으로 맞는 생신일은 그렇게 지났다. 5일은 단옷날, 진중이 아니라면 4일 자정부터 어머니의 단오제를 치러야한다. 하지만 삼우제는커녕 빈소조차 지키지 못한 처지였다. 새벽에 일어나 어머니 묘소를 향해 재배하는 것으로 단오제를 대신한다.

이날 충청우휴 원유남이 한산도의 소식을 구체적으로 전한다. 뇌물을 주고 빠져나가는 격군과 사수의 숫자가 부쩍 늘어나고 있다는 것. 이 때문에 병영을 지키는 나머지 병사들의 사기도 걷잡을 수 없이 무너졌다고 한탄한다. 군사회의를 열던 운주당에는 담이 쳐져 장수와 군사의 출입이 통제되고 원균의 첩이 기거한다는 소문은 유성룡의 편지를 통해 접했다. 또 한산진의 군량이 줄지어 한양으로 향한다는 전갈, 둔전 백성들의 삶이 그 만큼 고달파질 것이다. 한산도 진영의 관리는 마치 도공이 끊임없이 물레를 돌리며 조심스럽게 도자기를 빚는 것과 같다. 한순간만 방심해도 물레의 흙은 무너져 내린다. 장수와 병사, 각 포구와 한산도가 그물처럼 연결되어 있다. 그리고 이 모든 그물은 결국 사람이 잇는다. 사람에 대한 관리가 흔들리면 그물은 해지고 더 이상 물고기를 잡아낼 수 없는 법. 그물의 정점에는 통제사가 서 있다. 언제 엉킬 줄 모르는 그물, 한순간도 긴장의 끈을 내려놓을 수 없었다.

7일과 8일에는 의승군들이 이순신을 찾는다. 지휘부를 잃어버린 승군들이 갈팡질팡하고 있다는 하소연이 더해진다. 7일 정혜사의 중 덕수는 정갈한 미투리 한 켤레를 가져온다. 한 올 한 올 깃든 정성이 한눈에 보인다. 거절하던 이순신은 미투리를 받아든 뒤 기어코 노잣돈을 후하게 보태준다. 다음날 의승장 수인이 밥 지을 중을 데리고 왔다. 한산진 시절, 꾸준히 육지의 소식을 전하고 군량을 조달하던 사려 깊은 군인이자 승려. 여전히 행색은 초라하지만 눈빛은 맑았다. 이순신을 보자 맑은 눈에 눈물이 먼저 고인다. 엎드려 조의를 갖추고 느린 독경으로 문상을 한다. 이순신이 오랜만에 평온한 모습으로 은은하게 퍼져가는 목탁소리를 듣고 있었다. 이날 통제사 원균의 조문이 편지로 도착했다. 며칠 전 원균의 조문이 왔느냐고 권율이 물었고 이순신은 아무 말도 하지 않았다. 도원수 권율이 원균을 채근한 결과일 것이다.

 이달도 조문과 문안은 이어졌다. 성문 밖 이순신의 거처에는 장병과 장수, 관리들이 줄을 이었다. 10일은 태종의 제삿날, 큰 비가 내렸다. 주인이 보리밥을 지어 내온다. 이어 녹도만호 송여종과 전라순찰사가 보낸 마지(麻紙)와 백미, 중미, 소금 등이 도착했다. 보릿고개가 한창일 한산도 둔전의 모습이 눈에 밟혔을 것이다. 이순신은 보리밥을 한동안 물끄러미 바라본다.

 12일에는 남해 현령 박대남이 조문 편지와 곡식, 참기름, 미역을 보내왔다. 간곡한 어투와 정갈스런 포장에 마음이 담겨 있다. 남해현령으로 부임 한 뒤 적극적으로 통제사의 의견을 받아들여 남해 재건에 온 힘을 다하던 젊은 현령, 사소한 일 하나까지 통제사를 찾아 상의했다. 제 모습을 잡아가는 남해의 모습이 참기름과 미역에서 느껴진다.

 13일에는 순천부사 우치적이 노잣돈을 보내면서 체찰사가 이달 하순 경 구례에 올 것이라고 전한다. 받아드는 이순신의 표정에 미안함이 스친다. 14일 이순신은 길을 나서 송치를 지나 구례현에 도착했다. 구례현감 이원춘이 다시 마중을 나와 있다. 15일 도착한 민가에는 파리가 떼로 모여들었다. 이순신은 배행한 종과 함께 한나절 동안 방을 치운다. 흩어진 잡물 대신 필묵과 반상만이 정갈하게 놓였다. 허물어진 들창을 바로잡고 여닫이문에 새로 창호가 붙으면서 소박한 거처가 마련된다. 이순신의 성격이 잘 드러난다. 구례현감은 부지런히 이곳을 찾았다. 때때로 식사를 가져온다. 소박하면서도 격식을 갖춘 상이 틈틈이 차려진다. 이순신은 공무에 바쁜 현감에게 미안한 표정이다. 하지만 현감은 아예 이순신의 거처를 성문 안에 마련해 놓고 이순신을 이끈다. 18일 이순신은 집에 편지를 보냈고 체찰사가 내일 구례현에 도착할 예정이라는 전갈이 온다. 이순신은 "죄인이 체찰사와 함께 도성에 머물 수는 없다."며 거처를 성문 밖으로 옮긴다. 오후에 소나기가 퍼붓는다.

명협정에서 쉬고 있는 이순신을 구례현감이 찾아 거처를 세심하게 살핀 뒤 돌아갔다. 밤 늦은 시각에 체찰사 이원익이 구례현에 도착했다는 전갈이 왔다.

20일 체찰사 이원익은 먼저 군관을 보내 조문을 했다. "어머니가 돌아가셨다는 말을 이제야 비로소 들었다, 놀랍고 슬프다."는 전언. 이어 저녁에 만날 수 있느냐는 전갈이었다. 이순신은 "마땅히 찾아뵈려한다."고 답한다. 저녁 무렵 이순신이 체찰사의 거처를 찾았다. 이원익은 흰 소복을 입고 이순신을 맞는다. 문상의 예를 갖추고 있는 것. 이순신의 눈이 붉게 충혈된다.

한산진에 대한 체찰사의 고민이 깊었다. 수군진의 기강이 무너지고 일부 둔전의 백성들이 떠나갔으며 척후와 수색은 허울뿐이라는 것. "나랏일을 어찌하나."라는 탄식 속에 임금 선조에 대한 원망까지 느껴진다. 21일에는 한양 소식이 더해진다. 바치는 재물의 양에 따라 형량이 정해지고 있다는 것. "돈이면 죽은 사람도 되살릴 수 있는가."라면서 이순신은 옛 문헌의 한 시 구절을 인용하며 한탄했다. 그래도 전라수사 이억기와, 경상수사 배설에게 편지를 쓰고 전황을 묻는 일은 계속한다. 다음날 이순신에게 반가운 사람이 찾아왔다. 한산진의 믿음직스런 휘하 장수 배흥립이었다. 구례현감이 직접 거처로 데리고 왔다. 경상수사에서 물러난 동지사 배흥립, 백의종군 이순신, 두 장수가 마주 잡은 손을 한참 놓지 못했다.

이순신은 23일, 다음날 초계로 출발하기에 앞서 체찰사 이원익에게 인사를 한다. 체찰사는 여전히 암울한 기색이다. "죽을 날이 다가왔다."며 오랜 전란에 시달린 피폐한 심경을 솔직하게 드러낸다. 그리고 떠나는 이순신에게 쌀 2섬을 주며 마음을 표시한다. 성문 밖 이순신의 거처로 전해졌다. 체찰사는 다음날 군관을 보내 경상우도의 연해안 지도를 부탁한다. 한탄만 하지 않는 실무적인 성격, 이순신과 체찰사가 서로 통하는 이유였다. 이순신은 곧바로 붓을 들어 지도를 그린다. 남해안 포구 하나하나의 기억이 종이위에서 구체적인 형태로 뚜렷하게 살아난다.

동쪽으로 길을 잡은 이순신은 악양, 두치를 거쳐 28일 하동에 도착했다. 이른 장마가 남해안에 시작되었다. 백의와 봇짐이 모조리 젖었다. 하동 현감 신진은 이순신을 기쁘게 맞는다. 거절하는 이순신을 억지로 성안 별채로 데려갔다. 29일까지 하동 현감은 별채에서 살다시피 한다. 정답던 두 사람의 이야기는 원균에게 이르면 침울해진다. 하동에서도 원균은 이미 인심을 잃고 있었다. 이달 초 원균이 아전에게 육지에서 군량미를 사오라며 한산도를 떠나게 한 뒤 그 아내를 욕보이려다, "사람 살려."라며 사립문을 뛰쳐나온 여인의 고함소리에 놀란 둔전 농민들이 쇠스랑을 들고 모여들자 거기에는 통제사 원균이 우두커니 서 있었다. 소문은 삽시간에 꼬리를 물고 하동에도 닿아 있었다.

6월

이순신과 권율, 이순신과 원균의 차이

무밭에 드리운 검은 그림자

빗속을 달린 이순신은 1일 단성을 지나 다음날 삼가에 이르렀다. 이제 도원수 진영과의 합류가 멀지 않았다. 삼가현감 신효업은 산성으로 결진하면서 관사는 비어있었다. 삼가현 사람들이 곳간의 쌀로 밥을 지어먹으라고 권했지만 이순신은 거절한다. 현감의 허락 없이 관청의 물건에 손을 댈 수는 없다. 대신 하동현감 신진이 알뜰하게 마련해 준 쌀과 참깨, 들깨, 소금이 요긴하게 쓰인다. 3일에도 비는 쏟아졌다. 도원수의 군관이 당도해서 소식을 전한다. 이날 아침 삼가현 사람들이 마련해온 밥을 얻어먹은 종이 가벼운 볼기를 맞았다. 밥은 현민들에게 되돌려진다.

4일 신효업은 마중하지 못한 안타까움을 담아 문안 편지를 보내왔다. 노자도 동봉되어 있었다. 길을 나선 이순신은 합천에서 동으로 2km를 깊숙이 들어갔다. 합천과 초계의 갈림길에서 강을 따라 4km를 이동하자 도원수 진의 깃발이 보인다. 고갯길은 천길 절벽이 에워싸고 황강이 굽이쳐 돌며 진을 감싼다. 들어오는 길은 험하고 황강은 깊었다. 한 사람이 좁은 길목을 지키면, 만 명의 군대라도 지날 수 없다는 생각을 떠올렸을 것이다. 무더위 속에서 지형과 진형을 구석구석 살핀다. 조선 수군의 견내량을 닮아있다.

5일에는 초계군수가 달려오고 군관들이 잇따라 찾아온다. 다음날 모여곡에 거처가 마련되었다. 이순신은 방에 도배를 하고 군관들이 쉴 대청 두 칸도 정비한다. 이번에도 숙소는 짧은 시간에 말끔하게 정리된다. 이 집의 주인은 전란통에 과부가 된 여인, 이순신은 깊이 감사하고 사례한 뒤 아전을 시켜 과부를 다른 집에 옮기도록 했다. 7일 도원수 진영의 군관들이 부지런히 이순신의 숙소를 오간다. 이순신은 8일 육진으로 올라 도원수 권율을 만났다. 방비는 삼엄하고 진지는 꾸준히 정비되고 있었다. 권율은 의병장 박성이 체찰사 이원익에게 써 올린 글을 보여준다. 권율에 대한 비방이 적지 않았다. 의기로만 가득 차 있었을 뿐, 현실적인 지략이나 구체적인 작전과 대안은 부족했다. 권율은 자신에 대한 비방이 가득 담긴 글을 담담하게 체찰사에게 보낸다. 이순신은 글을 가려보는 체찰사의 안목을 믿는다.

10일에는 상한 말의 발굽에 편자를 가는 일로 부산하다. 이순신이 군관, 병사들과 더불어 능숙한 솜씨로 일에 나선다. 말이 매이고 상한 편자가 떼어지면 말 발톱도 잘라준다. 이어 말발굽을 평평하게 갈아주고, 편자를 담금질하면서 말의 굽 모양에 맞추어 망치질을 한다. 식지 않은 편자가 말발굽에 닿을 때마다, 살과 털이 타는 냄새가 진동하지만 말은 동요하지 않았다. 모양이 잡히면서 날카로운 쇠못으로 편자가 발굽에 고정된다. 말이 바닥을 구르는 소리가 달라졌다. '딱, 딱, 딱', 규칙적인 소리를 낸다. 이순신이 좋아하는 질서정연함이 말발굽에도 잡힌다. 이어 합천에 살고 있는 이순신의 어린 시절 친구 서철이 찾아왔다. 아이 때 이름은 서갈박지, 함께 음식을 나누는 순간에는 소년 시절의 천진함이 살아났다.

11일은 중복, 쇠가 녹아내릴 듯한 무더위가 찾아왔다. 명나라 차관 경략군문 이

문경이 찾아왔다. 이순신은 이런저런 이야기를 캐묻는다. 일어서는 이문경에게 선물을 잊지 않는다. 무더위를 식힐 화사한 금빛 부채가 주어진다. 이날 아산 소식을 접한 이순신은 하루 종일 글을 쓴다. 아산에 답장을 쓰고 전라우수사 이억기, 충청수사 최호, 경상수사 배설, 가리포 첨사, 녹도만호, 사도첨사, 동지사 배흥립, 거제현령 안위, 남해현감 박대남, 순천부사 우치적, 조방장 김완 등 한산도에만 14통의 서신을 보낸다. 전선의 실태를 묻고 돌아온 회신을 통해 전황을 종합해서 파악하려는 의도일 것이다. 12일 편지를 보낸 직후 의승장 처영이 부채와 미투리를 가지고 왔다. 전날 명나라 차관에게 준 선물이 도로 채워진다. 이순신은 흔쾌하게 선물을 받는다. 처영은 "왜선의 뚜렷한 움직임은 여전히 포착되지 않는다."면서도 "한산진의 척후선이 보이지 않았다."고 우려를 전한다. 근심이 배어 있었다. 척후와 수색, 매복은 무의미해보이지만 단 한 번의 실수도 용납해서는 안 되는 조선 수군에게 필수적인 방비 전략이다. 이순신이 5년간 지치지 않고 되풀이 해 온 수군진 일과가 몇 개월도 되지 않아 흐트러지고 있었다. 길을 떠나는 의승장 등에 커다란 선물 꾸러미가 매어져 있다. 이날 오후 중군장 이덕필이 출전했다는 소식이 들리면서 이순신은 도원수 권율 진영에 서둘러 올라간다. 구체적인 전황이 드러나고 있다. 경상우병사 김응서가 부산의 왜군은 창원으로, 서생포의 왜군은 경주로 진을 옮기고 있다는 내용을 전한다. 전면전이 재개될 조짐이 강해진다. 수군도 예외는 아닐 것이다.

마침내 17일에는 수군의 동향이 구체적으로 감지된다. 비변사에서 내려온 원균의 공문이 도원수 진영에서 회람된다. 육군이 먼저 안골포의 적들을 섬멸한 뒤에야 수군이 출전할 수 있다는 설명이었다. 웅포와 안골에 적을 두고 부산으로 출전하는 일은 적의 포위망에 아군을 던지는 자살 행위에 불과하다. 이순신이 한산진에서 늘 고민하던 수군만의 작전이 갖는 한계였다. 그때마다 이순신에게 용렬하다고 비난하던 원균 역시 같은 고민에 빠져있다. 다만 이순신은 나약하다는 오명을 혼자 감당했지만 원균은 장계에서 도원수 권율에게 책임을 미루고 있었다. 통제사 이순신과 원균의 차이, 권율의 표정에 노기가 서려있었다.

18일 더욱 급박한 전황이 알려진다. 명나라 사람 섭생이 왜군 10만여 명이 대마도에 이르렀으며, 고니시는 의령을 거쳐 전라도로, 가토는 경주, 대구를 거쳐 안동으로 북상할 예정이라고 전했다. 이날 저물 무렵 도원수 권율은 사천으로 가겠다는 의사를 이순신에게 전했다. 이유는 분명했다. 통제사 원균에 대한 도원수의 분노가 넉넉히 짐작되었다. 다음날 새벽 이순신은 권율을 찾았다.

수군이 섣부르게 출전할 수 없는 이유를 차분히 설명한다. 도원수도 이를 잘 알고 있었다. 다만 육군과 수군이 신중하게 작전을 수립해보기도 전에 모든 사태를 도원수의 탓으로 미루며 헐뜯는 원균의 처사에 대해 도원수는 분노한다. 이순신은 모함을 감내했지만 도원수는 그렇지 않았다. 결국 도원수가 사천으로 향한다. 권율은 원균을 강하게 받아칠 것이다. 이순신과 권율의 차이. 도원수가 진중을 떠난 뒤 한동안 장대비가 이어졌다. 이순신의 눈빛이 흔들리고 불안감이 걷잡을 수 없이 짙어진다. 자칫 무리한 출전으로 이어질 것인가, 이순신은 고개를 가로 젓는다. 장수가 자신과 부하를 사지로 몰아넣을 리는 만무하다.

24일은 입추, 비가 그치고 새벽에 안개가 자욱했다. 경상수사에서 순천부사로 좌천된 뒤 결국 파직된 동지사 권준이 종을 보내 둔전의 일을 상의한다. 둔전이 떠올랐을 것이다. 이순신은 무밭을 갈고 파종할 무씨를 물에 불린다. 이튿날에는 무 심는 일에 몰두한다. 이날, 한산도에서 종 경이 지난 18일 치른 수군의 전황을 가지고 왔다. 어두운 소식이었다.

원균이 종사관과 함께 90여척의 배를 거느리고 출전, 안골포에서 접전을 벌이고 가덕에 이르렀지만 왜군의 강력한 저항과 매복의 위험성에 노출되면서 부산으

로 가지 못하고 거제 칠천도로 회항했다는 간략한 내용이었다. 이 전투에서 보성
군수 안홍국과 평산포 만호 김축이 전사했다고 전했다. 칠천량이라는 말에 이순
신이 눈살을 찌푸린다. 남북으로 막히면 갈 곳이 없는 사지이기 때문이다. 호랑이
도 여우 굴에서 여우 떼에 둘러싸이면 살아남기 힘든 법, 안골과 가덕 일대는 이
미 왜군으로 들어차 있을 것이다. 수군만으로 섣부르게 공략할 수 있는 상황이 아
니다. 더구나 숱한 해전으로 단련된 장수, 안홍국과 김축의 죽음도 이순신의 안타
까움을 더한다. 한산도 시절 곤장을 치던 기억, 그리고 술병을 들고 사과하러온 안
홍국과 화해주를 마시던 그리움이 겹쳤을 것이다. 이순신이 조용히 눈을 감는다.
이날 거제 현령 안위가 보낸 미역이 도착했다. 남해의 냄새가 물씬 나지만 이순신
은 땅거미가 꺼질 무렵부터 무밭에 서 있다. 무밭은 새카만 어둠에 잠겼다.

　29일에는 명나라 총병 양원이 유격 심유경을 잡아갔다는 소식이 들린다. 명나
라 군대의 사정도 심상찮은 느낌을 준다. 30일은 찌는 듯이 무더웠다. 무더위 속
전란이 재개되면 조선은 또 다시 시체 썩는 냄새로 뒤덮일 것이다.

7월

조선 수군의 전멸, 잃어버린 한산도

남은 배, 12척

7월 초순 도원수 권율은 육진에서 자리를 계속 비운다. 통제사 원균과의 팽팽한 대립이 쉽사리 예상되었다.

1일은 인종의 제삿날, 새벽비가 내리고 냇가에서 피리소리가 들린다. 3일에는 남해현령 박대남의 병이 더욱 깊어졌다는 전갈, 이렇게 또 마음이 통하는 젊은 장수를 보낼 수밖에 없는가, 표정이 어둡다. 이날 이순신은 칠월칠석 제사를 앞두고 강정과 밀가루를 챙겨달라고 부탁한다. 종에 대한 지시조차도 꼼꼼하고 늘 섬세했다. 6일 밤에는 제사에 쓸 밀가루 반죽을 직접 꿀에 재 둔다. 이날 밤 꿈에서 원균을 보았다고 말한다. 조선 수군에 대한 걱정이 하루도 끊이지 않았다. 칠월 칠석 이순신은 아침에 간단한 제사를 지낸다. 홀로 절하고 조용히 상을 치운다. 그리고 이날 한산도에서 온 군관이 원균의 소식을 전했다. 이달 초 도원수 권율에게 호된 질책을 들었다는 것이다.

11일에는 아들 열을 아산에 보냈다. 백중일의 어머니 제사에 맞추려는 의도일 것이다. 아들을 보낸 뒤 빈집에 홀로 앉아 있는 이순신, 촛불조차 밝히지 않고 있다. 13일에는 남해현령 박대남에게 편지를 쓰고 먹을거리를 챙겨서 보낸다. 14일에는 "체찰사 이원익과 시체가 즐비한 어두운 길을 헤매고 있었다."는 꿈 이야기를 풀어 놓는다. 전선에 대한 온갖 시름이 이순신을 괴롭히고 있었다. 15일은 백중, 온갖 과일과 야채가 풍족하고, 제상에 이른 벼가 오르기도 한다. 바다의 해산물도 살이 찐다. 한해의 농사가 막바지 단계로 접어들면서 평상시라면, '백중장'은 품삯을 받아든 노비들로 붐볐을 것이다. 이순신은 떡과 몇몇 나물을 부탁한다. 돌아가신 어머니에 대한 제사를 또 홀로 지낸다. 빈소를 못 지킨 아픔이 상처로 남아있었다. 주변 사람들에게 제사떡을 권하는 모습이 애처로울 지경이다. 저녁 무렵 중군 이덕필이 당도, "조선 함대 20척이 파괴되었다."는 소식을 전한다. 구체적인 전황은 이덕필도 모르고 있었다. 이순신은 "20척인가, 20척 뿐인가?"라고 수차례 되묻는다. 아쉽지만 회복할 수 없을 정도의 결정적인 손실은 아니다. 초조함이 묻어있다. 어두워지면서 비가 세차게 내려 붓는다.

16일 비가 오락가락한다. 애타게 전황을 기다리는 가운데 오후에 사립문이 열리고 늙은 촌부가 들어온다. 이순신은 반색했지만 촌부의 손에는 수박 두 덩이가 들려있을 뿐 전령이 아니다. 외진 곳에 사는 꾀죄죄한 농부가 잠시 갠 날씨를 틈타 마음을 전한다. 이순신은 가난한 농부의 후덕한 인심이 고맙다. 수박 한 덩이를 도로 내밀며 함께 먹는다. 이날 내내 시달리던 갈증이 조금 해소된 표정, 그리고 검날을 가는데 열중한다. 두 개의 칼날이 시퍼렇게 서자 소나기가 내렸다. 빗속에서도 뚜렷한 검명을 한동안 바라본다. 분명 마음을 다잡고 있다. 백의종군 이후 처음으로 눈매에 매서운 빛이 난다.

삼척서천 산하동색 (三尺誓天山河動色)
일휘소탕 혈염산하 (一揮掃蕩血染山河)

"석자 칼로 하늘에 맹세하니, 천하가 함께 움직이고,

한번 휘둘러 모조리 쓸어내니, 강산이 피로 물들었다."

한산도 시절, 대장장이 태귀련과 이무생이 만든 것이었다. 천번 만번을 두드리고 수십 번의 담금질을 거쳐 음양의 조화를 담고, 이를 통해 헛된 기운을 쓸어버린다는 도검의 검기.

그리고 저녁 무렵 생생한 전황이 전해졌다. 영암에 사는 노비 세남이 서생포에서 거의 헐벗은 몸으로 당도한 것. 웃옷은 없었고 하반신만 누더기로 가린 격군이었다. 온 몸 곳곳에서 시퍼런 멍 자국이 눈에 띈다. 이순신을 보자 서러운 눈물을 아이처럼 하염없이 쏟는다. 이순신은 궁금증을 누른 채 옷을 건네고 음식을 마련한다. 세남이 입을 열었다.

4일 출항한 함대는 5일 칠천량에 도착, 옥포를 거쳐 7일에는 다대포에 이르렀다는 것. 왜대선 8척이 정박해 있어 함포사격을 시작하자 왜군이 모두 육지로 도주했다. 함대는 요구금을 던져 왜선을 끌어내 불태웠다. 여전히 흔들리지 않는 한산진 수군의 전투 방식이다. 그런데 다음이 문제였다. 함대는 다시 부산 절영도로 향했는데 왜선 1,000여척이 산개해 있었고 날이 어두워지면서 풍랑이 거세지자 대장선과 연락이 끊어지고 함선이 표류하기 시작했다. 왜선은 전면전을 피한 채 무서울 정도로 조선 함대의 주위만을 빙빙 돌았고 세남이 탄 함선을 비롯한 6척은 물살을 견디지 못하고 본진에서 멀어져 서생포 앞바다에 상륙했다. 왜군은 미리 진을 치고 있었다. 조총이 천지를 흔들었고 조선 수군은 상륙과 동시에 전멸했다. 세남은 가까스로 숲속으로 도망쳐 이순신을 찾아온 것이다.

통제사의 얼굴이 굳어졌지만 아직 희망은 남아 있다. 조선 수군의 본진이 아니라 표류한 일부 함대, 15일 중군 이덕필이 보고한 내용이 사실로 확인되었을 뿐이다. 본진은 분명 회항해서 견내량을 지키고 있을 것이다. 17일에는 폭우가 쏟아졌다. 군관 송대립만이 말없이 이순신 옆에 앉아있다.

18일 우려하던 최악의 비보, 조선 수군의 전멸, 조선 함대의 궤멸이었다. 15일 자정 칠천량 외줄포에서 정박한 조선 함대와 거북선이 기습을 받아 모두 불타버렸다는 전언. 칠천도 서쪽의 형도와 칠천량 동쪽 일대를 뒤덮은 왜선이 근접거리에서 포위망을 좁혀오면서 조선 함대는 함포 사격거리를 잃고 야밤에 춘원포로 도주했지만 왜군의 연이은 도선으로 함대는 차곡차곡 불타버렸다는 것. 선전관 김식과, 통제사 원균, 순천부사 우치적은 배를 버리고 육지에 올랐지만 원균은 소나무 아래에서 왜군에게 포위되었고 생사를 알 수 없다는 것. 전라우수사 이억기와 충청수사 최호는 전사했다는 통지. 다만 경상우수사 배설과 안골포 만호는 살아있을 것이라는 추정. 조선 수군의 맹장 김완마저 실종되어 생사를 알 수 없는 처참한 지경. 조선함대를 태우는 연기가 칠천량을 덮었고, 왜선들은 조선 함대를 모조리 불태운 뒤 한산진을 향해 함성을 지르며 미친 듯 질주했다는 이야기. 형도는 한산도 반대편에서 견내량을 지키는 급소, 왜군은 견내량으로 향하는 퇴로를 사전에 차단, 칠천량에 포위망을 구축한 상태에서 조선 함대를 막다른 골목인 춘원포로 몰아갔던 것이다. 척후선도 없었다는 말인가, 후방으로 돌아드는 대규모 왜선을 놓치면서 승패는 결정이 나 있었다. 육군과 수군이 동시에 전개한 작전에 고스란히 걸려들었고 이제 광양, 순천, 구례, 남원으로 이어지는 전라도 방어선이 경각에 놓였다. 중앙인 남원이 뚫리고 뱃길이 열리면 전라도는 허리가 잘린 채 고사(枯死)된다.

여우 굴속에서 지친 호랑이가 자신의 살점을 모두 여우 떼에게 떼어 주었다. 한때 호랑이 굴이었던 한산진에는 이미 왜군이 넘쳐날 것이다. 사수 사노비 세손, 난손, 사수 백내은손, 방포장 정병 이난춘, 포병 김금동, 격군 어부 맛손, 격군 노비

부피 등 옥포 해전 이후 숱한 전쟁을 치른 정예들, 이들은 한산도 그물의 씨줄과 날줄이었고, 이억기, 김완, 그리고 군관들은 그물망의 중심을 이루었다. 그리고 정점에 서 있었던 통제사 원균. 경상부터 충청까지 조선 바다를 지키던 수군의 부챗살이 처음부터 끝까지 허망하게 불살라졌다. 중심축을 이루던 원균은 전사한 상태, 부채는 사북자리조차 남지 않았다.

도원수 권율이 이순신을 찾았다. 당혹감과 원균을 몰아붙인 죄책감이 서려있다. "일이 이 지경이 되었다. 어찌할까, 어찌할까."를 되풀이 하면서도 대책을 내놓지 못한다. 한두 마디 말로 대책이 세워질 수 있는 상황이 아니었다. 통제사 원균, 기어코 조선 수군을 사지에 몰아넣은 것이다. 이순신의 울음이 고통스런 신음에 가깝다.

그리고 이순신이 먼저 입을 열었다. 눈가에 맺힌 눈물과 달리 말은 차분하다.

"바닷가로 직접 가서 보고 들은 이후에 대책을 마련하는 것이 순서일 것입니다."

도원수가 실낱같은 희망을 품고 이순신의 손을 잡는다.

이순신은 송대립 등과 더불어 곧바로 삼가현으로 길을 잡는다. 오후에 삼가현감을 만나고 다음날 19일에는 단성의 동산산성에 오른다. 산성의 기세를 살핀 뒤 하룻밤을 머문다. 20일 쏟아지는 빗속을 달려 단성현감에게서 필요한 군수 물자를 조달받고, 낮에는 진주의 정개산성 아래 강정에서 진주목사를 만난다. 급격한 전황의 변화에 모두 놀라고 초조해 있었다. 21일 곤양에 이른 이순신은 군수 이천추를 만난다. 한가로이 보리밭을 가는 몇몇 농부가 눈에 띈다. 왜군이 다시 이곳을 짓밟는다면 보리는 피를 먹고 자라날 것이다. 오후에 노량에 이르러 거제 현령 안위, 영등포 만호 등을 만났다. 피난한 백성들과 병사들이 모여든다. 칠천량에서 도주한 경상수사 배설은 보이지 않았다. 다만 판옥선이 포구에 정박해 있었다. 하나하나 세어보는 이순신, 모두 12척이었다. 이순신은 이날 함대에서 밤을 지새운다. 봉창 밑에 주저앉은 이순신의 모습을 오랜만에 볼 수 있었다. 22일 배설을 만나 다시 전황을 들었다. 이미 알고 있는 내용 그대로 배설이 조선 수군의 전멸을 확인해 준다. 자신의 함대만 칠천량에서 먼저 빠져나올 수 있었다는 것이다. 이순신은 배설에게 함대를 이동시켜 회령포에서 만나자고 간곡하게 약속한 뒤 육지로 오른다. 아직은 군사와 군수물자가 터무니없이 부족했기 때문이다.

늦은 시간 남해 현령 박대남을 찾았으나 병색이 깊었다. 이순신은 곤양으로 말을 달린다. 23일 공문을 작성한다. 판옥선 12척이 살아남았다는 사실을 도원수에게 전한다. 송대립이 나는 듯이 말을 달린다. 이날은 진주에서 묵는다. 조방장 배흥립이 합류했다. 일대의 군수 물자와 인력을 회령포로 집결하도록 쉬지 않고 명령한다. 여의치 않았다. 아직은 백의종군의 처지, 수령들의 표정에 확신이 없다. 형벌로 다스릴 권한이 없다. 확신이 없기는 이순신도 마찬가지일 것이다. 26일 정개산성의 송정에서 진주목사 나정언과 대책을 숙의한다. 이순신은 여전히 군수물자의 집결과 이동을 명한다. 도원수가 보낸 군사들은 활과 화살도 갖추지 못했다. 훈련된 한산도의 수군과는 천양지차였다.

29일 남해현령 박대남이 찾아온다. 젊은 현령은 조정의 군령 없이도 군량과 장비를 기꺼이 이동하겠다는 다짐을 둔다. 비가 그치다 내리면서 오락가락 맴돈다.

8월

피난민과 어깨를 나란히 한 통제사

한가위, 한산섬 밝은 달

　1일에는 폭우가 쏟아진다. 3일 날씨는 개었다. 정개산성 인근의 한 민가에 선조의 통지가 온다. 삼도 수군통제사로 다시 임명하는 선조의 교지였다.

　"그대의 이름과 공적은 백성과 군졸이 모두 알고 있다. 그대를 간 것은 내가 현명치 못한 탓이다. 그래서 오늘 패전의 욕됨을 겪는다. 할 말이 없다, 어떤 말을 할 수 있겠는가. 어떤 말을 다시 할 수 있겠는가."

　통제사는 숙배를 하고, "알았다. 은혜에 감사한다."는 답서를 보낸 뒤 서둘러 하동으로 향한다.

　저녁에 행보역에 이르러 잠시 말을 쉬게 하고 자정에 두치에 이른다. 남해 현령 박대남은 길을 잘못 들어 강정에 있다는 전갈, 기다린 뒤 합류해서 상계동에 이르니 폭우로 물이 넘친다. 석주관을 지나 구례에 당도했으나 마을이 온통 비어있다. 적막 속에서 소리 없이 아우성치는 죽음의 공포가 묻어난다. 백의종군 시절에 머문 주인집도 이미 지리산으로 피신해 비어있다. 4일 섬진강가에서 통제사는 말먹이를 준다. 고산현감이 인사를 했지만 곡성현감은 동헌을 비운 상태, 현감이 도망치면서 마을도 텅 비어 있다. 통제사는 유령 같은 마을을 지난다. 옥과에 당도하자 비로소 길에 늘어선 피난민들이 절을 한다. 통제사는 말에서 내려 이들과 어깨를 나란히 하고 천천히 걸으면서 위로한다. 급박한 상황속에서도 초조함을 드러내지 않고 피난민을 다독인다. 몇몇 피난민이 통제사에게 수군에 합류할 뜻을 밝히면서 피난민의 공포가 조금씩 왜군에 대한 적의로 변해간다. 이어 통제사는 옥과현에 이르렀으나 현감 홍요좌는 병을 핑계로 나오지 않는다. 통제사를 따라 종군할 수 없다는 두려움을, 전령을 보내 참할 수 있다는 통제사의 군령이 누른다. 홍요좌가 그제야 나와 변명을 늘어놓는다.

7일 순천의 길거리는 피난민과 남원 방향으로 질서 없이 이동하는 병졸들로 북적였다. 왜군의 진격로를 끊기 위한 육군의 결사대일 것이다. 통제사는 이들에게 병장기 일부를 보충한다. 8일 새벽 순천의 부유창에 도착했다. 광양현감 구덕령과 나주판관 원종의, 옥구현감 김희온이 부유창 언덕에 숨어 있다 통제사를 보자 구치로 도망갔다고 한 피난민이 알려온다. 통제사는 전령을 보내 한꺼번에 잡아온다. 늘 피난민보다 앞장서 길을 잡는 조선의 현령들, 순천의 마을도 서서히 비어가고 있었다.

군수 창고에 불을 지르고 군사를 이끌어 간 전라병마절도사 이복남의 행선지는 알 수 없었다. 다만 의승병 혜희가 순천의 기물과 곡식을 차분하게 수레에 옮겨 담고 통제사를 기다린다. 혜희는 무거운 총통은 땅에 묻어 표지하고 장전과 편전은 병사들에게 나누어 주자고 건의한다. 통제사의 마음을 알고 있는 젊은 승병, 염치가 없지만 이들에게 수군의 재건을 또 한 번 의지해야한다. 의병장의 사령장을 건네는 통제사의 얼굴에 죄스러움과 안쓰러움이 동시에 묻어난다. 9일 낙안의 관사에 도착했으나 적막감만 감돌고 있다. 백성들만 울면서 음식과 술항아리를 바친다. 거절하는 통제사 앞에 절을 한 채 물러나지 않는다. 술항아리에는 절실한 눈물이 가득 고여 있을 것이다. 순천부사 우치적이 이날 통제사를 찾아왔다. 11일 군관 송희립이 합류한다. 13일에는 거제현령 안위가 도착하고 오후에 이몽구가 통제사를 찾았으나 통제사는 만나지 않았다. 칠천량에서 조선 수군이 패한 뒤 가족만 이끌고 도망갔다는 소문 때문이다. 사실 확인과 질책이 이어질 것이다. 14일 이몽구는 장을 맞고서야 합류를 허락받았다.

15일은 한가위, 통제사는 장수들과 식사를 마치자 보성 열선루에서 장계를 쓴다. 선전관 박천봉이 "수군을 폐지하고 육군에 합류하라."는 선조의 유지를 가져왔기 때문이다.

통제사는 "임진년부터 6년 동안 수군이 길목을 누르고 있어 왜적이 감히 전라도와 충청도를 곧바로 공격할 수 없었다. 지금 수군을 없애면 왜적은 이를 행운이라고 여겨 반드시 전라, 충청의 해안을 거쳐 한강에 이를 것이다. 이것이 가장 두렵다. 내가 죽지 않는다면 왜적은 우리를 업신여기지 못할 것."이라며 "신에게는 아직 12척의 함선이 있다."고 매듭 한다. 장계는 즉시 도성으로 향했다.

보성에 이르는 길목 길목에서 통제사는 제법 많은 군기물과 군량을 확보할 수 있었다. 뒤따르는 병사들도 100여명이 넘었다. 한가위 보름달이 뜬 열선루에서 통제사는 시 한수로 시름을 달랜다.

　　한산섬 달 밝은 밤에 수루에 홀로앉아,
　　큰 칼 옆에 차고 깊은 시름 하는 때에,
　　어디서 들리는 피리소리는 나의 애를 끊나니.

육지에서 떠올리는 한산진, 몸은 보성에 있지만 마음은 한산도의 수루에 가 있었다. 통제사에게 한산도 수군의 궤멸은 애간장이 끊어지는 아픔이리라.

316　　난중일기

보성을 거친 통제사는 17일에는 장흥 백사정에 도착했다. 관아는 텅 비어 있었고 장흥 아전이 군량을 훔치려다 통제사에게 잡혔다. 호되게 곤장을 때린 뒤, 통제사는 군량미를 추가했다. 18일 보성 회령포, 판옥선 12척이 무사히 정박해 있다. 수사 배설은 뱃멀미가 심했다는 핑계를 대며 통제사를 맞이하지 않았다. 19일 조정의 교서가 급박하게 당도한다.

"수군이 바다에서 적에 맞서는 것을 허락한다."는 것.

배설은 '터무니없는 조치'라며 정면으로 교서에 반발했다. "무모한 만용을 버리고 현실을 조금만 돌아보면 사태는 분명하다."면서 "수군을 버리고 육군과 합류하는 것이 병사들을 살리는 길"이라고 통제사에게 거듭 주장한다. 나름 일리가 있고 나아가 합리적인 현실 인식이었다. 10여척의 조선 함대와 수백 척의 왜선, 정예 수군은 모두 전사하고 급조된 수군 병사들, 칠천량의 패전으로 장수들마저 새파랗게 겁에 질려 있다. 이 교서는 어쩌면 죽음의 사령장인지도 모를 일이었다.

통제사는 묵묵히 숙배하고 교서를 받는다. 회령 만호 민정붕이 물건을 받고 자신의 함선을 피난민에게 팔아넘긴 죄로 곤장을 맞았다. 즉각 함대가 회수되면서 모두 13척, 통제사는 모든 함선의 정비를 명령한다. 바다에서 이 배만 가지고 적과 맞서 싸울 태세다. 통제사는 새롭게 정한 대장선에 대장기 및 명령기, 초요기, 독전기 등을 배치하도록 지시하고 이날부터 선상 생활을 시작했다. 판옥선의 선수에 그려진 귀신머리가 파도에 암울하게 흔들린다.

회령포구는 좁았고 해안은 사방에 노출되었다. 통제사는 20일 함대를 해남의 이진으로 옮겼다. 서쪽으로 다소 함대를 물린 것. 24일 함대는 다시 어란진으로 후퇴한다. 이제 병졸과 장수들은 왜선이라는 말만으로 동요한다. 25일, 당포의 어부가 소를 훔쳐 달아나면서 "적이 왔다."는 거짓 정보를 흘렸다. 군사들이 동요하고 공포가 진중을 휩쓸었다. 통제사는 거짓 정보를 알린 2명의 목을 베어 진중에 효수했다. 임진란 초기 죽음으로 죽음의 공포를 덮었던 통제사의 엄한 군령, 진중의 동요가 삽시간에 가라앉았다. 살기 위해 탈주하면 죽는다는 사실이 분명하게 공포되었다. 경상우수사 배설이 진중에 들어오면서 베어진 수급을 보고 주춤한다. 26일 적선이 이진에 나타났다. 여전한 탐색전, 그리고 칠천량에서 전사한 전라우수사 이억기의 후임으로 김억추가 합류했다.

이억기, 고조할아버지가 정종(定宗)의 열 번 째 아들 이후생(李厚生)인 종친의 후손. 17세에 무과에 급제한 뒤 북방 시절부터 통제사와 맺어온 인연이었다. 당포해전 이후 통제사와 함께 전란의 중심에 서 온 수군의 맹장, 왕실의 후손이라는 자부심과 책임감을 전쟁터의 선봉에 서는 것으로 증명했다. 통제사가 투옥되었을 당시 극진한 위로 편지와 함께 "수군이 멀지 않아 패배할 것이고 우리는 어느 바다에서 죽을지 조차 알 수 없다."고 탄식했다. 그가 곳곳에 보낸 구명편지 또한 통제사가 방면되는데 기여했을 것이다. 지난해 3월 꽃이 흩날리던 견내량 작전 기지에서 화해술을 마시던 풍경이 여전히 선명하다. 결국 죽음의 구덩이라는 사실을 알면서도 칠천량에서 기꺼이 죽음을 받아들였을 것이다. 향년 37세, 불혹(不惑)을 앞둔 나이였지만 무장으로서의 이억기는 이미 흔들림이 없는 불혹(不惑)의 경지였다.

배설은 김억추를 붙잡고, '이 마당에 해전을 벌이는 것은 자살행위'라고 토로한다. 김억추도 흔들리는 눈치다. 27일 통제사는 여전히 반발하는 배설에게 "피하고 싶다고 피할 수 있느냐."며 차분히 되묻는다. 배설은 대답이 없다. 이날까지 통제사는 23일 하루를 제외하고 모두 함선에서 숙식을 계속했다. 한산도 시절부터 통제사에게 익숙한 일이었다. 28일 왜선 8척이 공격에 나선다. 조선 수군에 대한 자신감, 나아가 얕보는 기세마저 감지된다. 10여척의 패잔병에 불과한 조선 함대, 조선 수군에는 죽음의 그림자가 드리운다. 배설은 싸우기도 전에 함대를 후진시킨다. 대장선이 지체 없이 선두에 나서고 소라나팔 소리와 동시에 공격기가 오른다. 이어지는 함포 사격, 철환이 날아가자 왜선은 주춤한다. 조선 수군의 함포망을 겉돌면서 수군 진영을 샅샅이 훑어본 뒤 빠르게 사라진다. 대장선을 포함해 모두 13척에 불과한데다 전의를 잃고 머뭇거리는 일부 함선의 움직임이 속속들이 간파되었을 것이다. 통제사는 이들을 따라 잡지 않는다. 일전을 치를 적의 본진이 아니기 때문이다. 초라한 조선 수군은 29일 서쪽의 진도 방향으로 다시 후퇴한다. 통제사는 분명 결전의 장소를 미리 염두에 둔 것처럼 보였다. 정해진 목표를 향해 조선 함대가 서서히 항진하고 있는지도 모른다.

30일 날은 맑았다. 판옥선 13척이 울돌목의 바로 앞, 벽파진에서 전투태세를 갖추고 있다.

9월

명량해전

죽고자 하면 살고, 살고자 하면 죽을 것이다

　1일부터 왜선의 출현이 잦아진다. 조선의 척후선도 바쁘게 움직인다. 맑고 고요한 포구, 깊어진 가을 하늘은, 언제라도 전면전이 터질 듯한 위태로운 분위기를 부추기며, 섬뜩한 공포감을 자아낸다. 2일 결국 경상우수사 배설이 진중에서 도망을 쳤다. 곧 다가올 전투와 죽음의 압박감을 이기지 못한 것이다. 장수와 병사들의 사기가 다시 한 번 얼어붙었다. 보슬비가 내리는 3일 통제사가 봉창아래서 하염없이 생각에 빠져있다. 4일 된바람이 거세게 불었다. 함진은 그대로 유지되었고 함선의 보수와 정비는 끝났다. 5일에도 큰 바람이 불었고 다음날 다소 가라앉았다.

　7일 왜선의 본격적인 움직임이 포착되었다. 군관 임중형이 "적선 55척이 나났고 이중 13척은 어란 앞바다까지 진출했다."고 알리며 경계가 한층 강화되었다. 오후 4시쯤 왜선 13척이 벽파진에 모습을 드러냈다. 조선 함대가 출항하자 왜선은 곧바로 회항한다. 바람과 조수 모두 함대의 동진을 가로 막았다. 통제사도 배를 물린다. 하지만 야간의 기습에 대비하라는 엄명이 떨어진다. 역시 한 밤중에 왜선이 함포를 쏘면서 공격해 왔다. 이미 칠천량에서 왜선의 야간 기습은 혁혁한 전과를 올린 적이 있었다. 하지만 이번의 조선 함대는 대응이 달랐다. 대장선이 선두에 나서 정확하게 함포를 날린다. 조금만 더 접근하면 곧 함포망의 사정거리, 하지만 왜선은 다시 사라진다.

8일 전선은 고요했다. 다만 전라우수사 김억추가 어젯밤의 야간 기습과 배설의 도주로 겁을 집어 먹은 듯 안색이 창백하다. 결국 이번 전투에서 선봉은 대장선이 맡을 것이다. 9월 9일은 중양절, 전쟁의 여귀를 달래는 제사는 없었다. 다만 통제사는 부체찰사 한효순이 가져온 군량미를 넉넉하게 풀고 제주에서 온 소 5마리를 잡았다. 가마솥이 펄펄 끓는다. 상중(喪中)에 있는 통제사가 병사들과 함께 자리해서 소고기 몇 점에 입을 댄다. 죽음을 목전에 둔 통제사와 병사들이 고깃국 한 그릇을 나누는 '작은 의식'에 숙연해 진다. 배설이 도망간 뒤 위태롭던 진중의 동요가 차분하게 가라앉았다. 통제사는 원칙을 중시했지만 또 다른 원칙과 충돌할 경우, 그것의 경중을 따져 최선의 방편을 선택하는 탄력적인 군인이었다. 어머니를 잃은 자식의 도리와 대규모 접전을 목전에 둔 장수의 전략 중에서 이날은 후자를 택했다. 이날부터 병사들에게 밥과 고기가 푸짐하게 지급된다. 전임 통제사 원균과는 전혀 다른 대우, 병사들은 최고 지휘관의 중요성을 실감한다. 이날 벽파진 인근 섬 감보도 근처에서 적선 2척이 나타났다, 사라지면서 부지런히 정탐을 벌였다.

13일까지는 소강상태, 14일 된바람이 거셌다. 이날 척후는 적선 55척이 어란에 포진하고 있다고 알려왔다. 또 왜군에게 포로로 잡혔다가 탈주한 중걸은 "조선 수군은 10여척에 불과하다. 수군을 모두 죽이고 한강을 거슬러 도성으로 간다."는 왜군의 말을 전해왔다. 통제사는 이날 벽파진 인근의 피난민들에게 수색병을 보내 "육지로 멀리 올라가라."고 당부했다. 수군의 패전에 대비한 조치였다. 모두 통제사만 믿고 따라온 백성들, 통제사도 승리를 확신하지 못하고 있었다. 수군이 패하면 이들은 왜군에게 일거에 도살될 것이다.

15일 함대는 마침내 전라우수영 앞바다, 명량의 좁은 해협인 울돌목에 포진했다. 경상수영 및 전라좌수영 앞바다를 모두 잃은 조선수군이 이곳을 최후의 길목으로 택했다. 통제사가 염두에 둔 결전의 장소였던 것이다. 이날 통제사는 장수들의 군기를 다 잡는다.

"죽고자하면 살고, 살고자 하면 죽는다. 한 사람이 길목을 막으면 천 사람도 막을 수 있다. 장수들은 살려는 생각을 버려라. 이를 어기면 군령으로 다스릴 것이다."

그동안 장수들을 다독이던 통제사의 어투가 아니었다. 결연하고 비장한 어조, 죽음을 정면으로 응시하라는 요구이다.

통제사는 16일 아침 사수와 포수, 격군을 합쳐 2,000여명도 채 되지 않는 병사들을 모아놓고 지난밤의 꿈 이야기를 한다. 반드시 승리한다는 신인의 계시가 있었고 대장선이 선봉에 선다는 것. 하지만 병사들의 얼굴에 드리운 죽음의 그림자를 걷어낼 수는 없었다. 다만 통제사와 죽음의 무게를 공평하게 나눈다는 사실은 분명했다.

이른 아침 적선 200여척이 명량으로 향한다는 첩보가 마침내 당도한다. 13척의 조선 함선 앞에 새까맣게 바다를 덮은 왜선들이 명량으로 거침없이 달려들었다. 지휘선인 아타케부네, 안택선(安宅船) 1척을 5척의 전투선 세끼부네(關船)가 둘러싼 22개 전투 단위로 편성된 함진, 여기에 2층 망루를 호화롭게 치장한 사령선이 중앙 선두에 나선다. 모두 133척. 그동안 전투에서 어느 정도 거리를 두던 사령선이 이번에는 최전방 중앙에 포진해 칠천량 해전 이후 왜군의 자신감을 드러낸다. 꺾어진 삼문자(三文字) 문양이 붉고, 흰 천에 새겨져 선상에서 요란하게 펄럭인다.

적에게는 순조류, 조선 수군에게는 역조류. 명량은 남해와 서해의 바다가 부딪치면서 하루에 2차례 조석 간만의 차이가 발생한다. 그 차이가 3~4m에 이르는

데다 조류의 유속이 급하게 뒤엉키며, 제 갈 길을 잃고 연쇄 충돌을 일으키는 험지였다. 선박이 운항하기 어려운 조선의 협수로 중 대표적인 장소, 그러나 적을 틀어막는 마지막 길목이다.

13척의 판옥선 중 역조류를 거스르며 대장선이 주저 없이 적진에 뛰어든다. 먹이를 노리는 승냥이처럼 왜 전투선 10여척이 순식간에 둘러싼다. 호화로운 2층 층루에서 전투를 지휘하며 고함을 질러대는 왜장 얼굴이 장루의 통제사에게 선명하게 보일만큼 가깝다. 임진년 이후 소극적인 해상 전투만을 벌이던 왜선이 아니라 승리를 확신한 대담한 공세다. 판옥선의 화포가 곡사에서 직사로 순차적으로 조정되면서 사거리가 점점 짧아지고, 지자, 현자총통이 쉴 새 없이 왜선을 향해 불을 뿜는다. 이어 명량해협 양옆 해안과 능선에서도 총통이 철환을 쏟아낸다. 해안의 백성들은 대장선과 지척의 거리에서 고함을 지르고 깃발을 흔들며 수군의 전투 결과에 온전히 생명을 내맡기고 있다. 선두에서 달려들던 왜선이 십자포화의 한 가운데 놓이면서 갑판이 날아가고 옆구리에 구멍이 뚫려 순식간에 균형을 잃는다. 대장선에서 발사된 화살과 편전이 비 오듯 왜선에 떨어진다. 불붙인 짚단이 가세하자 화염이 뒤덮는다. 한 무리를 떨어내면 그 틈을 비집고 다른 배 서너 척이 다시 대장선을 에워싼다. 판옥선보다 낮은 왜의 전투선, 왜병은 도선을 위해 끊임없이 판옥선에 기어오른다. 갑판에 갈고리와 손이 보이는 순간, 칼날과 도끼가 사정없이 내려친다. 뱃전에는 잘려나간 왜군의 손가락이 살아서 꿈틀거린다. 수군의 긴 창이 왜군의 가슴을 사정없이 파고들자, 뒤를 이은 승병의 푸른 낫이 왜군의 목을 잘라낸다. 도선에 성공한 몇몇 왜군은 긴 창의 대오에 속절없이 목숨을 내주고 있다. 조총 연기가 대장선을 덮었지만 총통이 불을 뿜으며 진압한다. 단거리에서 적중된 총통의 철환은 왜선을 관통하면서 단 한발만으로도 치명타를 입힌다. 여기에 해안가 총통이 정밀하게 왜선을 가려내 철환과 대장군전을 적중시키다. 일단 기울어진 왜선은 판옥선의 먹잇감, 하지만 빈틈으로 왜선은 끊임없이 대장선에 붙는다. 도선과 동시에 조선 수군을 모조리 베어버리겠다는 사나운 기세가 도무지 수그러들지 않는다. 조선 수군도 좀처럼 멈추지 않는 왜선의 돌격에 점차 질려가고 있다. 여전히 대장선을 서너 겹으로 둘러싼 왜선들, 균형이 깨지면 대장선은 적들의 살육장소가 될 것이다. 통제사가 지휘소인 장루에서 갑판으로 내려간다.

"적의 배가 수천척이라도 우리 배를 이길 수 없다. 정성을 기울여 적을 쏘라."며 차분하게 병사들을 다독인다. 통제사는 철환에 맞고 전사한 노비 계생의 피 묻은 죽궁(竹弓)을 잡는다. 쇠고랑을 걸어대며 도선하는 왜군들을 향해 화살을 날린다. 부단한 훈련으로 다져온 명궁의 솜씨, 흑각궁이 아니더라도 한 전(箭), 한 전(箭), 바람을 가를 때마다 여지없이 왜병이 고꾸라진다. 힘을 얻은 조선 수군의 수마석과 철퇴가 다시 왜군의 머리를 향해 날아가고 기어오르던 왜군의 투구를 단번에 조각내 버린다.

다른 판옥선들은 조류에 밀려나가는 듯 전진을 멈춘 상태, 울돌목 입구에서 제자리를 맴돈다. 숱한 실전 속에서 생사를 오갔던 녹도만호 송여종조차 멈칫거린다. 죽음의 공포와는 또 다른, 참혹한 칠천량 패퇴의 상처가 아물지 않은 것이다. 통제사는 가장 가까운 중군장 미조항첨사 김응함의 함선을 향해 호각을 불고 초요기를 세운다. 서서히 김응함의 배가 오고, 거제 현령 안위의 판옥선이 먼저 당도한다. 통제사는 안위를 향해 뱃전에서 외친다.

"안위야, 네가 군법에 죽고 싶으냐, 도망가면 조선 땅 어디 가서 살 것이냐."

병사들을 격려하던 눈길과 확연히 다르다. 장수의 책임을 다하라는 매서운 눈에 살기가 서려있다.

'살려하면 죽을 것', 통제사의 군령이 안위와 수군의 머리를 때렸을 것이다. 안위의 배가 비로소 적진으로 돌격한다. 왜선 2척이 안위의 배에 거칠게 부딪히면서 수군 7~8명이 충격으로 균형을 잃고 바다로 떨어진다. 왜선은 뱃머리가 꾕음을 내며 갈라진다. 안위의 배에서 화포가 불을 뿜는다.

이어 통제사는 김응함을 부른다.

"너는 중군장으로 멀리 도망쳐 대장선을 구하지 않으니 당장 처형할 것이다. 하지만 싸움이 급하니 먼저 공을 세우라."

통제사의 고함이 뱃전에 쩌렁쩌렁 울린다. 김응함의 배가 전진하자 왜선 서너 척이 순식간에 둘러싼다. 안위의 배에 왜군의 도선이 급박하게 전개된다. 왜군들이 개미떼처럼 판옥선에 매달리고 갑판에서 칼날이 번득이기 시작하자 대장선이 안위의 배로 들이 닥친다. 인접한 왜선 한 척이 뱃머리에 찍히면서 곧바로 깨어지고 갑판의 왜군들이 물속으로 떨어진다. 녹도만호 송여종, 평산포 대장 김응두의 배가 줄지어 전투에 가세한다. 안위의 배를 포위한 왜선 세척이 모두 가라앉고 있다. 도선한 왜군은 화살이 빗발치자 바다로 뛰어든다. 겹겹이 호위하던 전투선이 차곡차곡 침몰하면서 사령선인 왜대선이 드디어 빈틈을 허용한다. 사방에서 울리는 총통 소리, 조선 수군의 철환과 대장전이 소나기처럼 쏟아진다. 왜대선이 벌집처럼 구멍 난 채 2층의 층루가 바다에 눕고 화려한 휘장을 바닷물이 삼킨다. 안골포에서 투항한 왜군 준사가 붉은 비단으로 치장한 갑옷을 입고 바다에서 허우적거리는 왜군 장수를 가리켜 '마다시'라고 급박하게 외치자, 사수 김돌손이 활을 내려놓고, 갈고리를 던져 왜장의 몸을 찍어 끌어 올린다. 마다시는 산 채로 토막토막 잘려 머리는 대장선에 걸린다. 해안과 바다에서 동시에 함성이 터진다. 사나웠던 왜군의 기세가 점차 수그러들고 있다. 조선 수군과의 전면전이 어떤 의미였는지를 비로소 기억해내면서 주춤거린다. 전세는 조선 수군에게 기울어 갔다. 마다시의 목은 이미 통제사의 대장선에 걸려있다. 13척의 판옥선이 이번에는 촘촘한 일자진을 유지한 채 남아 있는 적선으로 돌진해 간다.

　명량해협에서 실제 배가 항해할 수 있는 수로는 그 폭이 100m 남짓하다. 100여척의 왜선이 동시에 덤벼들 수 없는 구조, 한척의 배에 서너 척이 달라붙을 뿐이었다. 10대 1의 군세였지만 실제 전투에서는 3대 1수준이었던 것. 함포로 무장한 단단한 판옥선은 3척의 왜선을 충분히 감당해 내고 있었다. 통제사가 울돌목을 택한 이유를 이날의 전투 양상이 검증해 주고 있다.

　화포 소리가 명량 해협에 끊임없이 울리고 해안가에는 "멀리 도망치라."는 통제사의 당부에, 오히려 육지에 포진한 수군을 돕는 일로 화답한 백성들의 함성소리가 가득하다. 주춤거리며 회항하던 왜선 10여척이 순식간에 파괴되면서 바다가 왜선의 잔해와 왜군의 시체로 메워진다. 헤엄치는 이들의 등을 갈고리가 사정없이 내리 찍는다. 기울어진 왜선 한척은 고슴도치가 되어 있다. 짚단과 불화살이 마지막 숨통을 끊는다.

　깨지거나 불에 탄 왜선은 모두 30여척, 오후 들어 조류가 바뀌면서 이 잔해들이 남아있는 왜선들을 덮친다. 이번에는 조선 수군의 순조류, 왜선들이 서둘러 뱃머리를 돌린다. 화포는 포망을 벗어날 때까지 왜선에 떨어지며 서너 척을 더 잡아낸다. 하늘이 도운 기적 같은 승리, 하지만 조선 수군이 명량으로 연일 후퇴하는 과정은 의도된 유인작전임이 분명했다. 왜군은 칠천량 해전의 승리에 취해 있었다. 13척을 한꺼번에 쓸어버리고 도성으로 가려던 왜군의 작전은 이렇게 무산되었다.

　우수영 맞은 편 포구에 정박했던 조선 함대는 이날 저녁 사나운 명량해협을 유유히 빠져나와 당사도에 정박했다.

　조선 함대는 17일부터 북진을 계속했다. 여오을도, 칠산도, 법성포, 고참도를 거쳐 21일 고군산도에 도착한다. 육지는 이미 왜군의 침범으로 불타거나 황폐해졌고, 피난민들은 셀 수 없을 정도로 배를 타고 바다로 나왔다. 조선 수군이 거짓말처럼 부활했다. 백성들은 쌀과 음식을 기꺼이 나누었다. 그리고 수군에게 안전을 보장받으며 바다에서 피난 대열을 이루고 있었다. 육지의 왜군은 해안가로 나올 엄두를 내지 못했다. 해안선을 따라 시위하듯 총포를 쏘아대는 조선 수군의 배를 멀리서 바라볼 뿐이다. 고작 13척, '저들에게 수백 척 아군의 길이 막혀 북상마저 포기했는가.'라는 어처구니없는 심정이었으리라.

27일 군관 송한 등이 승첩 장계를 가지고 명량에서 패했다면 왜군이 올라갔을 뱃길을 통해 한양으로 향했다. 장계에는 대장선에 탔던 순천감목관 김탁과, 통제영의 종 계생 등 왜병의 철환과 칼에 희생된 십여 명의 명단이 한 명도 빠짐없이 올라있다. 13척의 조선함대는 건재했다. 왜선은 31척이 침몰했고 수십 척이 반파된 상태도 도주했다. 사상자만도 오천여명에 이르는 것으로 알려졌다.

이 무렵 진도의 마을 사람들이 조류에 떠밀리어 온 왜군 시신 수백 구를 바다에서 건져내 양지 바른 언덕에 묻어주었다는 소문이 진중에서 돌았다. 수군들은 동요하지 않았다. 조선 백성을 살육하던 적들, 그러나 죽은 자에게 관대한 조선의 풍습이었다.

10월

통곡, 셋째 아들 면

강막지의 소금

1일 추위가 성큼 다가온다. 바닷바람이 제법 매서운 기운을 품고 있다. 병조에서 공문이 내려왔다. 통제사의 고향 아산이 적에게 불타 버렸다는 불길한 소식이었다. 다음날 통제사는 맏아들 회를 아산으로 보낸다. 시름이 가득하다. 아내와 아이들의 모습을 떨칠 수 없었을 것이다. 왜군은 정유년에 재침략을 하면서 극도로 잔인해졌다. 약탈을 위한 살육이 아니라 모두 살육한 뒤 조선 땅을 약탈하겠다는 짐승의 기세였다. 전라도의 한 마을에서는 등과 뒤통수에 조총을 맞은 여인과 아이 수십 명이 떼 지어 발견되었다. 그리고 모두 코가 없었다. 왜군이 도망치는 아이와 피난민의 등 뒤에서 발포를 한 것이다. 전쟁터는 살인마로 덮여 있었다.

3일 출항해서 인근 해역을 둘러본 통제사는 다시 법성포로 돌아온다. 육지를 점령한 왜군의 협공을 피하면서 한양으로 가는 수로를 막는 임시 수군 진영이 다시 탄생했다. 6일에는 눈비가 흩날리고, 7일에는 호남에서 왜군이 철수했다는 소문이 들린다. 출항한 함대는 9일 전라우수영 앞바다에 이르렀다. 인가는 모조리 시커멓게 불타고, 쑥대밭이 된 우수영과 인근 마을에는 인적마저 끊겨 귀기가 감돈다. 지난해 윤8월 통제사가 본 정갈하고 평화롭던 우수영과 마을은 온데간데없이 사라졌다. 우수영 연못 곳곳에는 이미 백성들의 시신이 가득할 것이다. 이어 도착한 척후선은 왜군이 해남에 진을 치고 있다고 전한다.

10일 된바람을 헤쳐 온 척후선이 해남의 왜군들이 철수하고 있다고 전한다. 적막한 우수영에 우후 이정충이 당도했지만 통제사는 만나지 않는다. 도주한 군인, 대가를 치르기 전에는 합류시키지 않을 것이다. 11일 해남 일대가 연기로 뒤덮인다. 왜군들이 이 지역을 불태우고 동쪽으로 퇴각하고 있다는 신호로 보인다. 왜군의 바닷길이 틀어 막히면서 전황이 급변하고 있다. 통제사는 명량을 통과해 배를 발음도에 정박시킨다. 섬의 정상에 올라 지형을 살핀다. 동쪽은 다른 섬으로 막혀 있지만 북쪽은 나주 방향으로 트여 있다. 서쪽은 비금도가 감싸고 있는 포구, 주변이 섬으로 둘러싸여 언제라도 왜선의 길목을 막을 수 있는 장소였다. 저녁에는 따뜻한 봄 날씨 같은 기운에 물안개가 피어올랐다. 통제사는 여전히 봉창을 찾는다.

12일 비가 온다. 가리포첨사와 장흥부사 등과 더불어 작전을 숙의한다. 13일 조방장 배흥립이 도착하고 기다리던 척후선이 해남의 상황을 세세하게 전한다. 지난 7일 조선 함대가 해안 일대를 돌면서 왜군이 대부분 철수했다는 것. 그런데 아전과 노비 등이 왜군과 내통해서 조선 백성을 살육했다는 첩보가 이어졌다. 통제사는 순천부사 우치적 등 장수들을 해남에 급파한다. 이날 통제사는 우후 이정충을 처벌하고 수군 합류를 비로소 허락했다. 빈틈과 예외가 없다. 잘잘못은 반드시 가리는 성격, 이후 포용하고 받아들인다. 선전관이 법성포로 들어왔다는 소식도 도착한다.

14일, 통제사는 밤잠을 설친 눈치다. "말을 타고 묘지를 끝없이 지나가다 말이 발을 헛디디면서 냇가에 떨어졌는데, 막내 아들 면이 자신을 끌어안고 있었다."는 꿈. 장수들이 애써 길몽이라고 위로하지만 통제사는 초조함을 감추지 못했다.

이날 저녁 아산에서 편지가 도착했다. 둘째 아들 열의 글씨다. 겉봉에 쓰인 '통곡(慟哭)', 제장들은 사태를 직감한다. 통제사는 봉투를 뜯지 못할 정도로 손을 떨었다. 편지를 미처 읽기도 전에 통제사가 창백한 얼굴로 허공을 바라본다. 날카로운 안광(眼光)이 서리던 눈매가 초점을 잃었다. 셋째 면의 부음, 시간이 멈춘 아버지 가슴에 영원히 아물 수 없는 상처가 새겨지고 있다. 삶을 엮어주던 모든 끈이 잘리는 순간 편지 한 장의 무게조차 가누지 못한다.

제장들이 조용히 군막을 나가 도열한 뒤 입구를 통제한다. 하늘을 보며 눈물을 훔친다. 장수들의 머릿속에도 군영을 오가던 면과, 자기 자식들의 얼굴이 스쳤을 것이다. 결국 인간의 의지로는 막을 수 없는 아버지의 통곡이 새어 나온다. 하늘이 무너지는 부모의 죽음 천붕(天崩), 창자가 마디마디 끊어지는 자식의 죽음 참척(慘慽), 통제사는 이것을 모두 정유년에 겪었다. 전란은, 부모가 먼저 세상을 떠나는 당연한 이치마저 어지럽혀 놓았다. 이제 갓 20살, 언젠가 한산진을 찾았던 막내아들이 떠난 뒤 폭풍우가 일자 통제사는 숙소와 망루를 오가며 밤잠을 이루지 못했다. 지난해 여름 한산진 과거에 응시하러 왔던 셋째 아들의 기억이 선연하다. 그리고 형과 조카들 사이에서 아버지에게 받은 군마를 달리며 활을 쏘던 앳된 얼굴이 점차 희미하게 사라진다. 통제사가 아들 면의 얼굴이 기억나지 않는 듯 머리를 움켜쥔다. 우물가의 점심식사, 통제사의 옆자리는 면의 몫이었다. 아버지가 아껴 건네주는 반찬을 면은 묵묵히 받았다. 아버지의 사랑이기 때문이다.

"하룻밤이 일 년 같다. 오늘밤이 일 년 같다."

"네가 죽어 나를 살린 것이냐."

"면아, 나를 버리고 어디로 갔느냐. 내 죄가 네 몸에 닿았느냐."

통제사의 고통이 방향을 돌려 자책으로 치닫는다.

15일 비바람이 불었다. 척후선만 부지런히 오간다. 통제사의 모습을 좀처럼 보기 힘들었다. 수군진은 무서울 만큼 고요했다. 16일 통제사는 소금 굽는 염한, 강막지의 집으로 간다. 운주당에서 제장들에게 더 이상 눈물을 보이고 싶지 않은 듯 평소에 스스럼없이 지낸 천민의 집에 몸을 숨긴다. 한산도 시절, 강막지는 하루에도 몇 섬의 소금을 구워내는 장인이자 군인이었다. 통제사는 핀잔을 들으면서도 틈틈이 강막지와 소금을 구웠다. 불치하문(不恥下問), 배움에 위아래는 없다. 강막지가 아무 말도 없이 술상을 보고 소금으로 간한 데친 나물 몇 가지를 내온다. 참기름은 섞지 않는다. 통제사가 상중이라는 사실을 잘 알고 있었다. 희미하게 남은 간수의 쓴 맛이 세상살이를 닮아 있는 강막지의 소금.

17일 부음 나흘째, 아들 면의 입관은 벌써 끝났을 것이다. 통제사가 새벽에 향을 피우고 상복을 입는다. 자식의 죽음을 받아들이기 시작한 것이다. 이어 전라우수사 김억추와 군사회의를 열면서 운주당과 수군진이 조금씩 활기를 되찾는다. 19일에는 거제 현령, 녹도 만호 등 장수들이 연이어 통제사를 찾는다. 20일에는 염전에 감독관이 파견되고, 21일 무안현감 남언상이 질책을 받는다. 수군이 위기에 몰리자 도주했으나 명량 승첩이 전해지자 다시 나타났다. 통제사는 가리포 함선에 가둔다. 이날 포구에 눈비가 뒤섞여 내렸다. 통제사는 격군들의 옷을 살핀다. 겨울을 날 수 없을 정도로 초췌하다. 한산진을 빼앗기면서 솜과 면 옷, 갈무리한 군복을 모두 잃었다. 통제사가 착잡한 표정을 감추지 못한다. 시선은 젊은 격군에게 멈춘다. 아들 면의 나이 또래, 어머니가 지은 솜옷을 벗어 준다. 담담한 표정이었다. 23일 왜군에게 부역하며 조선 백성을 해친 윤해와 김언경이 처형되었다. 왜군에게 점령되면서 갈피를 잡지 못했던 민심을 바로 잡아간다. 그리고 어쩔 수 없이 아들 면에게 선물했던 말이 떠올랐을 것이다. 이날 통제사는 말발굽의 편자를 가는데 온통 열중한다.

24일 조정에서 우후 이몽구를 처형하라는 전갈이 내려온다. 통제사는 그 명을 시행하지 않는다. 이미 처벌을 내리고 전선에 서서 공을 세웠기 때문이다. 이날 명나라 수군이 강화에 도달했다는 전갈이 도착한다. 이어 남언상을 잡아갈 선전관이 도착했다. 25일 아산에서 도착한 편지, 통제사는 뜯지 못하고 한 쪽에 내려둔다. 아들 면의 장례 소식일 것이다. 선전관이 선조의 유지를 건네자 대신 펼친다. 명나라 수군의 정박지를 미리 정해 달라는 것이었다. 27일에는 군관으로 임명된 영광군수 전협의 아들 전득우가 홍시 1접을 들고 통제사를 찾았다. 통제사는 손을 부여잡고 "아버지를 잘 모시라."고 당부한다. 28일 염전에서 일하는 거질산이 큰 사슴을 잡아 통제사에게 바쳤다. 통제사의 건강을 염려하는 한 천민의 진심이 느껴진다. 통제사는 모두 군관과 병사들에게 나누어 주고 고기에 입을 대지 않는다.

29일 통제사는 인근 해역을 둘러본 뒤 보화도에 정박한다. 겨울바람을 막을 수 있고 함대를 감추기에 유리한 천혜의 요지, 섬 안을 둘러 본 통제사가 진을 치고 누각을 세울 장소를 지정한다. 새로운 통제영 터가 지목되자 황득중이 목수들을 이끌고 섬의 북쪽 봉우리에서 부지런히 나무를 베고, 재목을 다듬는다. 장수들이 연이어 찾아와 통제사의 강건한 모습에 기뻐한다.

통제사는 30일 전란을 틈타 한 선비 집 처녀를 강간한 군졸의 목을 벤다. 보화도의 백성들은 이제 조선 수군을 조금씩 믿고 의지할 것이다. 백성의 협력이 없으면 수군은 전투를 할 수 없다.

11월

젊은 왜병의 수급

명나라 장수의 붉은 비단

1일 비를 동반한 된바람이 잠을 이룰 수 없을 정도로 대장선을 흔들었다. 통제사는 봉창에서 어둠이 밀려든 바닷가를 바라보고 서 있다. 물살에 사슴 가죽 2장이 떠밀려온다. 잘 말려 손질해두라고 지시한다. 명나라 수군 장수들에게 선물로 주겠다는 것.

2일부터 보화도는 군막과 통제영, 누각을 짓는 일로 부산스러웠다. 통제사는 대장선과 수군진의 집터를 오가며 보화도의 작업을 감독하는데 여념이 없다. 새 터에 통제영 건물의 골격이 세워진다. 통제사는 새벽에 대장선을 나서 한밤중에 판옥선에 오른다. 일에만 하염없이 집중한다.

3일에는 선전관 이길원이 도망친 배설을 잡기 위해 보화도를 찾았다. 하지만 배설은 이미 성주의 본가에 있다는 소문, 선전관이 일부러 배설에게 여유를 주고 있다는 느낌을 지울 수 없다. 마침 날씨가 봄날과도 같아 작업은 빠르게 진척되었다. 5일에는 영암군수 이종성이 찾았다. 밥 서른 말이 지어져 인부들에게 돌아간다. 군사들의 먹을거리가 전임 통제사 시절과는 판이하게 다르다. 이종성은 쌀 200섬과 중벼 700섬이 마련되었다고 보고 한다. 중벼를 타작하면 모두 500섬 이상의 군량미가 마련된다. 가을 추수가 마무리 되면서 군량 사정에 숨통이 트인다. 보성군수와 흥양현감이 군량창고를 짓는데 힘을 보탠다. 도륙당한 육지의 땅, 그 틈에서도 곡식은 자라고 있었다.

6일에도 통제사는 새벽부터 배에서 내려 통제영, 군막, 누각, 망루, 군량 창고를 짓는 보화도 곳곳을 살피고 다닌다. 통제영 지붕에 짚단이 깔리고 이엉이 이어진다. 군량창고도 벌써 골격을 갖추고 있다. 장수들도 나무를 베고 다듬고 세우는데 빠짐없이 나선다. 7일에는 해남의 의승병이 왜군에게 빼앗은 환도를 가지고 왔다. 통제사는 반갑게 선물을 받으며 공을 치하했다. 전 홍산현감이 찾아와 벼 40섬과 쌀 8섬을 보탠다. 이날 전라좌수영에서 박주생이 왜군의 수급 2개를 가져왔다. 젊은 왜병의 수급을 바라보던 통제사의 표정이 하얗게 굳는다. 군관 송희립이 조용히 수급을 치웠다. 밤늦게 판옥선에 오른 통제사는 자정쯤 아들 면의 이름을 부르다 온 몸이 식은땀으로 젖어 깨어난다.

8일에는 통제영의 벽에 진흙이 발라진다. 대청이 놓이면서 거의 완성 단계에 접어들었다. 10일에는 된하늬바람이 거세게 불어 함선이 흔들렸다. 그리고 우후 이정충이 장흥에서 접전을 벌이고 돌아와 왜군이 철수하기 시작했다고 알린다. 피묻은 철릭을 입고 통제사 앞에서 머리를 조아린 채 눈을 마주치지 못한다. 도주한 죄의식이 남아 있었다.

11일에는 평산포의 새 만호가 부임 인사를 하고, 조방장 배흥립 등이 통제사를 만났다. 14일에는 남해현감 유형이 윤단중에 대한 이야기를 한다. 파도로 뒤집힌 피난민 배에서 사람을 구하지 않고 물건만 빼앗았다는 것. 통제사는 윤단중을 중군선에 가두었다. 곧 사실 여부를 파악할 것이다. 15일 마침내 새로운 통제영이 완성되었다. 통제사는 대청에서 사람들을 맞이하고 공무를 보고 있었다. 16일에는 명량해전의 승첩에 대한 조정의 포상내용이 전달되었다. 거제현령 안위는 정3품 통정대부로 나머지는 순차적으로 승차되었다. 통제사는 승차대상에 빠졌다. 다만 은 20냥이 내려왔다. 통제사는 장수들의 승차를 일일이 전하며 명량 전투에 대한 고마움을 표시한다. 내려온 은자는 시급한 군수물자를 사는데 다소나마 도움이 될 것이다.

명나라 장수 경리 양호는 붉은 비단 한 필을 선물로 보냈다. 명나라 사람들에게 기적 같은 상서로움과 생명력을 상징하는 붉은 색, 액운(厄運)을 쫓고 행운을 불러 들인다고 굳게 믿으며 한나라 고조 유방은 스스로를 '붉은 황제의 아들(赤帝之子)' 로 일컬었다. '붉은 황제'는 군신 치우천황, 전란의 신을 상징하는 붉은 색을 명나라의 자부심인 비단에 물들여 보내온 것이다. 명량의 승전에 대한 양호의 놀라움과 감격을 엿보게 한다. "통제사의 배에 이 붉은 비단을 걸어주고 싶지만 멀어서 할 수 없다."는 서신이 포함되어 있었다.

여기에는 남원성 전투의 패전에 대한 설욕의 감동도 담겨 있을 것이다. 지난 8월 남원에서 명나라 부총관 양원의 병사 3,000명과, 전라병사 이복남이 이끄는 조선군 1,000여명은 사흘에 걸친 격전 끝에 결국 남원성을 내주고 말았다. 조명 연합군과 남원 백성 만여 명이 참혹하게 죽어갔다. 8월 한가위 달빛 속에서 왜군이 결국 도성에 성공한 것. 왜군은 이날 백성을 한 명도 생포하지 않고 모두 살육했다. 시체가 모래알처럼 남원성을 메웠다. 이 전투에서 강진 사람 황대중도 전사한 것으로 알려졌다. 임진란 이듬해인 계사년 7월 절뚝거리는 두 다리를 끌고 걸망포에 정박한 대장선을 찾아 진주성 함락 소식을 알리며 좌수사와 함께 통한에 빠졌던 인물. 이후 의병의 신분으로 통제사를 도우면서 절뚝이는 한 쪽 다리는 부모를 모시는 '효건(孝蹇)', 다른 쪽 다리는 나라를 받드는 '충건(忠蹇)'이라 해서 양 거당(兩蹇堂)이라는 호로 불리었다 통제사가 한양으로 압송된 뒤 수군을 떠나 유지에서 의병활동을 벌이다, 이복남과 함께 남원성에서 산화한 것이다. 남원성 전투로 육지의 전황은 걷잡을 수 없이 무너져 내렸다. 그리고 9월 조선 수군이 왜군의 바닷길 진격을 끊었다.

명나라 장수의 붉은 비단 옆에는 유성룡의 편지가 동봉되어 있었다. 한 글자, 한 글자마다, 극진한 조의가 담겨 있다.

17일에는 면사첩 한 묶음이 도착했다. 죽음을 면케 해준다는 임금의 약속, 칠천량 해전 이후 도주한 수군들을 불러 모으는데 요긴하게 쓰일 수 있다. 20일에는 완도에서도 왜군이 보이지 않는다는 임준영의 보고, 그리고 22일에는 장흥에서 왜군의 잔적을 모두 소탕했다는 소식이 연거푸 들린다. 통제사는 23일 장흥에서 활약한 장수들에 대한 장계를 작성했다. 살얼음이 얼기 시작한 이날 밤, 통제사는 차마 할 수 없어 미루었던 일 한 가지를 시작했다. 아산의 집에 편지를 쓰는 일, 셋째 아들 면의 장례 이야기. 장계와 달리 편지는 한밤이 지나도록 써내려 가지 못한다.

눈과 비가 섞여서 몰아치다, 29일에는 맑았다. 명나라 유격 마귀의 차관 왕재가 "물길을 따라 명나라 군사가 내려온다."는 소식을 전했다. 조선 수군에 명나라 수군이 더해지는 것이다. 왜군이 서해의 수로를 따라 올라가면 명나라 해안도 고스란히 노출될 수밖에 없는 현실, 그들은 조선의 바다를 전쟁터로 선택한 것이다. 통제사는 명나라 바다의 백성들에게도 은인이었다.

12월

상중의 고기반찬

한겨울, 보화도에 울리는 목탁 소리

1일 날은 맑고 따뜻하다. 경상수사로 입부 이순신이 합류했다. 임진년 정월 좌수사와 방답첨사로 맺은 인연이 계속되고 있었다. 따뜻하던 날씨는 4일부터 얼어붙기 시작했다. 5일 지난 전투에서 공을 세운 장수들에게 상과 직첩이 내려졌다. 격군을 모으고 함선을 건조하기 위해 군관들이 함평과 진도, 광주 무안 등지로 연일 파견되었다.

5일 도원수 권율의 군관이 선조의 유지를 가져온다. 커다란 궤짝이 하나 들려있다.

"선전관이 전하는 말에 따르면 통제사가 상중이라 해서 고기와 생선을 먹지 않으니 건강이 걱정이다. 간절한 사정은 이해하지만 나라의 상황도 어지럽다. 장수가 전쟁터에서 거친 음식만을 먹어 기력이 없으면 용기도 사라질 수밖에 없으며 이는 예를 실천하는 현실적인 방안이 될 수 없다. 예에는 원칙과 방편이 있고, 상황에 따라 꼭 원칙만을 고집할 수는 없는 만큼 경은 소찬에 더해 방편을 좇으라."는 전교.

궤짝에는 고기가 가득 들어 있었다. 통제사 얼굴에 감격인지, 슬픔인지 알 수 없는 우울함이 깃든다. 고기의 대부분은 군사들에게 나누어지고 염한 강막지와 거질산의 처소에도 전해진다.

맑은 날씨와 눈보라가 교차하는 12월 중순, 조카 해와 아들 열이 통제영을 가끔 오가고 통제사는 배를 건조하는 곳에서 한시도 눈을 떼지 못한다. 조방장 배흥립과 경상 수사 이순신은 병력의 충원과 수군 진영의 재정비를 위해 분주하게 뛰어다녔다. 23일에는 순찰사 황신이 수군진에 도착할 것이라는 전갈이 왔다.

25일 아들 열이 되돌아갔다. 셋째 면을 잃은 부인의 병환이 깊어지고 있었다. 퍼붓는 눈발 속에서 아들과 작별한다. 보화도와 바다가 온통 잿빛이었다. 그리고 이날 순찰사 황신이 도착했다. 장수들이 곧바로 모여 수군의 재건에 대한 논의를 한다. 통제사는 바닷가 19개 고을을 수군에 전속시켜 달라고 요청했고 순찰사는 흔쾌하게 받아들인다. 인력과 물자 보급이 원활해질 것이다. 27일까지 진중과 선소 등을 부지런히 오가며 황신은 수군을 돕기 위한 방안을 함께 골몰하는 모습이다. 명량해전의 승첩은 육군의 생각을 돌려놓았다.

29일 승려 두우가 백지와 상지를 가져와 의승군의 동향과 육지 소식을 알린다. 의승군은 통제사에게 늘 자식 같은 군사들, 통제사의 온화한 눈가에 눈물이 어린다. 두우가 나지막이 염불을 하고 있다. 통제사의 어머니와 셋째 아들 면, 그리고 전쟁터를 떠도는 모든 혼백이 극락왕생하기를 기원하는 시다림(屍茶林)의 지장정근이 한동안 보화도에 울려 퍼졌다. 통제사가 슬픔을 다소나마 덜어 낼 수 있었는지 불경소리에 빠져든다.

30일은 입춘, 눈보라가 치고 추위는 더욱 기승을 부렸다. 요동치던 정유년의 마지막 그믐, 조선백성과 통제사에게 유독 가혹했던 한 해가 저문다. 경상수사 이순신, 조방장 배흥립 등 장수들이 연이어 통제사를 찾아 인사를 올린다. 통제사는 담담히 인사를 받으면서도 얼굴에 슬픔이 가득 고여 있었다.

1598년
무술년

1월

귀신 머리를 흔드는 판옥전선

조명 연합 수군의 새로운 집결지

무술년 새해 첫날은 늦게까지 맑아 하늘의 별은 유난히 총총했으나 결국 밤늦게 빗발이 비쳤다.

삼도수군통제사 이순신(54세)은 장수들과 장병들의 인사를 받는다. 어머니 없이 보내는 첫 새해, 아들 면도 세상을 떠났다. 전란이 7년을 끌어왔다. 조선 땅과, 백성의 심신이 모두 피폐한 상태, 무술년에 펼쳐질 통제사의 삶은 어떤 것일까. 오랜 군인과 신하의 삶, 어부와 농부, 그리고 염한의 일까지도 마다하지 않는 통제사. 평화스런 양민의 삶이 소박한 꿈일 수도 있을 것이다. 통제사는 그러나 내일 있을 판옥선의 진수식에 대한 일정을 먼저 묻는다.

2일은 인순왕후 심씨의 제삿날, 통제사는 공무를 보지 않는다. 다만 새로 건조된 판옥선이 선명(船名)을 부여받고 함진에 정식으로 편입되는 진수식이 벌어진다. 함선에 백색과 붉고 푸른 형형색색의 군기가 꽂히고, 전날부터 목욕재계한 군관과 격군, 사수가 승선한다. 잡담은 일절 금지된다. 갓 태어나 상처 하나 없는 '녹도 8호선'이 무운(武運)을 빌면서 포구 일대를 한 바퀴 돌자 간단한 제상이 펼쳐진다. 진수식은 몇 마디의 힘찬 군령을 제외하면 침묵 속에서 진행된다. 익히지 않은 돼지 머리와 간단한 과일 및 제물이 놓인 상에 이 배를 지휘할 군관이 헌관으로 제주를 올리고 재배한다. 제상의 음식은 군관과 격군들이 먼저 음복(飮福)을 한다. 상에 오른 생선은 뒤집지 않고 그대로 뼈를 드러낸 뒤 살이 발려 역시 병사들에게 나누어진다. 진수식은 하루에 한 대만 할 수 있었다.

판옥대선, 임진란의 조선 수군 주력 전선. 명종 10년인 1555년에 초기의 맹선을 2층으로 개조해 개량을 거듭하면서 전투력을 획기적으로 높일 수 있었다. 사수 및 포수로 구성된 전투원과 노를 젓는 격군이 1층과 2층으로 분리되면서 바닥이 평편한 평저선의 약점이 보완되었다. 기동성은 물론 화력이 대폭 강화된 것. 10여 줄로 이어진 저판 네 귀퉁이에 기둥을 세우고 선체와 선미를 잇는 참나무 마룻대를 얹어 2층의 갑판을 구성, 격군은 1층에서 격군장의 지시에 따라 안전하게 배의 기동에만 전념하는 구조였다. 격군은 통상 9쌍의 노에 각각 3~5명씩 분산되어 교대로 노를 저으면서 체력을 아낄 수 있었고, 평평한 뱃바닥은 갯벌과 바위가 많고 간만의 차이로 수심이 쉽게 낮아지는 남해안에 적합했다.

승선인원은 배의 크기에 따라 100~200명 선. 2층에는 포수와 사수가 탑승했고 갑판이 개방되어 거북선보다 적의 화력에 많이 노출되었지만 전투병의 즉각적인 사거리 전환 및 조준이 용이했다. 갑판 중앙에는 2층의 장루가 세워져 지휘소 역할을 했으며 상갑판과 하갑판으로 신속하게 명령이 전달되었다. 판옥선의 선체는 왜대선 아타케부네에 비해 다소 작은 규모, 하지만 왜군의 주력 전투선인 세키부네보다 갑판이 월등하게 높았다. 또 숙련된 목수들은 선체의 참나무 목재를 나무못으로 연결시켜 물에 불어난 선체가 연결고리와 한 몸을 이루어, 그 강도는 삼나무와 쇠못으로 급조된 왜선을 압도했다. 왜 전투병은 도선을 위해서는 갈고리를 던져 이를 타고 오를 수밖에 없었던 탓에 사수들이 내리쏘는 화살과 편전을 고스란히 감당해야했다. 지휘관이 탑승한 왜대선 아타케부네는 접근도 하기 전에 포수의 제물이 되었다. 판옥선은 일종의 움직이는 해상 성벽의 역할을 한 셈이다.

보화도 포구에서 진수식을 마친 판옥선이 온갖 깃발을 펄럭이며, 겨울 파도를 향해 선수 양편에 그려진 귀신 머리를 사납게 흔들어 대고 있었다.

이 무렵 통제사는 왜군의 기세가 움츠러들면서 조선 수군의 사령부를 최전선으로 옮기는 방안에 골몰했다. 남해 일대의 섬과 육지, 해안과 포구에 척후선이 하루에도 십여 차례 이상 오가며 일대를 샅샅이 뒤진다. 왜군은 이미 순천, 남해, 사천, 고성, 거제, 창원, 양산, 울산으로 이어지는 왜성을 쌓아놓고 경상, 전라도 일대를 수탈하고 있었다. 삼도수군통제영은 늘 최전방에 구축되어 왔고, 그 위치는 전황에 따라 탄력적으로 정해졌다. 임진란 이듬해인 계사년에는 전황이 악화되자 아예 수군 사령부가 바다를 떠다니며 전투를 벌였다. 이제 수군의 최전선이 다시 남해로 옮겨갈 시기가 된 것.

통제사는 척후와 수색병의 보고를 종합, 장수들과 주변의 섬들을 하나씩 짚어보는 논의를 거쳐 고금도를 수군진영으로 최종 선택한다. 농사지을 땅이 풍부해 둔전의 운영이 용이하고, 무엇보다 포구가 넓어 명나라 수군이 합류해도 함선의 은폐와 기동이 가능했기 때문이다. 또 수로가 좁아 길목을 지키면 왜선의 기습이 불가능한 지역. 1월 하순부터 고금도에 새로운 통제영을 마련하기 위한 공사가 차분하면서도 신속하게 진행된다.

선발대가 지형을 수색해 보고하면 세부적인 수군진이 설계된 뒤 목수와 군사들이 끊임없이 보화도와 고금도를 오가며 베어놓은 목재를 실어간다. 통제사도 고금도에 들러 일일이 통제영을 비롯해 망루와 막사 등 수군진의 터를 지정한다. 그리고 바다에서 떠돌던 피난민에게 고금도의 새로운 둔전이 할당되고 정착이 시작된다. 다만 통제사는 넓고 광활한 터에 말뚝을 박아 유독 이곳에만 피난민의 이주를 금지시킨다. 고금도 이진을 위한 준비가 정신없이 진행되면서 무술년 1월이 흘러갔다.

2월

고금도, 번성하는 전시(戰時) 경제

해로통행첩과 군비의 조달

16일 보화도를 떠난 본진은 17일, 고금도에 진을 쳤다. 새로운 삼도수군통제영이었다.

유자의 산지인 고금도는 남녘의 대부분 섬처럼 유배의 땅, 하지만 주변의 섬들이 포근히 감싸 파고가 낮은 내해의 특징을 갖추고 있으면서 제법 높은 봉우리에서 사방의 조망이 가능했다. 이와 함께 서해로 들어서는 길목을 틀어막는 지리적 특성은 한산도와 닮아 있는 남해의 또 다른 화점(花點)이었다. 곳곳에 펼쳐진 포구는 수심이 깊지 않았고 넓은 편에 속했다. 김과 매생이, 전복, 굴 등 풍부한 해산물과 곳곳의 비옥한 경작지, 군데군데 자리 잡은 샘터도 전쟁을 수행하면서 물자를 준비해야하는 수군의 현실에 적합했다.

명량에서 거둔 수군의 기적 같은 승리는 군세를 확장하는 기폭제가 되었다. 면사첩이 한 몫을 단단히 해내면서 칠천량에서 도주했던 병사들이 합류해 그 수는 8,000여명에 이르렀지만 여전히 군량 및 전함 등 군비의 조달은 통제사의 고민거리였다. 고금도의 둔전은 이제 막 개간을 마친 걸음마 단계였다. 통제사는 해로통행첩으로 이 문제를 해결해 간다.

"삼도의 바닷길을 다니는 모든 배는 통행첩을 지녀야하고 이것이 없으면 왜군의 간첩선으로 간주한다."는 것.

통행첩은 선박의 크기에 따라 대선, 중선, 소선으로 분류되어 각각 쌀 3섬, 2섬, 1섬과 교환되었다. 바닷길과 물길을 통해 장사하던 상인은 본래 통행세를 내야 했던 만큼 반발하지 않았다. 선박의 선주에 대한 신원 조사를 통해 도적의 위험성이 있는 선박을 배제해 도리어 환영하는 분위기가 강했다. 바닷길의 통행을 통제사가 공식적으로 보장하면서 어부와 상선은 자유로운 활동을 보장받을 수 있었기 때문이다.

소선을 가진 선주는 1섬의 쌀로 당당하게 조업 권리를 보장받았다. 더구나 조선 수군의 보호망을 고금도까지 확장하는 과감한 전략도 바다에 매달려 사는 이들에게는 희소식이었다. 고금도를 중심으로 남해와 서해의 어촌은 빠르게 제 모습을 되찾기 시작했다. 그리고 통제사는 말뚝으로 경계를 구분지은 광활한 지역에 민가의 기둥과 목조 골격을 세우도록 목수들에게 지시했다. 피난민의 임시 거처가 구획에 따라 정리되었다. 백성들은 지붕을 씌우고 이엉을 엮으면 곧바로 생활할 수 있었다. 그리고 눈앞에 펼쳐진 둔전은 가옥과 함께 자동으로 배분된다. 통제사는 가옥들을 헐값에 팔거나, 가을 추수철의 환곡을 약속받고 백성들에게 넘겨 이들의 정착을 도우면서 군량미도 확보했다. 백성들은 안정된 생활 터전을 얻었고 제 손으로 가족을 위한 집을 마무리했다. 거대한 마을이 통제사를 통해 설계되고 백성들의 손으로 탄생하고 있었다. 한산도 5년의 통치 경험이 고금도에 고스란히 적용된 것이다.

봄기운이 선연해지면서 고금진에도 활기가 넘친다. 가난한 농민들은 통제영의 소를 빌려 부지런히 논밭을 갈고 파종을 시작한다. 통제영에는 볍씨 등 각종 종자와 그물의 재료를 얻기 위한 농부와 어부가 줄을 선다. 고금도는 곧바로 군사와 백성들로 북적이는 도읍지처럼 변모했다. 군막은 물론 거처를 짓는 피난민이 넘쳐났고 곡물과 생선 및 해산물, 소금 등을 교환하는 장터가 자연스럽게 생겨났다. 총포 및 무기를 주조하는 대장간에서는 백성이 모아온 쇠와 구리 등에 대해 정당한 대가를 지불했다. 전란의 와중이었지만 자유롭고 공정한 상거래의 보장은 끊임없이 물자가 충원되는 원동력이 되었다. 구석구석에 감추어진 재화들이 제 가치에 따라 교환되면 제 역할을 찾아 효율적으로 배분되는 것이다.

통제영을 옮긴 이후 고금도에 쌓인 군량은 1만여 석, 추수 전까지 군량과 군수물자를 조달할 수 있는 재원이 어렵사리 확보된 것이다. 착취나 수탈이 아니라 공정한 거래를 통해 모아졌다. 이중 일부는 나주 포구의 창고에 옮겨져 필요한 수군 물자와 거래되었다. 이어 통제사는 구리와 쇠를 모아 총통을 만들고 함선을 제작하는 일에 여념이 없다. 고금도로 진을 옮긴 후에도 수십 척의 함선이 곳곳에서 동시에 건조되고 있었다. 수군의 군세가 점차 한산도 시절에 육박해갔다. 통제사는 백성의 힘을 믿었다. 북적이는 고금도는 이러한 믿음이 성공을 거두고 있다는 사실을 의미했다. 엄격하지만 공평한 규칙과 공정한 관리, 그리고 최소한의 개입을 통해 얻어낸 최대의 성과였다.

이달 하순 충청도 당진에 정박한 명나라 수군이 여름을 넘기지 않고 조선수군과 합류할 예정이라는 공문이 도착했다. 통제사는 수군 진영에 추가될 새로운 변수를 어떻게 활용할 지 부단히 고심하고 있을 것이다.

7월

명나라 도독 진린, 작전의 주도권을 위해서

절이도 해전, 무자비한 조선 수군

15일, 긴 여름해가 지면서 고금도 바닷가에는 신위(神位)와 제상을 모신 백성들의 행렬이 줄을 이었다. 어둠이 짙어지며 하나둘 밝혀진 등불은 새벽까지 바닷가를 가득 메운다. 지난해 칠천량 전투에서 시신은 물론 생사조차 확인하지 못한 조선 수군들, 백성들은 이날 저녁과 다음날 새벽을 기일로 삼을 수밖에 없었다. 아내와 자식, 그리고 부모 형제의 곡소리가 고금도 곳곳에서 한 밤의 메아리처럼 이어지며 그칠 기미를 보이지 않는다. 온 섬이 상중(喪中)이었다. 군데군데 포구를 지키는 수군들은 자책과 분노로 장승처럼 굳어있다. 통제사는 이날 내내 소복을 입고 공무를 보지 않았다. 한산도에서 5년을 함께했던 장수와 병사들의 얼굴이 하나하나 스쳐갔을 것이다.

7월 16일 명나라 수군 도독 진린이 128척의 함선에 5천여 명의 군사를 태우고 고금도에 도착했다. 무더위가 기승을 부렸지만 날은 맑았다. 조선의 판옥선은 85척, 연합함대는 200여척이 넘는 규모를 갖추면서 작전 수역을 대폭 확대할 수 있다. 통제사는 타국의 지원군을 맞아 성대한 잔치를 벌인다. 소와 돼지, 사냥한 사습과 노루, 그리고 연안의 해산물, 철 이른 과일이 상을 가득 메웠다. 통제사가 마련한 사슴가죽과 부채, 술잔 등이 선물로 건네지고, 도독은 비단과 명나라 찻잎 등으로 답례한다. 술이 돌면서 어색한 분위기가 풀리자 통제사는 명나라 수군의 위용을 한껏 칭찬하면서 군기를 어긴 조선수군과 명나라 수군에 대해 양국의 지휘관이 모두 처벌할 수 있도록 하자는 제안을 했다. 진린이 선뜻 수용한다.

이후 고금도 민가에서 재물을 약탈하던 명나라 수군이 통제영에서 곤장을 맞으면서 군기는 곧바로 잡혔다. 이들의 약탈이 자취를 감춘 것. 명나라 군사들이 약탈에 익숙해지기에 앞서 군령에 먼저 길들여졌다. 구체적인 처벌의 권한이 받쳐주지 못한다면 군령이 아무리 엄하다고 한들 실효성을 거둘 수 없다. 군령의 공평성이 한번 깨지면 이제 막 자리 잡기 시작한 고금도의 질서는 순식간에 와해되고 더 힘이 강한 자를 중심으로 재편될 것이다. 통제사는 이를 염두에 두고 연합 수군의 작전권 중에서 가장 중요한 처벌의 권한을 확보했다. 첫 단추의 중요성이었다. 조명연합 수군의 동등한 작전권, 나아가 서서히 주도권을 확보하기 위한 출발점, 조선 수군이 강군이기에 가능했다는 느낌을 지울 수 없다.

23일, 왜선 100여척이 동쪽에서 빠져나와 녹도로 침범한다는 척후의 보고, 통제사는 진도독에게 동시에 출항할 것을 제안했다. 첫 연합 수군 작전이었다. 함대가 금당도에 이르자 왜군의 척후선 2척이 빠르게 도주한다. 이날은 소강상태, 눅눅한 샛바람이 약하게 일었다. 통제사는 서두르지 않고 절이도 일대에 함진을 배치한다. 녹도만호 송여종이 미끼를 자처한다. 본진의 선봉을 맡으라는 통제사의 제안을 침묵으로 거절하며 고집을 부린다. 모두 8척, 녹도군이 절이도 앞바다에 전진 배치된다. 나머지 본진은 남북으로 서서히 분리된다. 첫 출전에 나선 도독 진린은 30여척의 배와 함께 후방에 포진, 일단 관망한다.

24일 새벽, 짙은 바다안개가 깔린 절이도 해상에 발포와 녹도를 빠져나온 왜대선 및 전투선 백여 척이 모습을 드러냈다. 명량해전 이후 가장 대규모 함진, 움츠렸던 왜군이 뜻밖에도 전면전을 걸어왔다. 도성으로 향하는 서해의 바닷길에 대한 미련과 지난해 여름 칠천량 승전의 기억을 버리지 못했을 것이다.

송여종이 8척만을 거느리고 본진의 합류를 기다릴 것도 없이 왜선의 선봉에 곧바로 함포사격을 가하면서 전초전이 시작된다. 함진을 이끌던 왜선 6척이 깨져나가고 바다로 뛰어드는 몇몇 왜병들의 모습이 어슴푸레 잡힌다. 조선 함대는 침몰하는 왜선을 들이박으면서 본진의 진격로를 대담하게 가로 막은 채 화살과 편전을 날리고, 낫과 갈고리로 바다를 훑고 있다. 왜 본진이 8척에 불과한 녹도군을 덮어 버릴 듯한 기세로 달려들고, 여기에 남북에 포진했던 조선 본진이 안개를 뚫고 불쑥 나타나면서 본격적인 전투가 시작된다. 조선 함대가 왜 함진의 중앙을 향해 일제히 함포를 쏟아내자 한 순간에 허리가 무너진다. 본진의 판옥선이 들이닥쳐 왜수군의 허리를 파고들며 남북으로 연결된다. 거대한 바다뱀을 연상시키는 순간 왜선의 함진은 두 동강이 나 있었다. 총성과 포성, 선체의 충돌음과 병사들의 함성이 포위망의 완성을 알린다. 포위된 왜선은 속속 깨져나가면서도 부나방처럼 달려들며 탈출수로를 찾아 흩어지지만 차례차례 함포에 걸리면서 제자리에 주저앉는다. 모두 50여척이 균형을 잃고 바다를 맴돈다. 포격전은 이제부터 조선 수군의 살육전으로 변한다. 안개가 걷히면서 포위망 외곽의 나머지 50척은 7년 전쟁의 동료를 버리고 속수무책으로 도주한다. 조선 함대가 둥근 원을 그리면서 무너진 왜 함진의 중앙을 향해 독이 오른 뱀처럼 사납게 똬리를 튼다. 사지가 마비된 사냥감을 삼키는 수순. 함선의 충돌소리가 비명처럼 이어지고 화살과 편전이 날아가자 왜병들은 서둘러 조총과 환도, 군장을 던진 채 잇따라 바다로 뛰어든다. 한 맺힌 바다뱀이 요동치며 절이도 바다가 온통 불길에 휩싸인다. 전투를 포기한 왜병들이 살아남기 위한 전쟁을 시작한다. 침몰하는 왜선을 불사르고 바닷속 왜병을 최후까지 찾아내 도살하는 전투의 막바지, 조선 수군의 광기어린 살기로 한낮의 여름바다가 서늘하게 식고 있다. 짚단과 불화살, 신기전이 왜선을 향해 날아가고, 편전과 화살이 숨 돌릴 틈 없이 바닷물을 가르고, 갈고리와 낫이 계속 바다를 찍어댄다. 낫에 찍힌 푸른 바다는 금세 시뻘건 피를 흘린다. 포망을 벗어난 왜선들이 서둘러 후퇴하면서 수급에는 관심을 두지 않던 조선 수군이 이날은 우리에 갇혀 공포에 질린 왜병의 몇몇 머리를 차분하게 베어 낸다. 모두 70여수. 바다와 갑판은 이미 피로 물들어 있다. 머리 잃은 시신이 바다를 떠다닌다. 운수 좋은 일부 왜병들은 가까스로 뭍과 포구로 기어올라 허겁지겁 숲속으로 도주한다. 조선 수군은 지난해 7월 칠천량에서 맺힌 한을 다소나마 풀어낸다.

후방에서 구경하던 명나라 수군이 조선 수군의 능숙하고 무자비한 전투에 놀란다. 뒤늦게 합류했지만 왜선은 이미 사라지고, 숨을 거둔 사냥감은 흔적조차 희미하다. 명나라 천총이 넋을 놓고 전투장면을 보고 있었다.

이날 통제사는 운주당에서 명나라 수군을 위한 잔치를 열었다. 도독 진린의 안색이 불편해 보인다. 관망만 하던 자신에 대한 뼈아픈 자책일 것이다. 하지만 통제사가 '조선수군의 승리가 명의 승리, 명의 승리가 조선의 승리'라며 왜군의 수급 대부분을 넘겨주자 잔치 분위기는 무르익었다. 통제사는 이날 잔치를 파하고 명군에게 어쩔 수 없이 수급을 넘겼다는 장계를 조정에 올렸다.

조명 수군의 불협화음이 서서히 걷혀가면서 연합이 완성되고 있었다. 그리고 해전의 주도권이 조선 수군에게 넘어가는 날이기도 했다.

9월

도요토미가 죽다

순천 왜성을 틀어막은 조명 함대의 등불

지난달 18일, 도요토미 히데요시가 63세의 나이로 사망했다는 사실이 이달 초 조선과 명나라 진중에 알려지면서 종전에 대한 희망으로 진중은 술렁거렸다. 7년 전란이 서서히 막을 내릴 조짐, 왜군 진영에서도 퇴각을 위한 움직임이 곳곳에서 감지된다. 순천 왜성을 비롯한 왜성들의 봉화가 하루에도 수차례 오르고 왜성 간에 끊임없이 파발이 오가면서 최종 철수 날짜를 조율하는 듯 했다. 명나라 군사들에게는 고향으로 돌아갈 수 있는 전쟁의 종착지, 하지만 통제사에게는 마지막 결전의 의미가 더 강해 보였다. 척후선이 빈틈없이 순천 왜성 주위를 맴돌고 함대의 정비와 출전, 그리고 회항과 출전이 지치지 않고 되풀이 되었다.

15일에도 조선과 명나라 수군은 일제히 출항, 나로도에 이른다. 순천 왜성과는 지척의 거리, 명나라 육군과 수륙연합 작전을 협의하며 함대는 사흘을 머문 뒤 18일 방답에 정박한다. 다음날 오전, 함대는 섬들을 스쳐 내해로 진입해 전라좌수영 앞바다에 이른다. 참혹하게 변한 통제사의 본영, 성문은 모두 불타고 허물어진 성벽은 윤곽만으로 옛 모습을 짐작케 할 뿐이다. 성벽을 빈틈없이 둘러싸던 해자는 무너진 성벽의 돌로 대부분 메워졌다. 본영의 누각과 망루는 지붕을 잃고 시커먼 뼈대만 앙상하게 남겨진 채 적막한 폐허 위에서 뼈마디 군데군데에 왜군의 깃발을 무질서하게 꽂고 있다.

포구에는 아예 인적이 끊겨 조선인도 왜병도 보이지 않는다. 멀리 산자락에는 사찰 모양의 왜병 가옥이 줄지어 있지만 이마저도 불에 타거나 그슬려 시커먼 형체만 남았다. 군데군데 보이는 토굴에서도 왜군의 움직임은 감지되지 않는다. 함상의 조선 수군들은 말없이 포구를 바라보며 기억조차 희미한 옛 모습을 떠올리고 있을 것이다. 좌수영 앞바다를 선회한 함대는 이날 밤 함진을 뒤로 물려 하개도에 진을 쳤다.

20일 자정이 조금 지날 무렵, 함대는 북상해서 새벽에는 유도에 이르렀다. 밀물을 기다려 협수로를 파고든다. 왜선은 육지로 움푹 패어 들어간 신성포에 있을 것이다. 왜 본국을 향하게 될 마지막 희망의 끈, 필사적으로 감추어 둔다. 송도를 돌아 협수로를 타면 순천왜성이 시야에 들어온다. 하지만 왜군은 수로 곳곳에 이미 말뚝을 박아 함대의 순항을 방해하고 있었다. 때맞추어 육지에서는 도원수 권율과 제독 유정의 부대에서 함성소리가 들린다. 왜성 북단에서 포성과 더불어 검은 연기가 피어오르기 시작한다. 이들이 왜군을 둥지에서 밀어낼 지 여부가 전투의 승패를 가늠하는 잣대가 될 것이다. 천자총통의 철환이 간혹 순천 왜성의 견고한 돌벽을 파고들지만 수군만으로 치명타를 가할 수는 없다. 수군은 협수로를 순회하면서 순차적으로 포격을 퍼붓는다. 굴속에 숨은 왜군도 간헐적으로 조총을 발사했고 철환이 이따금 함선에 박힌다. 이어 편전과 화살이 어김없이 응수한다.

21일, 새벽부터 함대는 유도를 거점으로 다시 협수로를 공략한다. 밀물이 제법 높아 해안에 바짝 접근한 함대는 이번에는 함포와 화살을 적의 진영에 동시에 쏟아 붓는다. 웅크린 왜군과 이를 끌어내려는 조선 수군의 공방전이 하루 내내 이어

진다. 저녁 무렵 후방의 남해에서 출항한 왜선이 멀찌감치 떨어져 조선 본진을 정
탐했지만 척후선에 걸린다. 신기전이 날카로운 소리와 함께 솟아오르고 허사인이
경쾌선을 타고 추격한다. 팽팽하던 거리가 좁혀들자 왜군들은 뭍에 배를 버리고
능선으로 도주한다. 전의를 상실한 왜군들, 이제 그들의 목적은 무사히 고향에 돌
아가는 것뿐이다. 하지만 통제사는 7년 전란의 고통을 최후까지 되갚겠다는 결의
를 감추지 않는다. 단 한척의 왜선도 집요하게 추적하도록 명령한다. 요구금이 날
아가고 군수품이 실린 왜군의 배가 끌려나온다. 무기마저 버리고 황급히 도주했
다. 뚜렷한 전공이 없어 초조한 도독 진린에게 통째로 넘겨진다.

　22일, 새벽부터 전투가 재개된다. 육지의 공세가 한 풀 꺾였는지 해안가에 배치
된 왜군의 수가 부쩍 늘어있다. 함대가 해협에 들어서자 조총이 거세게 불을 뿜는
다. 함포의 철환이 원거리 비격진천뢰로 교체된다. 왜군 진지에 명중해서 폭발음
이 다시 들리면 피와 살이 동시에 튀어 오른다. 능숙한 사수들이 흔들리는 선상에
서 하늘로 화살을 날리면, 얼마 뒤 적진 가운데 정확히 떨어지는 포물선의 끝자락
에서 낚시에 걸린 물고기처럼 왜병이 몸을 뒤집는다. 갑판이 낮은 명나라 함대가
무모하게 해안에 접근하자 굴속에서 수십 명의 왜군이 기다렸다는 듯 동시에 모
습을 드러내며 조총을 퍼붓는다. 7년 전란을 살아온 조선 수군도 이미 죽음의 공
포를 잊었다. 명나라 함선을 제치고 한 치라도 더 왜진에 다가서기 위해 필사적이
다. 좁혀진 사거리만큼 생과 사의 경계도 불분명하다. 편전이 왜병의 가슴을 관통
하고, 조선 수군이 피 흘리는 머리를 움켜쥐는 모습이 동시에 목격된다. 명나라 대
장선의 장루에 조총이 집중된다. 연기가 사방에서 치솟고 유격 마귀의 지휘소를
방패가 황급히 뒤덮은 뒤, 마귀가 부축을 받으며 내려온다. 갑판의 군사 십여 명도
한순간에 나뒹굴었다. 급하게 배를 몰아 이들을 엄호하던 옥포 만호 이담이 철환
에 맞고 흑각궁을 놓친다. 지세포만호가 뒤를 이어 최전선에 뛰어들자 장루에는

여지없이 조총이 집중된다. 조명 함대와 왜군의 참호전은 이날 내내 이어졌다.

23일 도독 진린이 성질을 부렸다. 통제사의 장수들에게 명나라 군사의 죽음에 대한 책임을 추궁한다. 장수들은 묵묵히 감내한다. 이들을 안고 싸우는 것이 그래도 유리하다. 24일 명나라 천총 진대강이 육지로 나갔다. 또 권율의 공문을 충청병사 이시언과 군관이 가지고 왔다. 남해 사람 김덕유 등 5명이 순천 왜성의 상황을 상세하게 전한다. 철군을 위한 몸부림으로 왜군의 동향이 압축된다. 25일 천총이 돌아와 제독 유정의 편지를 전했다.

"육지에서 공성을 위한 장비가 아직 부족해 관망하고 있다."

소강상태는 26일까지 이어진다. 의병장 정응룡이 찾아와 경북 일원의 왜성에 대한 동향을 전한다. 27일 보슬비가 내리고, 하늬바람이 거세다. 흥분이 가라앉은 도독 진린은 차분하게 통제사와 전략을 숙의했다. 다음날 더욱 거세진 하늬바람이 전투를 막았다. 조명 수군에게는 여전히 불리한 날씨.

30일 명나라 유격 왕원주, 유격 복승, 파총 이천상이 함선 100척을 가지고 진에 합류했다. 조선 장수들에게 화를 낸 것이 미안했던지 도독 진린이 적극적이다. 대국의 장수라는 자존심을 포기하고 전쟁에 몰입하는 군인 근성을 보인다. 통제사가 고마움을 표시한다. 한 밤에 모든 함선에 불이 켜진다. 유도 일대의 바다가 거대한 등불의 행렬을 이루고 있다. 왜성에서도 충분히 보이는 거리, 일만여 명이 집결해 있는 순천 왜성의 고니시 부대에게 바닷길을 열어 줄 수 없음을 알리는 신호였다.

10월

제독 유정, 무산된 수륙 병진

조선의 바다, 왜군과의 '하직 인사'

1일 늦가을의 바다는 맑았다. 도독 진린이 새벽에 배를 내려 제독 유정을 만난다. 통제사는 아무런 말도 없다. 저들에겐 이국의 전쟁터, 하지만 조선 수군에게는 삶의 터전이다. 참혹하게 변해 버린 전라좌수영은 전란이 휩쓴 전라도와 경상도, 나아가 조선 땅의 모습을 상징적으로 보여주는 단편일 뿐이다. 숱하게 죽어 나간 병사들, 하루아침에 집과 일터를 잃고 떼죽음을 당한 백성들, 전쟁은 죽음과 증오만을 남긴 채 서서히 막을 내리고 있다. 죽은 자는 미워하지 않는다. 하지만 살아 있는 왜병은 그냥 보낼 수 없다. 죽음만이 분노를 재울 수 있었다.

2일 새벽부터 전투가 재개된다. 전투는 점차 과감한 근접전의 양상으로 전개된다. 수로의 말뚝을 조선 수군이 꾸준히 제거하면서 연안 접근이 용이해졌다. 그만큼 화살과 편전, 조총의 사거리도 좁혀졌다. 이날 사도첨사 황세득이 적탄에 맞아 전사했다. 환갑을 넘긴 노장, 통제사와는 인척관계로 맺어져 삼가고 조심하며 통제사를 지켜온 버팀목, 최전선의 장루에서 활을 쏘다 왜군의 집중사격에 속절없이 희생되었다. 시신을 수습한 통제사도 아무 말을 하지 않는다. 투구를 벗겨 활과 함께 가슴에 놓아주며 7년 전란의 무거운 짐을 비로소 내려준다. 이어 철환에 맞은 제포만호 주의수, 사량만호 김성옥, 해남현감 유형, 진도군수 선의경, 강진현감 송상보에게 속히 치료하라고 당부한다. 왜군의 조총은 조선 수군의 장루에 집중되고 있었다. 막바지 전투, 조선 수군은 결사적이었다. 퇴로가 막힌 왜병 또한 필사적이다.

3일에는 제독 유정의 비밀 서신에 따라 초저녁에 진군해서 자정까지 전투가 벌어졌다. 하지만 왜성 북쪽의 포성은 거의 들리지 않는다. 결국 수군만의 전투, 도독 진린의 수군이 선봉에 나선다. 명나라 중선과 소선, 각각 20여척이 무모할 정도로 해안에 접근하고 있다. 초조해진 도독 진린의 채근이 심해졌기 때문일 것이다. 이들이 도리어 왜군의 총포망에 걸려 집중포화의 표적이 되고 있다. 함포가 빈약하고 선체가 약한 명나라 주력선이 육지의 포격에 쉽사리 깨져 나가고, 명나라 수군이 줄지어 바다로 뛰어든다. 어둠이 깔리자 일부 왜선이 빠른 속도로 따라붙어 근접전을 시도, 불을 지른다. 왜선보다 선체가 낮은 명나라 함대의 일부가 본진과 끊어지면서 포위망에 갇히고, 도선에 성공한 왜군이 명나라 군사와 뒤섞여 선상에서 접전을 벌인다. 모두 40여척의 명나라 함선이 불 타 오르며 곳곳에서 저녁 바다를 밝힌다. 안골포만호 우수가 함대를 거느리고 적진의 외곽을 깨뜨리며 진화를 시도한다. 판옥선에 부딪힌 왜선들이 깨지면서 전투는 백중세, 철환에 맞은 만호 우수가 어둠이 깔린 장루에서 그림자 같은 음영의 윤곽을 그리며 쓰러진다. 통제사가 지휘하는 조선 본진의 함대가 잇따라 왜선과 충돌, 거친 파괴음을 울린다. 포가 불을 뿜으며 왜선이 포위망을 풀고 도주하고, 포환이 짙은 어둠을 가르며 번쩍 번쩍 포물선을 그린다. 왜군의 조총도 붉은 직선을 그리며 대장선을 매섭게 파고든다. 통제사는 물에 빠진 명군을 차분히 수습하면서 이날의 전투를 매듭지었다.

4일, 이번에는 조선 수군이 선봉을 맡는다. 역시 왜선은 출항하지 못하고 육지의 포격과 조총 사격으로만 응수할 뿐이다. 사거리가 점점 좁혀지자 왜군이 토굴을 버리고 능선으로 오르기 시작한다. 천자총통은 순천 왜성으로 포문을 돌려 성벽과 왜성으로 철환을 날렸고, 왜성 안으로 철환이 연이어 날아간다. 하지만 이날도 조명연합 육군의 호응은 없었다. 5일부터 불어온 하늬바람은 다음날 거세지면서 함선은 한 시각도 제자리에 머물지 못한다. 이날 도원수 권율이 편지를 보냈다. 제독 유정이 철군한다는 것이다. 조선의 힘만으로 왜군에 맞서지 못하는 통한, 전란의 마지막 순간까지도 왜성 앞바다의 판옥선을 도로 끌어 내린다.

"나랏일이 어찌될 것인가, 나랏일을 어찌할 것인가."

통제사는 왜군이 고스란히 빠져나간다면 전쟁은 종결된 것이 아니라고 확신한다.

마침내 제독 유정은 7일 공문을 보냈다. 육군은 순천으로 물러나 정비할 것이라는 전언, 그리고 9일 조명 연합 육군이 순천왜성에서 모습을 감추었다. 통제사는 도독 진린과 함께 함대를 물렸다. 12일 나로도에 정박한 함대는 남해 일대에 광범위한 척후선을 시시각각 띄운다. 명나라에게는 타국의 바다지만 이곳은 조선의 바다. 7년 동안 조선의 백성을 도탄에 빠뜨린 불청객 살인귀, 통제사가 왜국을 향해 배를 띄울 수밖에 없는 고니시 부대를 아무런 '하직 인사'도 없이 그대로 보내줄 리는 만무해 보였다.

11월

노량해전, 막다른 길의 처절함

조선 바다에 계속되는, 대장선의 북소리

통제사는 8일 진린 도독을 찾아 잔치를 연다. 마지막 결전에 대한 배려, 이제 임박했음을 서로 예감하고 있다. 진린의 태도도 단호해졌다. 생사를 나눈 전우라는 의식이 마음속에 자리 잡았을 것이다. 통제사에게 우호적이며 극진했다. 이날 저녁 도독부에서 전갈이 왔다.

"순천 왜성의 고니시 왜병이 10일을 전후해서 모두 퇴각한다."는 첩보가 당도했다는 것.

9일 새벽 함대는 출항한다. 이날은 백서량에 진을 친다. 겨울 추위가 매섭다. 수군들은 두터운 솜옷 대신 타오르는 적개심에 의지해 추위를 잊는다. 10일 좌수영 앞바다, 왜군은 왜성에 그대로 주둔해 있었다. 11일 유도, 다시 순천 왜성의 숨통, 이번에는 조선 수군이 협수로를 파고들지 않는다. 둥지를 버리고 나오는 왜선과의 전면전이 목표였다.

13일 왜성 동쪽의 노루섬 장도에 왜선 10여척이 출현한다. 노량을 빠져나가 사천, 남해, 고성 왜성에 주둔한 왜군과 연락하기 위해 고니시는 혈안이 되어 있었다. 이중 사천에 주둔한 시마즈 요시히로의 살마군은 남원성에서 일만여 백성을 아무렇지도 않게 도륙한 살인광들, 통제사는 함대를 아예 장도로 전진시켜 순천 왜성의 숨통을 바짝 틀어막는다. 14일 백기를 단 왜선 2척이 순천 왜성에서 나온다. 도독과 강화 협상을 한다는 명분이었다. 통제사는 관여하지 않는다. 어차피 협상의 대상이 될 수 없었다. 이날 오후 8시쯤 왜군 장수가 소선을 타고 명나라 대장선에 올라 돼지 2마리와 술 2통을 도독에게 바쳤다는 말을 전해 들었을 뿐이다. 15일 통제사는 도독을 찾았다. 무언의 압력, 도독도 통제사의 눈빛을 통해 이미 협상이 가능하지 않다는 사실을 충분히 알고 있을 것이다. 왜선 2척이 교대로 서너 번 도독의 진중을 오갔다.

왜선 3척이 16일 도독의 함대에 다시 도착한다. 말과 칼, 장검을 가득 싣고 와 도독에게 바친다. 그리고 2척이 왜성으로 돌아갔지만 나머지 한 척의 왜선은 명나라 수군진을 빠져나와 빠르게 노량을 통과했다. 통제사는 담담하게 노량해역의 경계를 강화하라고만 지시한다. 어차피 두 마리 토끼를 동시에 잡을 수는 없다. 17일 복병장 발포만호 소계남과 당진포만호 조효열이 찾아온다. 왜군의 중선 한 척이 남해에서 군량을 가득 싣고 가다가 발견되었고 추격전은 한산도 앞바다까지 전개되었다는 것. 왜군은 배를 버리고 뭍으로 도주, 왜선과 군량을 끌어오던 중 명나라 수군을 만나 모두 빼앗겼다는 보고였다. 통제사는 전리품에 연연하지 말라며 다독인다.

18일, 사천의 시마즈 군대가 마침내 500여척에 승선해 순천 왜성으로 향하고 있다는 척후가 잇달아 당도한다. 고니시 부대의 마지막 지원군, 조선 함대를 장도와 유도 일대에 가두어 협공한 뒤 남으로 빠져가려는 왜군의 탈출 수로가 확인되었다. 선택의 기로에 서 있다. 통제사는 시마즈군을 지목한다.

통제사와 진린은 자정 무렵 함대를 노량의 좌우측에 산개해 매복키로 결정한다. 먼저 시마즈를 잡아내고 고니시를 추격키로 한다. 칠흑 같은 어둠속에서 함대는 노량으로 발진한다. 병사들의 입에는 하무가 물려있다. 매복을 위해 함구령이 내려지고 함선의 북도 눕혀있다. 노 젓는 소리는 겨울 바다의 파도소리에 묻힌다. 하늘은 맑았고 별들은 무심하게 밝다. 왜선이 해협을 통과한 직후에 좌우에서 협공하는 야간 매복 작전, 전투는 근접거리에서 시작될 것이다. 총통과 명나라 호준포의 머리도 평행으로 세워졌다. 노량에 도착한 함대는 좌우로 조용히 산개해 포진한다. 남해의 관음포 방면은 조선 수군의 몫, 왜선이 필사적으로 관음포 바닷길을 뚫어 탈주로를 잡으려 할 것이다.

새벽 2시를 넘어서자 어둠이 꿈틀대기 시작한다. 왜국으로 향하는 500여척이 넘는 대형 탈주 선단이 바다를 덮고 있다. 노량 좌우에 포진한 연합 수군은 숨죽이며 왜선단의 선두를 통과시킨다. 시마즈 왜선이 절반쯤 해협을 통과하면서 대장선에서 북소리가 울린다. 이어 올라가는 신기전, 뒤이어 터지는 함포소리가 그칠 줄을 모른다. 병사들은 하무를 뱉어 던지고 함성을 지른다. 화살과 편전이 날고 불화살과 장작에 불을 붙이기 시작한다. 화살과 편전, 장작더미는 깨져서 선회하는 적선으로 향하고 화포는 온전히 항진하는 왜선을 조준한다. 시마즈군은 순식간에 수십 척이 깨져나가면서도 항진을 멈추지 않는다. 순천 왜성의 탈출을 돕는 방패막이, 노량을 거쳐 남쪽으로 향하는 외길을 뚫는 것이 애초부터 정해진 목표다. 생과 사를 오로지 노량바다에서 결정지어야한다. 전란 이후 왜선의 가장 무모한 돌진이 시작되었다.

엄청난 포격을 대규모 선단이 고스란히 나누어 맞으며 오직 남으로 항로를 잡는다. 왜국의 고향으로 가는 마지막 바닷길, 뚫지 않으면 조선의 바다에 수장된다. 저항은 치열하고 격렬했다. 부서진 왜선과 침몰하는 왜선에서는 조총의 저항이 멈추지 않는다. 살아남은 동료들에게라도 귀향길을 터주고 싶을 것이다. 쉽사리 전투를 포기하지 않는다. 돌아설 수 없는 막다른 길이었고, 내 줄 수 없는 마지막 길에서 만난 처절한 싸움.

어림잡아 100여척 이상의 왜선이 가라앉으며 노량 바다 곳곳에 화염이 치솟는다. 여전히 바다에 널린 사냥감, 함포는 시뻘건 불을 연이어 토해낸다. 대장선의 북소리는 건재하고 병사들은 승리를 확신한다. 깨진 왜선이 노량 해역 일대에 멈추면서 적과 우군을 구별하기조차 어려운 혼전(混戰)의 양상, 조총의 철환은 사방에서 날아온다. 포기한 고향 길, 무기력과 절망감이 이 밤 내내 죽음 길의 동행을 집요하게 찾는다. 가리포첨사 이영남의 투구에 철환이 박힌다. 젊은 무장, 의기와 순수함이 늘 통제사에게 힘을 주던 이영남이 흑각궁을 움켜쥔 채 주저앉고, 주변에 따라 붙어 목숨처럼 지키던 대장선을 놓친다. 가리포 수군 함대가 일제히 붉은 포성을 통곡처럼 쏟아내며 한밤중 노량바다를 일순간 번쩍 물들인다. 통제사가 제자리에서 선회하는 가리포지휘선을 근심어린 눈초리로 주목한다. 전란이 끝나면, 통제사가 언젠가 관청의 기적(妓籍)에서 빼준 정인(情人)과 함께 통제사의 아산 본가를 찾겠다던 이영남의 소망은 이렇게 스러졌다.

6시가 넘으면서 바다가 뿌옇게 밝아왔다. 햇살이 바다의 깊은 곳에서 점차 붉은 색을 띠고 있다. 노량부터 관음포로 이어지는 치열한 전투, 밤새워 벌어진 생과 사의 흔적이 바다에 둥둥 떠다니고 있다. 참혹한 죽음의 냄새가 파도 속에서 절규한다. 막다른 골목의 격렬한 사투는 한 고비를 넘겼지만 마지막 왜병의 숨이 끊어지기 전까지 이어질 것이다. 인접 거리에 마구 섞여 있던 왜선과 판옥선이 조금씩 형체를 드러낸다. 침몰하는 왜선에 갇힌 왜병들, 죽음의 광기에 사로잡혀 있다. 이 배를 놓치면 더 이상 희망이 없기 때문일 것이다.

관음포구 앞에 대장선의 모습이 선명하다. 분명히, 통제사가 북채를 잡고 있다.

'둥, 둥, 둥, 둥'

해상 전투를 격려하는 7년 전란의 버팀목, 거세지만 규칙적인 소리, 혼전중인 노량 바다의 한 가운데 우뚝 솟아 있다. 조선 수군의 안도와 환호, 그리고 불안감이 교차한다. 대장선을 호위하는 중군장의 함선이 없다. 녹도 함선이 방향을 틀어 필사적으로 통제사에게 향한다. 통제사의 모습은 왜군에게도 똑같이 노출된다. 뚜렷한 대장기와 독전기는 조선군과 왜군을 동시에 긴장시킨다. 왜군은 그동안 자신들을 죽음의 공포로 몰아넣은 조선 수군의 최고 지휘관을 떠오르는 한 줄기 아침 햇살 속에서 뚜렷하게 볼 수 있었다. 녹도군이 미처 닿기도 전에 조총이 우박처럼 쏟아지고 대장선의 장루가 연기로 뒤덮인다. 그 중 한발이 방패의 틈을 비집고 통제사의 가슴에 박힌다.

북소리가 멈춘다. 조선 수군에게 암흑 같은 침묵과 전율의 시간, 잠시 후 북소리가 이어진다. 정지되었던 시간이 다시 흐른다.

'둥, 둥, 둥'

힘찬 독전의 명령이 여전히 대장선에서 나오고 있다. 불사신 통제사, 병사들은 환호한다. 함포가 포효하며 불화살과 편전이 날고 갈고리가 바다 밑을 샅샅이 훑어낸다. 100여척 남짓한 왜선이 살아남아 먼 남쪽 바다로 도주한다. 반파된 왜선 200여척은 절름거리는 항진을 이어가며 지옥 같은 조선 수군의 함포망을 벗어나 생환의 꿈에 다가서기 위해 안간힘을 쓴다. 바다는 부서진 배 조각과 나무들, 휘장과 화살, 시신과 피 묻은 군기물이 엉켜 제 빛을 잃고 혼탁해졌다.

통제사는 이날 새벽 전사했다. 향년 54세. 전라좌수사 이순신이 48세에 터진 임진란도 막을 내렸다. 가리포첨사 이영남, 낙안군수 등 장수 20여명이 전사했다. 통제사의 분노가 장수들에게 옮겨가면서 조총이 집중되는 장루에서 몸을 사리지 않았다. 명나라 수군 좌선봉장 등자룡도 전사했다. 왜선은 200여척이 침몰하고 200여척이 파손되었다. 사상자는 1만여 명에 이르는 것으로 추정되었다. 조명 연합군 함선은 10여척이 불타거나 침몰하고 50여척이 파손되었다. 7년 전란의 마지막 전투가 끝난 뒤 대장선을 떠난 통제사의 시신이 인근 노량 포구의 산기슭에 안치되고 관음포에서 시작된 울음소리가 육지로 옮겨진다. 서서히 조선 전체로 번져나갈 것이다. 통제사의 죽음과 전란을 살아온 백성의 고통이 동시에 자아내는 통곡, 한동안 멈추기 어려울 수밖에 없다.

임진년 5월 옥포해전을 시작으로 10여 차례의 대규모 출전과 20번이 넘는 크고 작은 전투에서 목격한 통제사의 눈부신 전공, 하지만 5년 동안 한산도를 지키며 인고(忍苦)를 감내하고 묵묵히 직분을 다하는 모습이 더욱 눈부셨다. 다스리지 않고 공존하는 통치 원리, 허망한 말로 미래를 현혹하지 않고 하루하루를 바로잡는 부단한 근면함, 그리고 투옥과 형문. 자신이 쌓아온 모든 노력이 하루아침에 잿더미가 되었지만 한 순간의 눈물로 씻어낸 채 과거에 갇히지 않고 곧바로 대안을 찾아 다시 하루하루에 충실했다.

죽음을 목전에 둔 벽파진에서 병사들과 고깃국을 나누는 의연함은 공포에 질린 2,000여명의 수군을 이끌고 명량을 지켜 조선을 구하는 밑거름이 되었다. 정유년의 눈물은 자신의 역할에 전념할 때 인간은 초연해 질 수 있을 뿐 애초부터 초월적인 인간이 없음을 여실히 보여준다. 무엇으로도 누를 수 없는 어머니와 아들의 죽음, 깊은 상처를 품고 염한의 초가에 자신을 숨기고 하루 종일 말발굽의 편자를 갈고 결국 식은땀에 젖어 꿈속에서 아들을 찾았던 인간 통제사, 하지만 자신을 추스르고 폐허가 된 조선 수군을 재건하는 원리를 백성에게서 찾아낸 혜안(慧眼). 전투는 전쟁의 승리를 위한 이 모든 노력의 부산물에 불과했다.

노량해역 관음포에서 통제사는 조선 바다의 수호신이 되었다. 통제사는 전란 이후에 무엇이 하고 싶었을까. 무거운 중책도 마다하지 않았을 것이다. 하지만 그보다는 군관 이영남과 더불어 한 잔 술과 한 조각 떡을 나누며 한가로이 무씨를 물에 불리면서 농사일을 걱정하고 싶었을 것이다. 농부의 꿈, 어부의 꿈, 나아가 염한의 일에도 정성을 쏟던 한산도 시절의 수군통제사, 전란 이후에 하고 싶던 소박한 소망이 무엇인지 밝히지 못한 채 노량의 일출 속에서 마지막으로 간결하고 분명한 명령을 내렸다. 그리고 이 명령 때문에 통제사는 영원히 죽지 않고 관음포에 우뚝 서서 조선 바다를 지키는 수호신을 맡을 수밖에 없을 것이다.

"싸움이 급하다. 내 죽음을 알리지 마라."

참고 문헌

난중일기 이순신.

난중일기 이순신, 최두환 역, 학민사

난중일기 이순신, 박종평 역, 글항아리

이충무공전서 (상,하) 이은상 역, 충무공기념사업회

교감완역 난중일기 이순신, 노승석 옮김, 여해

임진장초 최두환 역, 우석

선조실록 및 수정실록, 국사편찬위원회

이순신, 신은 이미 준비를 마치었나이다. 김종대 저, 가디언

여해 이순신, 김종대 저, 예담

잊혀진 전쟁 정유재란, 안영배 저, 동아일보사.

류성룡, 나라를 다시 만들 때가 되었나이다. 송복 저, 가디언.

조선시대 수군진조사 1,2,3,4. 문화재청, 국립해양문화재연구소.

위키피디아 백과 사전 및 기타 블로그, 네이버 지식백과.

난중일기

亂中日記

난중일기

종군기자의 시각으로 쓴 이순신의 7년 전쟁

지은이 | 조진태

펴낸이 | 최병식

펴낸날 | 2020년 2월 12일(재판)

펴낸곳 | 주류성출판사

주소 | 서울특별시 서초구 강남대로 435(서초동 1305-5) 주류성빌딩 15층

전화 | 02-3481-1024(대표전화)   팩스 | 02-3482-0656

홈페이지 | www.juluesung.co.kr

값 18,000원

잘못된 책은 교환해 드립니다.

ISBN 978-89-6246-400-9 03910